DIE ACHSE DES BLÖDEN

Jahrbuch 2015

GAX AXEL GUNDLACH

Danksagung

Ich danke mit leichtem Widerwillen allen kranken Spinnern, peinlichen Politikern, großkotzigen Gierschlünden, fanatischen Aberglaubenskaspern und sonstigen Irrgängern, ohne die „Die Achse des Blöden" nicht zustande kommen könnte.

Aber jetzt verpisst Euch endlich von diesem schönen Planeten!

Widmung

Für Sabina, cfi

Für Eva, Werner, Günter, Ronni, Jul, Alvaro

Für meine Freunde aus dem
KaHouse für KunstKulturKommunikation

Bibliografische Information der Deutschen Nationalbibliothek:
Die Deutsche Nationalbibliothek verzeichnet diese Publikation
In der Deutschen Nationalbibliografie; detaillierte bibliografische
Daten sind im Internet über hppt://dnb.dnb.de abrufbar.

©2016 GAX Axel Gundlach
www.gaxkabarett.de

Herstellung und Verlag:
BoD – Books on Demand, Norderstedt

ISBN 9783739226910

DIE ACHSE DES BLÖDEN

Jahrbuch 2015

INHALTSVERZEICHNIS

JANUAR	1. – 31.01.
FEBRUAR	1. – 28.02.
MÄRZ	1. – 31.03.
APRIL	1. – 30.04.
MAI	1. – 31.05.
JUNI	1. – 30.06.
JULI	1. – 31.07.
AUGUST	1. – 31.08.
SEPTEMBER	1. – 30.09.
OKTOBER	1. – 31.10.
NOVEMBER	1. – 30.11.
DEZEMBER	1. – 31.12.
Zum Autor und Werbung fürs Zweitbuch	ganz hinten

VORWORT

Liebe Freunde des Blöden,

willkommen zum zweiten Teil von „Bürger fragen, Gott antwortet nicht!" Und das ist ja auch nicht weiter verwunderlich, denn – so es einen oder gar mehrere Götter gibt – haben diese höheren Wesen mit all dem hier versammelten Unfug aber auch rein gar nichts zu tun. Denn auch im zweiten Jahr ist die "Achse des Blöden" reines Menschenwerk.
Und wie wir schon bei Paul Valery in seinem wunderschönen Buch „Mein Faust" gelernt haben: Wir Menschen benötigen weder Gott noch Teufel um all diesen Blödsinn zu erschaffen. Das können wir ganz alleine. Auch wenn der eine oder andere Kalif der Finsternis so tut, als ob ihm das alles von höherer Stelle aufgetragen worden sei.

Also: Wieder 365 Tage Weltschau. Wieder alles dabei von Aufsehen erregender Sterbehilfe im ganz großen Stil bis zu den kleinen Blödheiten des Alltags. Wieder von Dumm und Dümmer durch die Zeitungsmeldungen und Webseiten gejagt. Wieder kein Stück Wahnsinn verhindert. Aber fleißig mit Realsatire und üblem Humor dagegen angeschrieben. Tag für Tag. Ohne Effekt. Aber immerhin hie und da mit dem Glücksgefühl heilenden Gelächters gewürzt. Ein toller Rückbllick auf das, was uns auch nächstes Jahr wieder bevorsteht.

Wer aber nicht warten will, bis das Jahrbuch 2016 im nächsten Januar erscheint, kann „Die Achse des Blöden" gerne täglich auf meiner webseite www.gaxkabarett.de/aktuelles oder im Fressenbuch verfolgen. Und das lohnt sich. Denn nächstes Jahr ist Schalkjahr. Ein Tag Zugabe. Und jede Menge weiterer Blödheiten. Soviel steht jetzt schon fest.
Vielen Dank für Ihre Anteilnahme. Und trotzdem noch viel Spaß dabei.

JANUAR

01.01.2015
Böse Geister
Wenn es einen schön blöden Brauch gibt, der allein in der Neujahrsnacht für die gezielte Verpuffung von weltweit knapp vier Milliarden Euro sorgt, dann kann es sich dabei nur das beliebte Herumfummeln von Laien an Sprengstoffen handeln. Und wie jedes Jahr beginnt auch dieses mit ein paar um den Genpool bemühten Trotteln, die sich in ihrer gnadenlosen Selbstüberschätzung statt in ein gutes Jahr vorschnell in die Ewigkeit gebombt haben - und wenn man es genau nimmt, hat das wie bei Selbstmordattentätern auch mit Aberglauben zu tun, in diesem Fall: die bösen Geister des letzten Jahres lassen sich bekanntlich durch lautes Knallen und bunte Leuchtspuren vertreiben. Ein kurzer Blick ins Internet zeigt aber: sie sind alle noch da! Zum Beispiel: die blinde Gier!
Bei einer Stampede in Shanghai sind 36 Besucher der Neujahrsfeiern am Bund von ihren geldgierigen Artgenossen zerquetscht und zertrampelt worden. Auslöser der Panik: ein Angestellter des Nachtklubs M18 hat als Dollarnoten getarnte Gutscheine für einen Besuch in *Shanghai's Sexiest Boutique Nightclub* vom Dach geworfen. Den ersten begeisterten Rufen *"Da schmeißen sie Geld ausm Fenster"* folgte dann das unvermeidlich tödliche Gedränge. So beginnt das Neue Jahr der Achse des Blöden mit einer Moral von der Geschicht: Man soll halt nicht überall hinrennen, wo jemand mit Geld um sich schmeißt – selbst wenn es echtes Geld wäre!

02.01.2015
Brustitution
Dass Freund Aberglauben auch im Reich der Mitte seit Jahrhunderten viel und fette Beute macht, ist wohl bekannt: vom lebenden Bär gezapfter Gallensaft, getrocknetes Nashornnashorn, zerriebene Haifischflossen, gedämpfte Tigerpenisse oder frisches Raubtierblut – was nicht gut für die inneren Organe sein soll, hilft dem Gelbling angeblich auf sein Weibchen. Nun soll man ja über fremde Gebräu-

che nicht immer gleich die Nase rümpfen, auch wenn die Ausrottung einiger Tierarten dadurch vorangetrieben wird. Schließlich hat jedes Volk ein Recht auf seine eigene Kultur. Sagt man ja so. Aber das wohl mit weitem Abstand unwirksamste Potenzpulver wird aus menschlichen Föten und Totgeborenen hergestellt, die chinesische Kliniken auf dem Schwarzmarkt verkaufen.

"Sowas gibt's bei uns nicht!" tönte noch vor kurzem der Gesundheitsminister, geriet aber in schwere Erklärungsnot, als der südkoreanische Zoll pünktlich zu Sylvester verlauten ließ, man habe Schmuggler mit 17.500 Kapseln des Babypulvers abgefangen. Mögliche Gegenmaßnahmen der Regierung kommentiert ein Viagraplacebo-Händler händereibend: *"Wenn sie harte Maßnahmen ergreifen, wird das nur den Preis in die Höhe treiben!"*

Vergleichsweise harmlos ist dagegen der neueste Trend unter den Reichen, frisch gezapfte Muttermilch zu schlürfen. Und das ist ja erstmal noch nicht illegal. Mit dem Gesetz kommt erst in Konflikt, wer sich im Reich der Titte direkt an einen Mieteuter ansaugt, denn das fällt dann in den Bereich der Prostitution. Jetzt hat die Pekinger Polizei einen ersten Schlag gegen die Muttermilchmafia geführt und knapp 200 Kunden über eine Webseite identifiziert. Die ersten Strafbefehle wegen Fremdnuckeln gehen bald raus! Das ist aber wohl nur die Zitze des Eisbergs!

03.01.2015
Ebola Brevis Sylvestris

Ein seltsamer und geheimnisvoller 24-Stunden-Virus hat in Rom 83,5% aller zum Dienst eingeteilten Stadtpolizisten befallen und aufs Bett geworfen, begleitet von den verschiedensten Symptomen wie Schweißausbrüche, Fieberschübe, Magenkrämpfe, Juckreize, Durstanfälle, vorübergehende Blindheit, Tanzzwang, Kammerflimmern und unerträgliche Elektrosmog-Kopfschmerzen bei der Annahme von Telefongesprächen am Diensthandy. Der Auslöser der Krankheitswelle ist noch ziemlich unbekannt. Spezialisten der italienischen Seuchenbehörde können bisher nur wenige übereinstimmende Merkmale feststellen.

Alles, was der italienische Ursachenfahnder im Moment weiß, ist: der Virus bricht auf geheimnisvolle Art und Weise beinahe wie synchronisiert am Sylvester-Nachmittag aus und macht die befallenen Opfer dann für knapp einen Tag völlig arbeitsunfähig. Die Wissenschaft steht vor einem Rätsel.

Stadtpräsident *Ignazio Marino* schließt keine Entlassungen aus.
Warum auch?

04.01.2014

Abgrundnahrungsmittel

Nach dem Ausfall der Kühlhäuser in einer serbischen Bäckerei wurden 18.432 Himbeertorten ordnungsgemäß Richtung Müllhalde entsorgt. Eben dort wurden sie von etwa zehn Deponie-Mitarbeitern, die ihrer plötzlichen Geschäftsidee nicht widerstehen konnten, direkt wieder eingesammelt und unordnungs- aber standesgemäß mit einem Müllwagen wieder nach Kragujevac hineingefahren, um dort auf beliebten Schwarzmärkten für Fruchtkuchen zum Durchschnittspreis von einem Euro verhökert zu werden: rechtzeitig zum bevorstehenden Weihnachtsfest der orthodoxen Christen, an dem der gläubige Serbe nach 40 Tagen Fasten traditionell so ungefähr alles in sich reinschlingt, was es bis zum Tisch schafft.

Hört sich ganz so an, als könnten ein paar Magenpumpstationen und Slivovitz-Dealer in den nächsten Tagen gute Folgegeschäfte machen.

05.01.2015

Auftaktbilanz

Das Neue Jahr ist noch keine Woche alt, aber wir können schon längst wieder eine kleine Trottelparade des jugendlichen Übereifers und der gnadenlosen Selbstüberschätzung aufstellen. *Ronnie Berlack* und *Bryce Aste*, Teammitglieder des usamerikanischen Alpinski-Nachwuchsteams ignorierten mal locker eine Lawinenwarnung in den Söldener Bergen. Auf der Piste fahren ist halt was für blutige Anfänger, stimmt ja auch – aber sich unter einem Schneebrett begraben lassen, ist halt was für blutende Aufhörer.

Auch nicht viel besser machten es drei sehr von sich selbst überzeugte Hobbyschlittenfahrer, die sich nachts auf die Winterberger Bobbahn schlichen, um sich mit plastikroten Kinderschlitten den Eiskanal hinunter zu stürzen. Das wurde zu einem im wahrsten Sinne des Wortes sehr beeindruckenden Erlebnis für die drei, vor allem als sie im Zieleinlauf auf die dort abgestellten Eismaschinen prallten.

Einmal Superman sein. Drei junge Briten aus Suffolk zahlten es mit ihrem Leben, weil sie rossgefärbte Extasy-Pillen in der Form der Superman-Logos einnahmen. Enttäuscht davon, dass es nicht gleich so richtig abging, nahmen sie immer mehr von den Pillen. Weil sie vorher schon ordentlich einen im Tee hatten, haben sie wohl vergessen, dass die Steinchen etwas brauchen, bevor sie ihre volle Wirkung entfalten. Schätze mal, das war ihr Kryptonite.

Dafür Dank im Sinne Darwins!

06.01.2015
Wall Street Hölle
Vielleicht holt die Finanzkrise auch die US-Finanzwelt so langsam ein. Zumindest bei der Familie des bekannten Hedgefondgründers Gilbert scheint es soweit zu sein. Denn Vater Thomas (der alte Sack) drohte seinem Sprössling Tommy (der junge Sack) das wöchentliche Taschengeld (Sackgeld) um 200 Taler zu kürzen. Was dieser seinem direkten Vorfahren mit einer kleinkalibrigen Argumentationshilfe direkt in den Kopf auszureden versucht. Zumindest war damit klargestellt, wer in diesem Streit das letzte Wort hat. Vater Thomas wird nun aus der Hölle der Finanzschwindler auf seinen Abkömmling herunterschauen, mit einem lachenden und einem weinenden Auge: etwas stolz, dass auch sein Sohnemann für die Knete über Leichen geht - und etwas angepisst, dass er nicht seine blöde Alte dazu gebracht hat, dem Sohn die Kürzung seines Nachfahrenwochenlohns zu verklickern.

07.01.2015
Je suis Charlie! I am Charlie! Ich bin Karlchen!
Auch auf die Freunde der Wiedereinführung des Mittelalters ist zum Anfang des Jahres Verlass. Wieder einmal beweisen islamistische Freischärler ihren überragenden Mut bei einem Angriff auf gänzlich unbewaffnete Personen, diesmal bei einem Überfall auf das Redaktionsbüro des französischen Satiremagazins *Charlie Hebdo* mitten in Paris. Unter den zwölf Opfern befinden sich auch Chefredakteur *Charb* und die Zeichner *Cabu, Tignous und Wolinski*.
Was aber vielleicht noch viel schwerer wiegt als der Verlust an Menschenleben, ist das Ausmaß der geistigen Umnachtung und Radikalisierung, die diese religiösen Spinner mittlerweile erreicht haben. Ich möchte zum Wohle aller friedlichen Moslems annehmen, dass sich auch ihr Prophet Mohammed, würde er heute leben, von diesen blinden Aberglaubenskaspern deutlich distanzieren würde. Wobei mir Radikalisierung nicht das richtige Wort zu sein scheint, bedeutet es im religiösen Zusammenhängen doch so etwas wie Rückkehr zu den Wurzeln.
Mir wiederum scheinen diese Religioten aber komplett *entwurzelt* zu sein. Vielleicht ist das aber auch ganz normal, wenn man mit den Halluzinationen eines Religionsstifters über 60 bis 70 Generationen stille Post spielt. Wie jämmerlich schwach, ja gradezu erbärmlich labil muss ein Glaube sein, den man nur mit Maschinenpistolen ausdrücken kann. Auch ich bin ein kleines Karlchen.
In dubio pro Aufklärung! Und Adieu Götter!

08.01.2015
Schadensbegrenzung
"Bürokratie ist ein gigantischer Mechanismus, der von Zwergen bedient wird." Sagte schon Balzac. Bürokratie in Indien geht noch einen Schritt weiter, denn sie kann auf ihre Zwerge offensichtlich auch mal verzichten. So wurde jetzt ein Behördenmitarbeiter entlassen, nachdem er 1990 eine Krankmeldung einreichte und seitdem nicht mehr zur Arbeit erschienen ist. Der Chef seiner Behörde schweigt sich aber darüber aus, wofür der verlustig gegangene Mitarbeiter in den 24 Jahren sein Gehalt bekommen hat.
Das erinnert mich an ein kleines Amt im Lande Balzacs, das nach 1930 für die Hilfszahlungen an Opfer der großen Überschwemmung im Rhonetal zuständig war und seinen letzten Fall acht Jahre später abgeschlossen hatte. Die arbeitslose Minibehörde wurde dann erst Anfang der 80er wieder bemerkt, als drei verbliebene Mitarbeiter einen Antrag auf Einstellung eines Auszubildenden stellten, weil ihnen nach Pensionierung eines Kollegen der vierte Mann für ihr seit 1938 gepflegtes Kartenspiel fehlte.
Immerhin war der angerichtete Schaden in beiden Fällen weit geringer als bei einigen Beamten und Verwaltungskräften, die in den letzten Jahrzehnten auch so getan haben, als hätten sie was zu tun.

09.01.2015
Fischfutter
Die seit zwei Tagen gejagten Attentäter, die sich mit einer Geisel in einer Druckerei verschanzt hatten, und ihr freier Mitarbeiter in einem jüdischen Supermarkt, der mit einer spontanen Geiselnahme versucht hat, freies Geleit für die Karikaturistenkiller zu erpressen, wurden leider neutralisiert. Mir wäre es lieber gewesen, man hätte sie lebend erwischt, am liebsten mit ein paar gezielten Schüssen in die Kniegelenke. Gut, auf der anderen Seite erspart das den Franzosen einen sicherlich furchtbaren Schauprozess.
Bleiben noch zwei Sachen zu tun. Erstens die Nachricht streuen, dass sämtliche Mordsgesellen von weiblichen Scharfschützen erledigt wurden. Zweitens zur Abschreckung für Nachahmungstöter: von den Amis lernen und die Überreste der Psychopathen ohne Angaben von Adressen im Meer verschwinden lassen.
Denn von Frauen erschossenes Fischfutter kommt nicht in den Djihadistenhimmel! Inshallah!

10.01.2015
Frauen verstehen lernen
In einem eigens eingerichteten Schmerzerfahrungszentrum helfen die Schwestern des Aima Maternity Hospital in der ostchinesischen Provinzhauptstadt Jinan den werdenden Vätern etwas mehr Verständnis für die Geburtsvorgänge einzubläuen. Mit Elektroden im Lendenbereich und eskalierenden Elektroschocks aus einem Wehensimulator wird den Kerlen endlich mal ermöglicht, am eigenen Unterleib zu erfahren, welche Schmerzen die Wöchnerinnen durchleiden. Denn eine uralte Weisheit kennt man auch in der chinesischen Provinz: wenn es nicht weh tut, verstehen die Männer ihre Frauen eh nicht.
"*Die Therapie sei erfolgreich*", sagen die Folterschwestern des Krankenhauses, "*die behandelten Männer sind nachher verständnis- und liebevoller!*" Zum vollständigen Verständnis ihrer Angetrauten fehlt ihnen dann eigentlich nur noch:
a) die Einnahme eines täglich neu und willkürlich zusammengemixten Hormoncocktails sowie b) eine gefühlsechte Cellulitissimulation.

11.01.2015
Stell dir mal vor
Eine schöne Geste haben sich mehr als eine Million Pariser und ein halbes Hundert Staatschefs ausgedacht, um mit einem großen Marsch der Opfer der Attentate auf Charlie Hebdo und Hyper Cacher zu gedenken und Einigkeit gegen den Terror zu demonstrieren. In der ersten Reihe spazierten sogar Leute mit, die sich sonst eher gegenseitig als Terroristen beschimpfen, wie Netanjahu und Abbas. Dann war ganz viel davon die Rede, dass sich die Religionen und ihre Anhänger nicht von einzelnen Fanatikern gegeneinander aufhetzen lassen würden.
Dann wurde es lustig: Ein Teil der Demonstranten stimmte das Lied "Imagine" an, und die anderen stimmten ein. Womit wieder mal bewiesen wäre, wie oft und gern selbst die einfachsten "heiligen Schriften" wie John Lennons Lied immer noch missverstanden und im falschen Kontext gebraucht werden. So wie der Koran von den Djihadisten. Oder die Bibel von den Kreationisten.
Oder ... oder ... oder; am besten man besorgt sich noch mal eine präzise Übersetzung von "*Imagine*", wenn man des englischen Grundwortschatzes nicht eindeutig mächtig ist:
"*... nothing to kill or die for,
and no religion, too ...*"

12.01.2015
Was Crack alles kann
Liebe Kinder, ich muss ja auch ab und zu mal meinem Bildungsauftrag nachkommen und etwas lehrreiches auf die Achse des Blöden nageln, zum Beispiel: *Amber Campbell* und ihr Drogenkumpel *John Arwood* kamen auf die für eh zu Verfolgungswahn neigenden Cracksüchtige tolle Idee, in das Zentrum für Meeres- und Umweltwissenschaften am Daytona State College einzubrechen, nur um dort vor wildgewordenen Fischen und Korallen in einer Rumpelkammer zu fliehen. Dort wähnten sie sich dann zwar in Sicherheit vor den meereswissenschaftlichen Exponaten, kamen aber zum Schluss, die Kammer nicht mehr verlassen zu können, ohne diesen Aliens doch noch anheim zu fallen.
Diese TipTop-Überlegung hatten sie allerdings nach zwei Tagen völlig verdrängt und waren nun der Meinung, man hätte die Tür von außen verrammelt, um sie in ihren eigenen Fäkalien verhungern zu lassen. Als das Crack ausging, hatte Arwood immerhin die Idee, er könne ja mit seinem Handy seinen Vater anrufen.
Dieser wiederum ließ die Polizei dann das halb verhungerte Pärchen befreien, wobei sich herausstellte, dass die Tür vom Kabuff keinesfalls verschlossen war. Sie hätten nur die Klinke runterdrücken müssen. Wie man es bei Türen halt so macht. Außer bei Gefängnistüren.
Und was lernen wir daraus? Vorm Drogen nehmen, immer schon den Akku vom Handy aufladen. Und dann jemand anrufen, der nicht gleich die Polizei holt.

13.01.2015
Propagandakindergarten
Hier noch ein paar kleine Nachträge zum Thema Charliemärsche. Wie Fotos jetzt beweisen, waren die versammelten Staatschefs gar nicht auf derselben Demo wie eine Million Pariser, sondern haben ihren Auftritt mit zweihundert Komparsen in einer Nebenstraße für die Kameras der Weltpresse nachgestellt. Das mag ja sonst aus Sicherheitsgründen ok sein, aber wenn man grade demonstrieren will, dass man sich vom Terror nicht einschüchtern lässt, ist es vielleicht nicht das richtige Signal.
Auch eine recht amüsante Möglichkeit, sich sein eigenes Bild von der Welt da draußen zu basteln, hat die jüdisch-orthodoxe Zeitung *Hamewaser* auf ihre Titelseite gequatscht. Weil den ultrakonservativen Re(d)aktionären Frauen in Regierungspositionen Dorne in ihren Äuglein sind, wurden die schweizerische Bundes-

präse *Sommaruga*, Kandisbunzlerin *Merkel* und die Pariser OB *Hidalgo* einfach per Fotoshop in eine Parallelwelt wegretuschiert.

Wie vermutet haben auch die Ableger der Pegida-Demonstrationen versucht, die Pariser Attentate für ihre Sache als Argument auf die Straße zu werfen, wurden aber trotz ihrer Beteuerung *"das Volk"* zu sein, von anderen meist zahlenmäßig überlegenen Völkern von ihren Marschrouten abgedrängt und mit einem Niveau-angepassten "Keiner hat Euch lieb!" niedergeschrieen. Immerhin, Pegida-Capo Bachmann versicherte der Presse lustig: *"man werde trotz der zahlreichen Anti-Pegida-Karikaturen keine Redaktionen anzünden!"* Brav, Herr Bachmann, aber das wäre ja dann auch sowieso ein Schuss ins eigene Knie, gell!

14.01.2015
non scolae sed vitae discimus
"ich bin fast 18 und habe vom Leben keine Ahnung" zwitscherte ein Mädchen namens Naina in ihr Handy und löst damit über Nacht eine wilde Diskussion über Sinn und Zweck des Lehrplans aus. Wenn ich jetzt aber Humphrey Bogart in einem seiner Detektivfilme wäre, lautete mein innerer Monolog dazu: *"Wer so aussieht wie Du, Kleines, muss keine Ahnung von irgendwas haben!"*
Stattdessen sag' ich ganz PC: "Ja, liebe Naina, das war vor 40 Jahren auch nicht anders! Wir haben auch nix über unsere bürokratischen Rechte und Pflichten gelernt: wie man ein Schreiben von der Krankenkasse nicht in die Rundablage versenkt, wer warum und eigentlich jetzt wie genau besteuert wird, und wie der Nobby das gemeint hat, als er sagte: *"Die Rente ist sicher!"*
Der Schluss, den man schon damals nur daraus ziehen konnte – und das ist derselbe wie heute –, ist: Nein, Vater Staat hat ganz bestimmt nicht zum Ziel in Schulen oder Universitäten mündige Bürger zu erziehen. Ganz im Gegenteil. Ich habe fünf Fremdsprachen in der Schule gelernt: Amtsdeutsch und Juristisch für Anfänger waren nicht dabei. Eine Gebrauchsanleitung für Behörden: war nicht dabei! Ein Tagesausflug aufs Sozialamt: gab's nicht! Wie man seine Freiheit vor dem Zugriff des Staates schützt: wovon träumst Du denn nachts!
Alles in Allem, liebe Naina, es hat sich nix geändert. Du wirst wie alle anderen vor Dir auch ahnungslos in dein Staatsbürgerleben entlassen: ein verflucht kompliziertes Naina-Testgelände mit unfairen Rahmenbedingungen und erst mal mit dem kürzeren Hebel in der Hand!
Ich wünsch Dir alles Gute bei Versuch und Irrtum.

15.01.2015

Think big!

In Texas muss ja bekanntermaßen immer alles ein bisschen größer und toller sein als woanders! Da reicht es nicht, einen Gefangenentransporter von einer Brücke zu werfen, nein, der Bus muss nach dem zehn Meter Sturz nicht nur aufm Dach (Komet: *"Der doppelstöckige Reisebus der Unendlichkeit"*), sondern auch noch direkt auf den Bahngleisen landen, um dort direkt von einem heran rauschenden Zug gerammt und ein paar hundert Meter durch die Kampagne geschliffen werden; bis auch wirklich alle Häftlinge und Wärter komplett hinüber sind.

Der einzige Unterschied zu den tollen Einfällen von Hollywoods Action-Autoren: Zug und Bus gingen nicht in einem gewaltigen Feuerball auf – und Nicolas Cage ist nicht noch kurz vorher vom Bus gesprungen!

16.01.2015

Schweinewelpen

Der ehrwürdige Lehrmittelverlag *Oxford University Press* hat nach Jahrhunderten noch mal nachgedacht und ist jetzt spontan davon überzeugt, dass alles, was irgendwie mit Schwein, Schweinchen oder Schweinereien zu tun hat, in Zukunft aus ihren Lehrbüchern zu verbannen sei. Also vor allem um Juden und Moslems nicht mit Kinderbuchfiguren wie *Peppa Pig* oder Kochrezepten mit Speck und Wurst in ihren religiösen Gefühlen zu beeinträchtigen. Gut, dass die Juden über so einen Quatsch lachen, liegt tief in den Genen von Gottes ersterwähltem Volk, aber dass sogar sonst humorbefreite Moslems sich darüber ausschütten – dafür hat es sich schon gelohnt.

Wie im Umfeld dieser Meldung bekannt wurde, hat man schon 2007 in einer Schulaufführung aus den berühmten *"Drei kleine Schweinchen"* testweise *"Drei kleine Welpen"* gemacht. Momentemal? Hunde statt Schweine?

Also da kommt man doch zumindest bei den Islamerern vom Regen in die Traufe. Für die sind doch Hunde das dreckigste, unwürdigste, widerlichste Tier der Welt. Aber wie soll das denn weitergehen? Banken verzichten auf Sparschweine. Das *Animals* Cover von Pink Floyd – retuschiert. *Die Farm der Tiere* und *Schweinchen Babe* – umgeschrieben. Frosch Kermit liebt jetzt Miss Kitty? Porky – schon nicht mehr zu retten! Alles wird auf kleine Löwen umgestellt? Bis dann jemandem im Verlag auffällt, dass dann Löwen und Christen auch nicht so wirklich kompatibel sind. Wenn man nochmal drüber nachdenkt.

17.01.2015
Vorreiterspiele
Die SpecialEffect-Abteilung der *Irrationalen Selbstbewixung Irgendwelcher Sackgesichter* hat sich mal was Kostensparendes ausgedacht und wirft jetzt überführte Jungfrauenkostverächter allahgefällig und schariageprüft von Hochhausdächern. Wahrscheinlich um nicht auch noch Steine und Kreuze an irgendwelche Homosexuelle zu verschwenden, während *"Die guten Muslime kommen, um die Vollstreckung des Rechts zu sehen!"*

Wie so ein Mordenland am Ende aussieht, wenn es erstmal fertig vollstreckt ist, kann man sich derweil schon mal im Saudireich anschauen, wo der Blogger *Rafi Badawi* nach aller Kunst des saudischen Menschenrechts wegen *"Beleidigung des Islam"* aufgrund der Einrichtung einer Internetseite zum öffentlichen Meinungsaustausch zu saftiger Geldstrafe, 10 Jahren Haft und 1000 Stockhieben verurteilt.

Je 50 davon erhält er immer freitags vor der Al-Jafali-Moschee, damit die Muslime nicht mehr eigens kommen müssen, um die Vollstreckung des Rechts zu sehen – derweil sie 800 km weiter östlich gerne mal kommen, um unser aller Mia-san-Mia-Kicker in Riad bei der Vollstreckung des Fußballs zu beklatschen.

Während Boss *Rummenigge* die Reise im Aktuellen Spottstudio noch mit *Aberglauben* und *den weltbesten Trainingsbedingungen* verteidigt, sagt ihr sonst so politisch sensibler Oberpep (Katalonien muss unabhängig werden!) in seiner Eigenschaft als *Markenbotschafter* (!) der Sklavenhalterscheicherei Qatar zum Vorspiel im König-Fahd-Stadion lediglich: *"Das Spiel gegen Al-Hilal wird für uns ein guter Test für die Rückrunde!"*

Und das kann ja nur heißen: keine Frauen mehr in der Allianzarena, mehr golddurchwirkte Gebetsteppiche im VIP-Bereich und natürlich Stockschläge für alle Gegner, die dem Neuer einen reinmachen.

18.01.2015
Nachname gesucht
Dafür, dass der fanatische Muslim ja in seinem Leben niemals ein Bild seines Gottes oder seines Propheten gesehen haben dürfte, sind sie sich immer recht sicher, wenn es darum geht, einen von beiden in einer Zeichnung zu identifizieren. Da zeigt sich mal wieder, wie stark so Zeugs wie Kontext und Aberglaubenskasperei die kognitive Resonanz beeinflussen. Da heißt es auf jeden Fall a) schwer beleidigt

sein, b) Vogelscheuchen aus entsprechenden Landesflaggen symbolisch verprügeln und anzünden und schließlich c) irgendwas Unislamisches kaputtmachen.

So wie heute in Niger, wo aufgebrachte Allasoziale 45 Kirchen, fünf Hotels, eine christliche Schule sowie ein Kinderheim gebrandschatzt haben. Wie der Mob den Mut zu solchen Taten aufbringt? Ganz einfach: es wurden auch 36 Getränkeläden um ihren christlichen Alkohol erleichtert. Dass dabei mal wieder ein paar der eigenen Glaubensbrüder völlig unmärtyrerhaft zu Tode gekommen sind, tja, das liegt dann wohl daran, dass auch der kampferregte Mohamentalist irgendwo ein bisschen "Charlie" ist.

Nur halt Charlie Manson oder Charlie Bronson ("Ein Prophet sieht rot!")

19.01.2015
Heilige Zweifel?
Freund Papst scheint sich seiner guten Verbindungen nach ganz oben doch nicht ganz so sicher zu sein. Statt wie geplant eine Messe mit den Überlebenden des Taifuns *Haiyan* in den Zentralpihillipinen abzuhalten, gab Papa Franz einen seligen Kurzauftritt am Flughafen von Tacloban, um dann aber möglichst noch vor Eintreffen des nächsten Tropensturms namens *Mekkhala* in die Hauptstadt Manila zurückzukehren. Zurück ließ er etwa eine Million Schaulustige, die es kaum noch nach Hause geschafft haben dürften, bevor der neue Sturm zuschlug; eine Gläubige wurde noch vor Ort von einem herabfallenden Lautsprecher, aus dem ihr kurz zuvor noch Papas Segen zuteil ward, spontan auf ihre Wolke abberufen. Petri Heil!

Am nächsten Tag trafen sich dann im Rahmen eines Weltrekordversuchs für das Guiness Buch angeblich sechs Millionen persönliche Freunde des Papstes, um an einer seiner Messen teilzunehmen und beim gemeinsamen Abendmahl 10.000 Tonnen Christuskeks und 20.000 Liter Herrgottsbluts ... nein, Blödsinn, so war das nicht; das hat ja der Stellvertreter dann stellvertretend ... aber wie auch immer, die schnöde Masse scheint Papa Franz doch so beeindruckt zu haben, dass er auf dem Rückflug nach Rom verlauten ließ: *"Katholiken müssen sich nicht wie Karnickel vermehren!"*

Wobei er natürlich meinte, Katholiken sollen sich nicht wie Karnickel vermehren, die so schlau sind, dass sie den Einsatz von Karnickelkondomen beherrschen. Unschöne Folge: der Karnickelzüchterbund hat sich über den Vergleich beschwert und jede Ähnlichkeit zwischen kurzohrigen Katholiken und langohrigen Rammlern weit von sich gewiesen.

20.01.2015

Cry for him, Arschentina

Vor zwanzig Jahren im Sande verlaufene, vor zehn Jahren wieder aufgenommene und in der ganzen Zeit behinderte Ermittlungen belegen, dass die argentinische Präsidentin *Fernandez de Kirchner* und ihr Komplize *Timerman*, seinerzeit Minister des Äußersten, einen sehr fragwürdigen Kuhhandel mit der iranischen Regierung verabredet hatten. Die iranischen Terroristen, die 1994 bei einem Anschlag auf ein jüdisches Gemeindehaus in Amia 85 Menschen getötet hatten, sollten straffrei ausreisen dürfen, wenn ihnen der Iran dafür Weizen und Waffen im angemessenen Umfang abkaufe. Das fanden die Mullahs sehr praktisch gedacht von Frau Kirchner, litten sie doch sowieso unter dem blöden Waffenembargo der US-Amerikaner. Unter Gauchos, Mullas und Juden also eine sogenannte win-win-loose-Situation.

All diese geheime Staatskasperei ist seit heute in einer dreihundertseitigen Verschwörungskritik nachzulesen; also zwei Tage nachdem der dafür verantwortliche Ermittler *Alberto Nisman* plötzlich tot in seinem Badezimmer aufgefunden wurde, neben ihm eine Pistole und eine Patronenhülse. Was Polizisten und Gerichtsmediziner vor Ort spontan als Suizid einzuordnen wussten.

Durch den nun veröffentlichten Bericht fällt aber der sanfte Schatten des Zweifels auf Nismans vorzeitiges Ableben, hatte er doch auch schon vorher keine Anzeichen einer lebensbedrohlichen Depression gezeigt und stattdessen mehreren Personen zugeraunt, man solle sich nicht wundern, wenn die Sache tödlich ende. Nun soll sein Tod also doch untersucht werden. Die Staatsanwaltschaft ermittelt wegen *„fahrlässiger Anstiftung zum Selbstmord"*! Ein juristischer Fachbegriff, der eigens für Frau Kirchner erfunden werden musste.

21.01.2015

Gemischtes vom Hack

Wie quasi jeder zweite deutsche Mann hat auch Pegida-Boss *Lutz B.* aus D. sich beim Rasieren mal ein Hasenquadrat stehen lassen und die nassen Haare seitengescheitelt. Schließlich will man doch mal wissen, wie man als Charlie Chaplin ohne Melone ausgesehen hätte, wenn man damals schon so hätte aussehen müssen. Die meisten sind dann aber wenigstens so schlau, dabei keine Selfies zu machen und ins Hitlernet hochzuladen, bevor sie sich zu Ende rasieren. Dann noch ein paar blöde Sprüche über Ausländer dazu posten und fertig ist der Rücktritt aus der eigenen Bewegung. Das wäre seinem Idol aber so nicht passiert.

Auch heute in den Schlagzeilen: "*Guantanamo-Folterbericht enthüllt: Wärterinnen zwangen Häftling zum Dreier!*" Eine selbst für Schweizer B.-Journalisten etwas unglückliche Formulierung, lenkt sie doch die Aufmerksamkeit nicht auf das Opfer, sondern auf etwa ein Dutzend Herrenwitze, die in dem Augenblick erfunden werden und sich größtenteils um das erschreckende Aussehen der Wärterinnen drehen müssten.

Aber gut, der Exhäftling und Autor des Enthüllungsbuches *Mohamendou Ould Slahi* hätte vielleicht auch nach etwas kräftigeren Sprachbildern suchen sollen, denn ein locker dahingeplappertes "*Sie gaben obszönes Zeug von sich und machten an meinem Intimbereich rum!*" zieht die youporn-gestählte Jugend jetzt auch nicht so richtig vom Hocker.

Mal eine gute Nachricht, zumindest für unsere Verteidigungsministerin: Maurermeister *Thomas E.*, der vor zwei Jahren bei Windstärke 6 seinen Kumpel *Peter A.* mit seinem Segelflugzeugmodel einen tödlichen Volltreffer an der Schläfe zugefügt hatte, wurde heute vom Stuttgarter Amtsgericht vom Vorwurf der fahrlässigen Tötung freigesprochen. Hätte also jetzt Zeit, sich mal um die Drohnen der Bundeswehr zu kümmern. Damit da mal was vorangeht.

22.01.2015

Immobilienkrise

Diane Andryshak hatte ihr kleines Häuschen vor zehn Jahren für 160000$ gekauft. Als sie morgens zur Arbeit geht, ruft sie ihrem Mann noch zu, er möge doch mal die eine oder andere Renovierungsarbeit durchführen. Sie gesagt, er getan.

Er besorgt sich also einen Bulldozer, walzt die ganze Holzhütte mitsamt allen Einrichtungsgegenständen nieder und schiebt den Schutt in einen spontan bestellten Muldenkipper. Als die von Nachbarn alarmierte Polizei den Renovierungssoldat *James Rhein* wegen illegalen Abrisses verhaftet und verhört, verweist er lapidar auf den schlechten Zustand des Fundaments: "*Das Haus musste abgerissen werden. An den Bewilligungen arbeite ich noch*". Eigentlich wollte er seine Frau noch informieren, "*aber sie hat das Telefon nicht abgenommen!*"

Nachdem die frischgebackene Obdachlose Lady Diane ihren Schreikrampf hinter sich hatte, bestätigte sie der Polizei noch, dass es bis dahin keinerlei eheliche Spannungen mit ihrem Abrissspezialisten gegeben hätte – und zog dann zu Freunden. Wo James Rhein jetzt wohnt, ist nicht bekannt.

So viel zum Thema *Kalte Scheidung*!

23.01.2015
Geld wie Heu

Wenn eine Ware in einem freien Markt weniger nachgefragt wird, wird sie billiger. In der Deflation sinkt der Profit der Industrie. Dann sinkt die Steuereinnahme des Staates. Deregulierung ist ja toll für den freien Markt, denkt sich da Herr *Draghi*, muss aber auch irgendwie reguliert werden.

Weil aber schuldenfinanziertes Wachstum bei gleichbleibender Wirtschaftsleistung nur bei gleichzeitiger Entwertung des Geldes, vulgo Inflation, funktioniert, haut unser aller EZB (Erfundene Zahlen Bank) jetzt mal monatlich 60 Milliarden Euro für *"Staatsanleihen mit hoher Bonität"* raus, und zwar in einem paritätischen Verteilungsschlüssel unter allen Euroländern, also auch denen mit schlechter Bonität.

Muss mann ja fair bleiben. Denn bei einer Billion Nachfrage an Staatsanleihen steigt ja auch deren Preis an den Börsen wieder, wegen des Angebots. Ach nee, so frei ist der Markt dann doch nicht, oder? Ist alles etwas verwirrend. Wo ist die FDP wenn man einen Erklärbär braucht?

Zum Glück muss die EZB die monatliche Summe aber nicht in gedruckten 10€-Scheinen ausliefern (4300t, 600 km hoher Stapel oder 5.100 Kubikmeter, also knapp 80 große LKW voll), sondern kann das Geld einfach per Zuabermausklick in ihren Zentralrechner erscheinen lassen. Gut, das Benzin wird teurer und auch ein Urlaub in der Schweiz wird wieder zu einem exklusiveren Vergnügen, aber dafür wächst ja die Nachfrage an europäischen Produkten, weil: billiger! Vor allem für Einkäufer von außerhalb. Da machen die Unternehmen dann wieder mehr Gewinne, zahlen sofort mehr Steuern und heben natürlich das Gehalt ihrer Mitarbeiter sofort an, weil: Inflationsausgleich!

Freiwillig. Sicher dat!

Ist aber *Alles gut für Deutschland*, denn wie jeder weiß, profitieren wir von der gemeinsamen Währung am meisten. Auch wenn man im Ausland sich schon ohne vorgehaltene Hand darüber lustig macht, dass es sich hier um eine Art neue Versailler Verträge handelt. Dafür lassen sie uns im Fußball gewinnen. Und außerdem, was soll's, ist doch eh alles nur niedere Mathematik und am Ende erlebt das ja keiner von den Politkern im Amt (*"Unsere Rente ist sicher!"*), wenn die ganze Zinsgaukelei wie ein Kreditkartenhaus zusammenbricht.

Manchmal bin ich froh keine Kinder zu haben, denen ich dann auch nie erklären muss, was die Generation ihrer Eltern mit sich hat machen lassen.

Prost!

24.01.2015
Fashion Victims
Einen kleinen Anschauungsunterricht in Sachen Globalisierung haben sich die drei jugendlichen Mode-Bloggerinnen *Anniken, Frida* und *Ludvig* für ihre Verrisse über den modischen Wert einiger Billigklamotten eingefangen.
Die Tageszeitung *Aftenposten* schickte die drei Norwegerinnen mal testweise in eine Kleiderfabrik nach Phnom Phen, um selbst mal einen Tag an der Nähmaschine zu schuften, eine Nacht bei einer der Näherinnen zu verbringen und dann den folgenden Tag von den drei Euro Lohn zu überleben. Anfangs noch mit jugendlichem Humor über die örtliche Jeans-Mode und ihr eigenes Ungeschick an der Maschine, dann mit zunehmenden Beschwerden über die harte Arbeit und die Lebensumstände, endete der kurze Ausflug schließlich in tränenreichen Mitleidsausbrüchen.
So ungerecht ist diese Welt also tatsächlich. *"Die Wahrheit ist, wir sind reich, weil sie arm sind!"* fasst Bloggerin Ludvig die verheerenden Eindrücke aus Kambodscha und dem norwegischen Bildungssystem zusammen. Bin mal gespannt, ob die Mädels jetzt lieber wieder den topmodischen Norweger überstreifen. Und selbstbestrickte Wollbikinis.

25.01.2015
Trick 17
Nachdem der eMail-account der jungen Dänin *Emma Holten* vor drei Jahren gehackt und mehrere Nacktfotos von ihr auf Porno-Seiten im Wixernet gepostet wurden, bekam sie jahrelang Liebesbriefe der Marke: *"Wissen deine Eltern, dass ihre Tochter eine Schlampe ist?"* oder *"Schick mir mehr Nacktbilder von dir oder ich schicke diese hier an deinen Chef!"*.
Um den Spuk ein Ende zu setzen hat Emma jetzt ihr ganzes, durch feministische Ratgeberliteratur neugewonnenes Selbstbewusstsein zusammengekratzt und neue Nacktbilder von sich machen lassen; welche, bei denen sie selbst bestimmt, wie sie rüberkommt – nicht mehr als blondes Opfer oder so, sondern mehr als, naja, Emma halt!
Zur PR-Offensive der sehr klugen Dänin gehört natürlich auch die Veröffentlichung dieser neuen Bilderstrecke. Bin schon gespannt, ob die internationale Spannerszene jetzt ihre Fanpost einstellt. Nein, ich bin mir sogar ziemlich sicher, dass sie keiner mehr bei ihrem Chef verpfeifen will.

26.01.2015
Zugzwang
Der Anteil der fettleibigen US-Amerikaner ist neuesten Erhebungen zufolge auf 27.7% gestiegen, beim Booty Mass Index führen nach wie vor die Amis mit ehemals unfreiwilligen Migrationshintergrund mit 35%. Soweit wollte es ein besorgter Vater in Italien nicht kommen lassen und hat deswegen seine beiden leicht rundlichen Töchter auf Diät gesetzt und Skier gestellt. Sport und Kalorienknappheit mögen sie dem gesunden Mittelmaß an zwischen Rubens und Giacometti wieder näher bringen. So sein rechtschaffend väterlicher Wille, für den ihn jetzt ein Turiner Gericht wegen Kindesmisshandlung zu neun Monaten Blechnapffraß verknastet hat. Da steht den italienischen Teenagern also bei der Verfolgung der Amis nix mehr im Weg.

Apropos Fett. Eigentlich habe ich ja gedacht, ich schaffe es wenigstens mal durch den Januar ohne meinen Freund Megazar von Großstussland, aber wie gefehlt bzw. knapp verpasst. Denn kurz vor Monatsende haut er mal wieder einen fetten Spruch raus: *"Das ukrainische Militär ist keine Armee, sondern eine Fremdenlegion der NATO, deren Ziel es ist, Russland in Schach zu halten!"*

Und wie immer hat er total recht damit. Die NATO hat wirklich nix, aber auch garnix Besseres zu tun als militärische Übergriffe auf kleine europäische Länder zu verhindern – sofern sie fett in der NATO sind.

27.01.2015
Last Grexit Berlin
Erst mal den Antrag auf Mitgliedschaft im noblen Golfklub fälschen, sich dann fröhlich in der Bar des Klubs einen antrinken und immer schön anschreiben lassen. Wenn dann der Wirt mit dem Deckel um die Ecke kommt, tolle Ausreden erfinden und Schuldenschnitte vereinbaren, sich vom Oberkellner noch ein paar Milliarden zu Minizinsen leihen und eine Rückzahlung im übernächsten Jahrzehnt mal unverbindlich in Aussicht stellen.

Und wenn dann der Vorstand vom Golfklub mal anbietet, man könne ihm ja mal bei der Steuererklärung von der reichen Verwandtschaft helfen, erstmal was beleidigt dreinschauen und dann den Kindern zuhause erzählen, das wären alles unverbesserliche Arschlöcher da im Golfklub. Und überhaupt hätte ja mal der böse Urgroßvater von denen mal dem eigenen Uropi aufs Maul gehauen und deswegen sowieso an allem Schuld, irgendwie.

Tja, von unten betrachtet hat Politik dann doch immer mehr mit Gefühlen als mit Vernunft zu tun. Das ist ja das Menschliche an der Demokratie. Sagen auch die Erfinder dieser Staatsform. Und die müssen es ja wissen. Schließlich biegen die ja auch das linke und rechte Ende des politischen Spektrums locker in einen Topf. Da schließt sich schon mal ein Kreis.

Wie sich jetzt einige das Verhalten der griechischen Regierung vorstellen, hat ein hellenischer Kampfpilot schon mal auf einem NATO-Flugplatz in Spanien vorgemacht: nicht genug Schub, aber mal kurz abgehoben und rein in die geparkten Rabatten mit den lieben Kollegen – und mit einem Absturz gleich mehrere Jets vernichtet. Ein böses Omen!

28.01.2015
Nachschulung
"Bin jetzt übrigens bei Alk Aida" whatsappte die 15jährige *Sarah O.* an ihre ehemaligen Mitschüler, und weil sie die erste von mittlerweile knapp 30 Minderjährigen allein aus Baden-Württemberg war, die sich in Syrien auf Djihad haben umschulen lassen, arbeiten die Landesschulämter nun fieberhaft an Konzepten, mit denen die Lehrer die Radikalisierung Jugendlicher frühzeitig erkennen und verhindern lernen sollen. Manche Lehrer sind dankbar für die Unterstützung aus der Zentrale, andere fühlen sich direkt schon wieder vor einen Karren gespannt, mit dem sie nix zu tun haben wollen.

In Pakistan geht die Fortbildung der Lehrer schon mal ein paar Schritte weiter. Nach dem Überfall der Taliban auf eine Schule in der Provinz Peschewar Mitte Dezember wurden jetzt alle Lehrer im Norden Pakistans bewaffnet und zum Schießunterricht einbestellt. Sie sollen bei zukünftigen Angriffen die islamistischen Killerkommandos aufhalten – bis professionelle Hilfe kommt.

29.01.2015
Russia - Borussia
Bei den inoffiziellen Qualifikationsturnieren der Kurzzeitgedächtniskünstler haben mal wieder russische Kandidaten beste Karten. Zum Beispiel das gemischte Doppel *Nikolai Iwanow* und *Sergej Naryschkin*, letzterer immerhin Vorsitzender der Duma, wollen jetzt mal überprüfen, *"ob man nicht auch mal der BRD wegen Annexion der DDR Vorwürfe machen"* lassen könnte, hauptsächlich weil sie es Leid sind, dass immer nur ihre arme kleine Sowjetunionsnachgeburt wegen der Einver-

leibung der Krim (Zar Pu. aus Mo.: *"Das Herz und die Seele der russischen Tradition"*) angeschissen wird: *"Auf der Krim gab es sogar ein Referendum, in der DDR nicht!"*

Tja, da haben wohl zwei in Rekordzeit eine beeindruckende Menge von Fakten vergessen: Wie Russland der Ukraine die Krim geschenkt hat. Wie Russland der Ukraine den Verbleib der Krim gegen die Rückgabe aller Atomwaffen auf ewig garantiert hat. Wie Gorbatschow den Beitritt der DDR-Länder zur BRD mitverhandelt und abgesegnet hat - gegen Cash. Wie die DDR-Bürger im Frühjahr 1990 in einer freien Parlamentswahl für die D-Mark und den Beitritt gestimmt haben. Und wie sehr so ein Vergleich hinkt, solange wir nicht Schlesien und Pommern wieder einsaugen. Denn da ist ja auch ein bisschen Herz und Seele Deutschlands, oder Preußens, oder ... ach nein, das war ja noch weiter im Osten, da wo jetzt auch ein Fitzelchen Russland ist. Immerhin, Naryschkin ist, wie er sich selbst bestätigt: *"Immer gegen Doppelmoral"*. Und Gorbatschow lacht ihn dafür aus. Und wir mit!

30.01.2015

Bis das der Tod uns scheidet ...

So oder so ähnlich stellt man sich das ja vor, wenn man seiner Herzensdame einen Antrag macht: mit Ring, auf Knien und natürlich in einem Moment, in dem sie nicht damit rechnet. So wie jetzt ein spanischer Kellner auf der Insel Ibiza. Auf der Klippe über der romantischen Bucht Cala Talida, ein Hotspot für Vollverknallte, überraschte der fest Entschlossene seine bulgarische Freundin mit seinem Liebesschwur. Sie aber – völlig aus dem Häuschen vor Freude – begann sofort mit einem exaltierten Veitstanz, in dessen Folge sie nur wenige Sekunden nach Anblick ihres neuen Fingerschmucks leider den falschen Weg von der Klippe nahm.

Zum Trost kommt der Untröstliche jetzt vielleicht ins Guinessbuch der Rekorde für die kürzeste Frist zwischen Verlobung und Vorabverwitwung. Sie wiederum dürfte jetzt schon als aussichtsreiche Kandidatin für den diesjährigen Darwin Award gelten.

FEBRUAR

01.02.2015
quod error demonstrandumm
Als wenn es einen weiteren Beweis für die Orientierungslosigkeit bestimmter Gesinnungsbrüller gebraucht hätte: knapp zwanzig NPD-Fans machten sich auf dem Weg zu einer angemeldeten Demonstration nach Freiburg, wo Polizei und Antifa schon auf mehr oder weniger sehnsuchtslos auf die selbsternannten Deutschlandkenner warteten. Und warteten. Und warteten. Denn den die Herren Godot haben sich beim Umsteigen in Karlsruhe leider in ihren Heimatkenntnissen kollektiv verschusselt und sind stattdessen nach Mannheim gefahren. Und da muss man schon mal sagen: Respekt vor soviel Mut zur Selbstdarstellung!
Tja, so ist das wohl, wenn man seine Glatze innen trägt!

02.02.2015
An ihren Taten sollst Du sie erkennen!
Der eine nennt es *"freizügiges Verhalten unter einvernehmlich handelnden Erwachsenen"*, der nächste nennt es *"Anklage auf schwere gemeinschaftliche Zuhälterei"*, den betroffenen Damen fallen solche Worte wie *"ein einziges Schlachten!"*, *"brutales Verhalten"* oder *"Gemetzel"* aus den aufgespritzten Lippen. Was sich eigentlich mehr nach Italien und *Berlusconi* anhört, ist tatsächlich Frankreich und der ehemalige Präsident des Internationalen Wirkungstrefferfonds *Dominique Strauss-Kahn*, der in seiner Amtszeit zwischen 2007 und 2011 mal locker 17 Orgien in verschiedenen Ländern als *"König der Feste"* vorgestanden haben soll. Mutmaßlich – muss man ja sagen, bis das Gericht zu einem Urteil gekommen ist – aber was man so aus gut gefickten Kreisen hört, ist die Beweislast noch erdrückender als DSKs Triebsteuerung.
Eine wesentliche Frage im Prozess wird nun sein, ob der Lustgreis mit dem Mädchennamen genau wusste, wen oder was er da an *"Material"* (laut sms von DSK) bei seinem belgischen Zuhälter bestellt hat. Aber wie sagte der Spontanromatiker noch gleich dem Untersuchungsrichter in Vorbereitung seiner geschickten Verteidigungsstrategie: *"Wie wollen Sie denn nackten Frauen ansehen, ob sie Prostituierte sind!"* Ich hätte da mal im Titel einen Hinweis versteckt.

03.02.2015
Romantischer Ansatz
Unternehmensberater *Tim Leberecht* hat da jetzt auch mal ein Buch geschrieben, nein, eher ein Manifest, in dem er den ganzen von Algorhythmen und Shareholdervalue flachgebügelten Möchtegernmanagern zur Fortbildung so fachfremde Disziplinen wie *"Tangotanz, Philosophie und das Lesen von romantischer Lektüre von Lord Byron und Novalis"* nahelegt. Denn, und da hat er ja Recht, nur eine inspirierende Allgemeinbildung kann den durchschnittlichen Wirtschaftspiloten davon abhalten, zu einem vollautomatisierten Rektum zu werden, der so Begriffe wie freigesetztes Humankapital, optimierte Innovationsstrategie und steuerfreie Auslandsboni in einem Satz unterbringen kann, ohne sich selbst dabei zu bekotzen.

Besonders schön ist der Tipp, auf dem Weg zur Arbeit *"mal wildfremde Menschen auszusprechen"*, denn - wie eine Studie University of Chicago zeigt - kann die sogenannte Mikro-Interaktion mit Fremden das Glücksgefühl steigern. Ja, stimmt, kann, muss aber nicht; denn die spontane Mikro-Interaktion mit wildfremden Djihadisten, Ebola-Infizierten, russischen Präsidenten oder hütchenspielenden Finanzexperten kann ja auch das Gegenteil bewirken.

Aber egal, man muss die Menschen *"zum Träumen bringen, da sie ein Geheimnis besitzen, das Maschinen und Computerprogramme nicht erfassen können: unseren romantischen Kern!"*. Leberecht - schöner Name in diesem Zusammenhang - fordert deswegen „*einen Humanismus*", gute Sache soweit, aber er verlangt dies von wem? Genau, von *"multinationalen Unternehmen, denn die sind die mächtigsten Institutionen des 21. Jahrhunderts, noch vor Kirche und Staat, und müssen sich deswegen stärker ihrer moralischen Verantwortung stellen."*
Hört sich ganz nach Fachbuch-Bestseller an.

04.02.2015
Trojanische Doppelpferdstrategie
Dass Textbausteine nach der Wahl nicht immer was mit dem zu tun haben, was vor der Wahl so verschallt wurde, kennt man ja. Aber der neue griechische Staatsfinanzjongleur Giannis Varoufakis und sein Chef Alexis Tsirpas kommen da jetzt noch mal mit neuen Varianten durch den Äther.

Nachdem Ange La Merkel in schönen Hellas meist mit Hakenkreuz und Hitlerbärtchen abgebildet wurde, ist Varoufakis jetzt plötzlich der Meinung, Deutschland solle sind endlich *als Hegemon der europäischen Einigung* begreifen und nach Vorbild der USA nach dem zweiten Weltkrieg den Griechen mit einem *Marshall-Merkel-Plan* unter die Hüftringe greifen. Einen Vorschlag, den er schon am Freitag unserem obersten Rollstuhlfahrer persönlich nahelegen möchte.

Unterdessen turnvatert sein Chef Tsirpas heute Monsieur Hollande um den Bart, *"Frankreich solle einen Wandel in der EU anführen, möge einen massgebliche Rolle als Garant einnehmen und müsse die Rolle des Protagonisten bei diesem Politikwechsel"* einnehmen.

Guter Plan soweit, Ihr Hellas-Boys, aber da merkt man doch, dass Ihr auf dem internationalen Parkett der Diplomatie noch Frischlinge seid. Darum hier ein kostenloser Tipp: wenn man ein doppeltes Spiel treiben will, dann macht man das niemals - ich wiederhole: *niemals* so, dass alle das mitkriegen!

Ja, bitte, da nicht für! Und jetzt: weitermachen!

05.02.2014
Bröd geraufen

Frau *de Kirchner*, ihres Zeichens Präsidentin des pampastischen Staats Südamerikas, nutzt ihren Bettelbesuch in China um sich selbst endgültig der Lächerlichkeit preiszugeben. Statt sich über das Treffen mit ihrem stets an An- und Ausbauflächen interessierten Amtskollegen Xi Jinping und weiteren tausend Obermuftis der als Kommunistische Partei getarnten Feudalherrscherei zu freuen, haut sie per Twitter mal einen leicht rassistischen Uralt-Schenkelklopfer über die Teilnehmer der Konferenz in Peking raus:

"Übel 1000 Teilnehmel! Sind sie alle wegen Leis und Eldöl gekommen?"

Wenn das mal nicht ein paar Millialden Abzug bei den gewünschten Hilfsklediten für ihlen insolventen Lindelgalten gibt, Shitstorm inklusive.

Immerhin, ihre Abwesenheit nutzt die heimische Justiz und ernennt mit dem bekannten Holocaust-Spezialisten *Daniel Rafecas* einen Nachfolger für den kürzlich angeblich von sich selbst ermordeten Staatsanwalt *Alberto Nisman*, aus dessen Papierkorb die ahnungslose Polizei statt eines für Selbstmörder typischen Abschiedsbriefes den Entwurf eines Haftbefehls gegen Madame Kirchner und ihren Außenminister Hector Timerman gefischt hat.

Es bestehe aber kein Zusammenhang.

Keinesfalls.

Bestimmt nicht.

06.02.2015
Domino
Wenn man genug Trottel mit von Dummheit gefesselten Füßen nah genug aneinander stellt, und dann wartet, bis der erste es einfach nicht mehr aushält, da so tatenlos rumzustehen, kann man noch jahrelang zuschauen, wie sie umeinanderpurzeln. Der nächste in der langen Kette ist der ehemalige pakistanische Eisenbahnminister *Ghulam Ahmed Bilour*, der sich schon zu Amtszeiten lieber als großer Geschäftsmann ansprechen ließ. Seine Redezeit als Parlamentarier nutzte der für seinen Propheten stellvertretend Beleidigte jetzt, um zu verkünden, dass er erstens die 100.000 Kopfgeld, die er vor drei Jahren auf die Macher eines – *hüstel* – islamkritischen Films ausgelobt hat, nun mangels ihrer ursprünglichen Verwendung den Familien der Pariser Attentäter zu Gute kommen sollen, und dass er zweitens 200.000 US$ für denjenigen springen lässt, der den Besitzer des französischen Satire-Magazins Charlie Hebdo umnietet. Das wird ungemein hilfreich dabei sein, den Respekt vorm Propheten wieder herzustellen. Aber schön, dass die Rede- und Meinungsfreiheit in Pakistanischen Parlament langsam Fortschritte macht.

07.02.2015
Inländervorrang
Auch in der Schweiz gibt es lustige Gesetze; eines davon regelt, welcher Ausländer aus welchem Ausland welche Arbeit im Schweizer Inland ausführen darf. Wenn man zum Beispiel als anerkannte rumänische Fachkraft in Freierbefriedigungsfragen in einem Luzerner Puff anschaffen gehen will, und zwar laut Schweizer Strafgesetz zwangsweise nur als Selbstständige, muss ihr zukünftiger Möchtegernarbeitgeber, der ja nicht Arbeitgeber einer Selbstständigen sein kann, nachweisen, dass *"es für die geplante Arbeit"* der rumänischen Entsamungsbeauftragten *"keine geeignete Schweizerin"* gebe. Tja, das ist natürlich ein Problem wenn es in einem Land nur eine breite Generation von Erben gibt, deren Eltern ihnen im Schnitt eine Wohnung und mindestens 100.000SF in bar vererben. So kommt da halt der normale Existenzdruck nicht auf, mit dem man in Rumänien massenweise Fuckkräfte beruflich qualifiziert.
Und was sagt die Koordinatorin des Rechtshilfevereins Aspasie, Madame *Marianne Schweizer*, zum gerichtlich festgestellten Inländervorrang? *"Dann können ja viele Clubs gleich schließen!"* Ja, erstens: dafür lohnt es sich doch zu kämpfen, so als Koordinatoren der Schwalbenrettung! Und zweitens, seit der Euro so drastisch

im Kurs gesunken ist, fahren die Schweizer Ficken-gegen-Bargeld-Fetischisten eh über die Grenzen nach Europa, wo sie jetzt schon gut ausgebildete Rumäninnen bei der Ausübung ihres Berufs unterstützen können.

08.02.2015
Geografische Verschiebung
Dass man in der Slowakei jetzt auch noch mal über die Rechte Homosexueller abstimmen wollte, vor allem weil ein paar ewige Hinterwäldler mit lautstarker Unterstützung der heimischen Bischöfereien in der Ehe zweier gleichgeschlechtlicher Menschen immernoch den Untergang des Abendlands vermuten, alles schön und gut. Dass die Abstimmung über eine Gesetzesvorlage letztlich daran scheitert, dass sich nichtmal 8% der slowakischen Bevölkerung für den Blödsinn interessiert haben, noch besser. Dass das politische Fiasko nun für den einen oder anderen katholischen Bischof *"ein Grund zur Analyse und zum Nachdenken"* sei - es wird immer besser. Aber dass die Schweizer Zeitung *Blick* wegen der wenig feingliedrigen Art des gesamten Vorgangs die Slowakei nun kurzerhand zum Balkanstaat erklärt, dass ist dann doch zuviel der Häme.

09.02.2015
Einsame Bälle
Nachdem die ägyptische Fußballliga seit drei Jahren ihre Spiele vor leeren Rängen austragen muss, hat das Innenministerium mal einen Testlauf riskiert. Zum Spiel zwischen Samalek und Enbi durften ausnahmsweise mal 10.000 Zuschauer die Tribünen belagern, was sich leider schnell unter den Ultras beider Klubs rumgesprochen hat. Beim Versuch, doch auch noch ins Stadion zu kommen, haben sich die Ultra White Knights mit den Sicherheitskräften ein kleines Vorspiel genehmigt. Nach Leichen gewann die Polizei das Intermetzel 22 zu Null. Damit das nicht wieder vorkommt, sind jetzt auf unbestimmte Zeit nicht nur die Fans, sondern auch die Spieler aus allen Stadien verbannt. In der Zwischenzeit können die Typen im Sportministerium die Ergebnisse ja am Kicker ausspielen.

10.02.2015
Adé Altersarmut
Kleine Lehrstunde: wie man seine Rente aufbessert! Der ehemalige Sicherheitsberater *Mowaffak Al-Rubaie* hat sich in einem anscheinend sehr unbeobachteten

Augenblick im Jahre 2006 ein schönes Andenken an seine Tätigkeit für die irakische Interimsregierung gesichert: 39 Meter Seil zum Warenwert von knapp 50 €. Den wahren Wert wiederum lässt Herr Al-Rubaie nun grade in einem Wettstreit unter verschiedenen Menschen mit zuviel Geld feststellen. Teilnehmer der ersten freiwilligen Bieterrunde kommen aus Saudi-Arabien (aha!), Kuwait (oho!) und Israel (och jo!). Das aktuelle Höchstgebot für den Strick, mit dem man seinerzeit den größten Massenvernichtungswaffenversteckter alias "Hitler von Bagdad" alias *Saddam Hussein* vom Galgen gestürzt hat, liegt bei 6,5 Millionen Dollar. Da soll noch mal einer sagen, es lohnt sich nicht, in unruhigen Zeiten die Sicherheit zu beraten. Zum Glück hab ich da auch noch ein paar Devotionalien im Keller: einen Knoten aus dem Seil, das für Hermann Göring vorgesehen war; eine Arsenkapsel aus dem Führerbunker, also die, die er nicht genommen hat; ach ja, und eine Flasche von dem Badewasser für Uwe Barschel – alles garantiert echt echt! Mit Zertifikat!

11.02.2015

Blut, Schweiß, Tränen, Bits

Dass Kriegszeiten zuweilen überraschende Allianzen hervorbringen, haben alle Kriegstreiber seit Jahrtausenden erfahren. Dass auch jede neue Technik wie die Fähigkeit zu tauchen oder zu fliegen, den Krieg unter Wasser oder in Luft gebracht hat. Logisch. Insofern scheint es erstmal nicht erstaunlich, dass der internationale Hacker-, Cracker- und Hacktivistenuntergrund *Anonymous* die Allianz gegen das Hirngeschwür IS verstärkt, seit heute mit einem offenen Kampfaufruf unter dem Titel *Operation ISIS*.

"Zu Lande, zu Wasser, in der Luft und im Netz" würde Winston Churchill wohl heute sagen. Und *Anonymous* fügt in der klaren Sprache des Nerds dazu: *"Wir werden Euch behandeln wie einen Virus ..."* Na, dann hoffen wir mal, dass die unbekannten Netzkämpfer die richtigen Anti-Idiotika in ihre Tastaturen hacken. Trotzdem schonmal: 01010110 01101001 01100101 01101100 01100101 01101110 00100000 01000100 01100001 01101110 01101011 (Vielen Dank!)

12.02.2015

Indirektive

"Wenn Sie jemand mit einem gewissen Unterton nach einem Hammer fragt, nehmen Sie das bitte nicht persönlich, sondern verhalten Sie sich immer höflich, hilfsbereit und respektvoll!" In Vorbereitung eines plötzlichen Anstiegs von Kunden-

nachfragen nach nützlichen Produkten für die spontane Freizeitgestaltung hat die britische Baumarktkette B&Q jetzt mal einen Rundbrief an ihre 21000 Mitarbeiter in die Firmenpost getütet. Schon um noch mal klar zu machen, dass "*es stets Unternehmenspraxis sei, Waren nur für den designierten Zweck zu verkaufen.*", aber nicht ohne gleichzeitig den pragmatischen Tipp los zu werden, "*man möge doch rechtzeitig die Lagerbestände an Seilen, Kabelbindern, Fesselband und Handschellen auffüllen.*"

Und wozu der ganze verbale Prachtbau über den hausinternen Widerspruch zwischen Unternehmenspraxis und Absatzchance? Heute feiert eine von Heerscharen gelangweilter Hausfrauen lang ersehnte Verfilmung Premiere in britischen Kinos: "*Fünfzig Schattierungen von Grau!*" Das bedeutet ja dann wohl: Winterschlussverkauf!

13.02.2015
Endlich Ruhe

Wenn der hart arbeitende Durchschnittsmordsgeselle nach getaner Schlachterarbeit nach Hause kommt, will er sich da nicht auch noch mit jemanden rumschlagen, der nicht gehorchen will. Deswegen hat vermutlich die Al-Kahnssaa Brigade der IS-Frauenpolizei eine Schmähschrift namens "*Die Frauen im islamischen Staat*" ins Netz gestellt, das dem durch eigene Dummheit schon genug gedemütigten Djihadisten wenigstens ein angenehmes Zuhause garantieren soll: "*Die Frau ist dem Mann unterworfen und sollte spätestens mit 16 oder 17 Jahren unter die Burkahaube kommen. Mit 9 Jahren wäre aber auch mal okay. Das Haus darf die gute Ehefrau dann nur noch aus drei Gründen verlassen: für religiöse Studien, medizinische Tätigkeiten und für die kalte Scheidung durch Selbstmordattentat*" - wenn es dem Djihad oder dem Djihadisten hilft.

Aber immerhin: "*Bildung muss sein*", und zwar ab dem siebten Lebensjahr in den drei Schulfächern Koran lesen, Koran laut vorlesen und Koran abstauben. Ab dreizehn dann ergänzt um Scharia-Unterricht (Wie werde ich richtig gesteinigt?) und die Einführung in komplexe Hausarbeiten wie Kochen, Handarbeit (hand job) und Kämpferberuhigung." Denn: "*Gute IS-Frauen haben ein himmlisches Geheimnis: Sie besitzen Sesshaftigkeit, Stabilität und Stille!*" Und grad Letzteres hat der gestresste Halsabschneider daheim ja besonders nötig, wenn er sich aufm Sofa bei Döner und alkoholfreiem Kamelbier die Live-Übertragungen von den abendlichen Steinigungen schlechter IS-Bräute reinziehen will.

14.02.2015
Nicht zugeritten
Dass man in der Schweiz nicht immer gleich weiß, was das gute alte Sprichwort *"den Bock zum Gärtner machen"* bedeuten könnte, ist schon ein wenig erstaunlich. Wenn sich der Berner Rocker-Club *Broncos* nicht nach einer Pferderasse sondern gleich nach Böcken genannt hätte, wäre das den Schweizer Amtsleuten vielleicht nicht passiert; dass sie die *nicht zugerittenen Mustangs* für die Bewachung und Sicherung von vier Bundesämtern engagieren.

Na gut, ist ist aber auch verwirrend, da es sich ja bei der *Broncos Security AG* und dem *Broncos Motorradclub* seit 2009 um zwei rechtlich getrennte Organisationen handelt. Dass sich die Mitglieder beider Läden in ihren Kutten zum Verwechseln ähnlich sehen und mit ihren Bikes zur Bewachung vorfahren – reiner Zufall. Und wenn, *"schließlich ist die Zugehörigkeit zu einem Verein ja reine Privatsache."* sagt doch auch *Sonja Uhlmann*, deren Bundesamt für Informatik von den Broncos geschützt wird.

Dass die Berner Polizei jetzt zwei Security-Rocker direkt von ihren Böcken weg verhaftet hat; wahrscheinlich auch wegen irgendwelcher Privatsachen wie Schutzgelderpressung, Drogenhandel und Zuhälterei. Also alles kein Problem. Wie beim Schweizer Käse: die Löcher einfach mit Löchern stopfen!

15.02.2015
Selbstbedienungsladen
Der Mann, der für den kostenlosen Narrenhimmel aller online-Bankräuber mit zuständig ist, heißt auch so: *Kaspersky*! Weniger lustig ist, dass er nun die Öffentlichkeit darüber informieren durfte, dass es einer digitalen Bankräuberbande namens Carbanak in den letzten zwei Jahren gelungen sei, knapp eine Milliarde Dollar von etwa 100 Banken aus 30 Ländern in die eigene Tasche abzuzweigen. Aber gut, wie Keule Brecht schon immer so schön aber falsch zitiert wird: *Was ist das Ausrauben einer Bank im Vergleich zur Gründung einer Bank!**

Wie Kaspersky sagt, handele es sich dabei aber keinesfalls um das Geld der Sparer. Es wurde also ausschließlich bankeigenes Kapital entwendet. So wie ja aus meiner Steckdose nur der grüne Strom aus Windkrafträdern kommt, für den ich bezahle. Da ist garantiert kein Atom- oder Fossilstrom dabei. Das ist so sicher wie das Internet – aber nur wenn man auch ein Kaspersky Sicherheitspaket hochgeladen hat, gell?

16.02.2015
Denkmalefactum
Die Stadt Nürnberg hat da mal ein kleines Denkmal-Problem. Das vor rund 80 Jahren fertiggestellte größte Kasperletheater der Welt am Zeppelinfeld möchte die Stadt *"als geschichtlich authentischen Lernort für künftige Generationen"* erhalten, damit auch ja niemand vergisst, wie man 250.000 Zombies in Parteiuniform in hübschen Quadratformationen aufstellen kann, wenn man mal wieder wollte. Ja, gut, das Reichsparteitagsgelände mag ja ein Ort von historischer Dimension sein, aber jetzt mal auf die Schnelle 70 Millionen Euro ausgeben, um die auch so tolle *Steintribüne* aus Ziegeln und Holzbalken wetterfest zu machen? Mit dem Geld könnte man rein bildungstechnisch sicher was besseres bewirken, zum Beispiel zukünftigen Generationen noch mal Aufklärung und Säkularisierung näher bringen. Außerdem gäbe es da ja einen viel besseren Anschauungsunterricht: man sollte einfach nur einen Zaun um diese dumme Eierschaukel-Architektur drumrum machen, und dann können interessierte Schüler die nächsten 920 Jahre zugucken, wie so ein Tausendjähriges Reich tatsächlich funktioniert!

17.02.2015
Big Sister Is Watching You
Adieu, Kindheit, Du warst eh nur eine Erfindung der deutschen Romantik, und von der ist ja auch so gut wie nix mehr da. Auf einer Spielwarenmesse in New York hat die Plaste-und-Elaste-Gießerei Mattel den lang ersehnten Prototypen ihrer neuesten Kinderverdummungsblödelei aus der weltweit erfolgreichen Puppenserie vorgestellt.
Die *Hello-Barbies* der nächsten Generation werden bald viel besser mit den Kindern sprechen können, da nicht mehr ein stark begrenztes und starres Repertoire von Standardsätzen auf einem Chip in der Puppe abgespeichert wird, sondern weil die kleinen Homunkuli per W-Lan-Verbindung mit einem Zentralrechner vernetzt werden. Der Silikonhaufen kann dann online und *in real-time* aus Millionen von Floskeln auswählen und mit den Kindern so flüssige Gespräche auf dem Niveau von Dokusoaps oder Dschungelcamps imitieren. Tolle Sache das, sagen die Onkels von Mattel.
Was die kleinen Orwellbarbies noch können: aus *"Gründen der Qualitätssicherung"* alle Umgebungsgeräusche und Dialoge im heimischen Kinderzimmern aufzeichnen und in die Zentrale überspielen, wo dank Patriot-Act die NSA jederzeit mithören

darf. Und natürlich als Marketingagenten individualisierte Werbebotschaften direkt ins Konsumzentrum der Nachwuchshirne platzieren:
"Ich will ein Mattel-Pferd", "Ich will ein neues Kleid, passend zu meinem neuen Pferd!", "Ich will einen neuen Ken!"
Was die Puppe nicht kann: verhindern, dass sich irgendwelche pädophile Hacker ins W-Lan klinken und so per Puppe direkt mit den lieben Kleinen sprechen können: „*Bring mich raus in den Park, hinter das zweite Gebüsch links!*"
Schöne neue Welt.

18.02.2015

Home Story

Weil es bei Netanjahus unterm Designer-Sofa angeblich so aussieht wie bei Hempels im Familienschmucktresor und die beiden auch sonst mal wegen ihres ausschweifenden Lebensstils öffentlich angezählt werden, haben die zwei Selbstverliebten mal das israelische Fernsehen zu sich nach Hause beordert, um der Welt vorzuführen, wo dem Regierungspräsident seine Schwiegermutter ihre Tochter jenseits ihres Luxuspüppchendaseins die tägliche Küchenarbeit macht.

Und um den einfachen Volke zu zeigen, dass sie auch nur einfaches Volk sind, führt Madame das von einem bekannten Innenarchitekten angeführte Fernsehteam durch ihre arg ramponierte Küche. Hier blättert die Farbe, da reißt das Furnier, da bröckelt der Fensterkitt. Blöd nur, dass der gammelige Kochplatz nicht der ihre war, sondern die Futterkrippe ihrer Hausangestellten – die ja ihre Wassersuppe mit Zwiebackbrösel wie auch bei den ganz normalen Israelis nicht in der Küche der Herrschaften köcheln.

Alles klar, Sara N. und Gatte Bibi. Ein Bautrupp von den RTL2 Renovierungsrettern ist schon unterwegs zu Euch, versprochen, die kommen, ganz sicher; gleich nachdem die Heinzelmänneken alle unsere Hartzvierer-Küchen durchhaben.

Solange könnt Ihr zwei ja auswärts frühstücken.

In Gaza soll es ein paar günstige Cafés geben.

19.02.2015

The year of the määääähhh

Weil es einer alten, wahrscheinlich vom ZK geduldeten Legende nach denjenigen Asiaten jetzt nicht ganz so toll im Leben ergehen soll, die in einen *Jahr des Schafes* geboren werden, haben tausende von treu sorgenden Eltern ihre Frühchen grade noch rechtzeitig vor dem heutigen chinesischen Neujahr per Kaiserschnitt ans Licht der Brutkästen zerren lassen. So sind sie noch unter dem Zeichen des Pferds geboren. Und die sind ja bekanntlich viel schlauer als Schafe. Und auch schlauer als so mancher Chinese. Wegen der großen Köpfe, wahrscheinlich.

Im Gegenzug rüsten sich die chinesischen Apotheken mit großzügigen Beständen an Kondomen und Pillen aus, da die Befruchtung für die nächsten drei, vier Monate ausfallen muss, damit das großartigste und mittigste aller Reiche später nicht doch noch von einer restschafsjahrgeborenen Generation mit Pech, Unglück und Ungemach überrollt wird.

20.02.2015
Umleitung
Dass Malariamücken dünne Menschenhaut bevorzugen, ist ein Gerücht. Eigentlich bevorzugen sie Säugetiere mit dem Geruch von Hühnersuppe mit einer starken Note von Milchsäure, was aber dummerweise zuallererst auf Menschen zutrifft – lustigerweise noch vor den Hühnchen. Zum Glück haben wir als Spezies aber nicht nur einen typischen Körpergeruch sondern auch ein viel zu großes Gehirn, mit dem man ganz tolle Sachen austüfteln kann.

Das hat sich auch Agenor Mafra-Neto aus Kalifornien (nicht zu verwechseln mit dem Land, wo die Kalifen wohnen) gedacht und mal schnell ein Hühnersuppen-Milchsäuren-Parfüm entwickelt, mit dem der malaria-geplagte Grüngürtel-Afrikaner in Zukunft seine Kühe einsprühen kann. Wenn das Kalkül aufgeht, ernähren sich die blöden Mücken in Zukunft dann nur noch von Kuhblut. Das hört sich natürlich nach einer ganz schönen Gemeinheit an, aber Rindviecher sind nunmal immun gegen Malaria. Außerdem haben sie den längeren Schwanz, den sie auch als Fliegenklatsche einsetzen können.

Einziges Problem dabei: während sich bei den Menschen die blöden Kühe sowieso ständig mit einer Überdosis Parfum einnebeln, müssen die echten Kühe großflächig und täglich mit dem Lockmitteldeo bestäubt werden. Und umsonst soll es ja auch nicht sein.

21.02.2015
Abgefackelt
Ähnlich kreativ wie Friseure mit ihren Salonnamen (*Haar-Moni, Affro-Dizzy-Haar-Kum, vorhair-nachhair!*) oder Küchenchefs bei der Benamsung ihrer Speisen (*Ge-*

trüffeltes Weinbergschneckentartar auf Wurzelgemüsenparfait, notiert an einer Farce von Sherrykirschtomaten oder *Pizza Diavola - ein Gruß aus Teufels Küche!*) sind auch seit Jahren die Immobilien-Entwickler unterwegs. Anscheinend gilt nicht nurmehr "die Lage, die Lage, die Lage!", sondern auch, dass die Bausünde einen möglichst passenden Namen bekommt.

Umso hübscher von diesem für lustige Nomen-Omen-Verkettunggen zuständigen Schiksalkobold, dass er die Erbauer eines Wolkenkratzers ihren 348 Meter hohen Wohnturm sinnigerweise *"The Torch"*, (Die Fackel) nennen ließ - bevor er das nächtliche Dubai im Widerschein des dazugehörenden Feuers erstrahlen ließ.

22.02.2015
Die Sprache der Mathematik

Eine für Politiker doch recht ungewöhnliche Einsicht hatte Manolis Glezos, ein 92jähriger Europa-Abgeordneter der griechischen Linken, als er sich jetzt in einem Zeitungsartikel *"für seine Mitwirkung an der Schaffung von Illusionen"* entschuldigte. Noch vor wenigen Wochen kämpfte er für einen Regierungswechsel am hellenischen Zipfel, nun muss er sich eingestehen, das die neue Führung um Tsirpas und Varoufakis kaum mehr erreicht hatte als ein paar Worte im griechischen Duden auszutauschen: *Troika* heißt jetzt *Institutionen*, das *Memorandum* lieber *Vereinbarungen* und der *Gläubiger* möchte nun als *Partner* angesprochen werden. Sonst wird sich wohl nichts ändern. Immerhin: Glezos' Lieblingserkenntnis musste noch nicht umgetextet werden. Denn, *"zwischen dem Unterdrückten und dem Unterdrücker kann es keinen Kompromiss geben."*

Stimmt schon: Sprache strukturiert unser Denken. Aber vielleicht können wir ja den *Unterdrückten* ab jetzt *Opfer seiner früheren Regierungen* nennen, der *Unterdrücker* könnte *väterlicher Retter in der Not* heißen und der *Kompromiss* wäre dann vielleicht der *Baseballschläger in den Händen des Inkasso-Spe-zialisten*. Und weil es letztlich ja um gigantische Zahlenschwindel geht, kann man froh sein, wenn man im Mathematikunterricht schon mal was von Textaufgaben gehört hat. Und das fängt ja wohl mit der Aufgabe einzelner Wörter an!

23.02.2015
Systemfalle

Siebenjährigen Mädchen das Paradies zu versprechen, wenn sie sich als wandelnde Bomben verkleiden und sich zum Beispiel auf einem Marktplatz im nigerianischen Potiskum mit ahnungslosen Passanten in die Luft sprengen, das ist an Feigheit und Niedertracht kaum noch zu unterbieten, also irgendwie typisch für so einen Fanatikerkomposthaufen wie Boko Haram. Als wenn es noch eine Verschärfung der traurigen Tatsache als solches nötig hätte, verbalillustrieren die Tiptopjournalisten vom Schweizer *Blick* den Vorgang noch wie folgt: "*Oft wissen die Kinder nicht, welche teuflische Aufgabe sie ausführen. Einem sechsjährigen Kind in Pakistan sagten Talibanterroristen, wenn sie auf den Knopf drücke, regnete es Essen und Blumen!*"

Nun, das ist natürlich in diesem Zusammenhang besonders fies, aber strukturell ja auch nichts anderes als "*Wenn du fleißig zum lieben Gott betest, wird er dein Brüderchen sicher vor dem Krebstod retten.*" oder "*Wenn du nicht brav bist, bringt das Christkind keine Geschenke!*" Tja, manchmal wissen auch die Erwachsenen nicht, welche teuflische Aufgabe sie da ausführen.

24.02.2015

Konfliktprävention a la Burgwedel

Manchmal ist auch so ein ach so toller Rechtsstaat wie unser lustiges Heimatland nur ein paar Vokabeln von der dunklen Seite der Macht entfernt. So will die allzeit um Rechtssicherheit bemühte Stadt Burgwedel per Amtsschimmelerlaß zwanzig Familien aus ihren Heimen vertreiben, die sie in den neunziger Jahren des letzten Jahrtausends erworben haben; wobei ihnen wohl vom Verkäufer nicht richtig erklärt wurde, dass ihre kleine Musterhaussiedlung Teil eines Gewerbegebiets war. Auch das hoch qualifizierte Grundbuchamt, die beteiligten Rechtsanwälte und wer sonst noch so für Schildbürgerstreiche in Burgwedel zuständig sein mag, hatte damals keinerlei Bedenken geäußert.

Jetzt allerdings, knapp zwanzig Jahre später, ist dem Bauausschuss der Kasperstadt aufgefallen, dass sich die Bewohner ja durch die angrenzenden Industriebetriebe belästigt führen könnten. Ja, es könnte sogar zu Klagen der Bewohner wegen Lärm- und Geruchsemissionen oder dem andauernden Lieferverkehr kommen. Solche vielleicht in der fernen Zukunft aufkommenden Interessenkonflikte können im Bürokratiereich Burgwedel natürlich nicht geduldet werden, da ist es besser, das eventuelle Ärgernis jetzt mit Stumpf, aber ohne jeden Stil auszumerzen. Schließlich sind die Bewohner da ja irgendwie illegal da. Und jetzt das Gewerbegebiet einfach zum Mischgebiet zu erklären? Das ist doch eine juristische Tretmine. Da schafft man ja erst die Grundlage für die Interessenkonflikte, die man jetzt schon befürchtet. Da ist es doch viel einfacher, den gesamten Besitz der Häuslebesitzer mit einem Handstreich für wertlos zu erklären und die verarmten Leute in die nächste Sozialstation zu treiben. Weil eins ist klar: so bleiben, wie das jetzt die letzten zwanzig Jahre war, kann das nicht. Auf keinen Fall. Das sicher nicht. Nö! Geht ma ga nich!

25.02.2015
Näher zum Himmel, zu Dir ...
Wie schön, dass jetzt auch die Regierung der ehernen Insel aller Kifferglückseligkeiten endlich ihren sinnlosen Widerstand gegen das heilige Ganja aufgeben will, wenn auch nicht durch Einsicht in den quasi-religiösen Status, den das grüne Kraut bei den Erben Bob Marleys *("I shot the Sheriff")* und Peter Toshens *("Legalize it")* hat. Sondern durch die simple Erkenntnis, dass sie durch die Kriminalisierung weder der Sache Herr werden noch irgendwie legal dran mitverdienen.

Dass das gute Weed auch viel besser als Weihrauch den Zugang zu religiösen Erfahrungen erleichtert, hat sich auch ein polnischer Priester gedacht und sich mal mit zwei seiner Ministranten ordentlich einen weggedampft. Dummerweise war die Idee, das ganze Auto als Bong zu benutzen, nicht zu idiotensicher wie gedacht, denn sogar der einfache polnische Polizist weiß, dass da was nicht stimmt, wenn der Nebel im Kraftfahrzeug ist.

Aber wer weiß, wer kennt sich schon aus bei den ganzen polnischen Heiligen: Mama Maria, Maria Magdalena, Mari Huanna! Wird schon was passen. Das sehen die polnischen Rastafaris ja nicht so eng.

26.02.2015
Ce ci n'est pas un Unmensch?
Da sich der IS-Normaloterrorist bekanntermaßen lieber an etwas auslässt, das sich nicht wehren kann, ist es wenig verwunderlich, dass er sich da mit Motorsäge und Presslufthammer zum Bildersturm im nahegelegenen Museum einfindet, um zweieinhalb tausend Jahre alte assyrische Skulpturen in einen Steinbruch zu verwandeln. Und weil er ja sowieso auch nur ein einziges Buch auswendig nachrufen darf, kommt es wenig überraschend, wenn er den Altbestand der Bibliothek um die Ecke lieber zum Heizen der Straßenluft nimmt. Lesen jenseits von Twitter und den Gebrauchsanweisungen für Panzerfäuste wird sowieso überschätzt, hätte auch der Prophet gemeint. Und klar, Karikaturen, geht man gar nicht.

Aber wie das immer so mit den Blödelphilosophien der Waffen-IS ist, hat der schlechte Gedankenstrang von Anfang an ein großes Loch. Man kann halt nicht behaupten, *"der Islam verbiete die bildliche Darstellung von Menschen und Gott"* und sich selbst dann beim Skulpturenkloppen und Bücherbrennen auf Video aufnehmen. Denn auch das ist ja, wie wir von Magritte wissen, nichts anderes als eine bildliche Darstellung, ihr Pfeifen! Und das lässt ja nur einen logischen Schluss zu: dass Ihr Euch selbst schon nicht mehr für Menschen haltet.

27.02.2015
On A Highway From Hellas
Gar nicht mal so inkonsequent, mein lieber Herr Finanzverein: wenn man schon ein Interview über die Lage an der Heimatfront gibt, dann doch gleich den kürzlich zu ungewolltem Ruhm gekommenen Spaßmachern von Charlie Hebdo. Während aber bei Varoufakis der augenzwinkernde Vergleich mit mittelalterlicher Aderlasspraxis vielleicht noch als intelligent gemeinte Andeutung auf die bittere Medizin aus Brüssel durchgeht, lässt die Drohung des stellvertretenden Innenclownisters Giannis Panousis doch deutlich ihren satirischen Rahmen vermissen: falls bei den anstehenden Verhandlungen nicht mehr Geld für Griechenland rausspringe, *"werden wir 300.000 Immigranten Reisepapiere ausstellen und damit Europa überfluten!"*
Mal ganz davon abgesehen, dass man sowas wie eine funktionierende Verwaltung braucht, um akzeptable Papiere auszustellen, wie glaubt er eigentlich die 300.000 Leute dann aus Griechenland raus zu kriegen? Zu Fuß über den Autoput durch Albanien und Serbien? Schwimmend nach Italien? 300.000 Freitickets von Olympic Airways, die sich dann leider die Landegebühren nördlich des Balkans nicht mehr leisten kann? So blöd das ist, Meister Panousis, aber sogar eine Drohung muss eine gewisse Stichhaltigkeit besitzen.
Obwohl, auf der anderen Seite, warum sollten die Griechen sich denn hier ausgerechnet mal an europäische Verträge halten wie zum Beispiel Schengenabkommen und Asylantragswesen. Da wird sich schon ein Weg finden, diesmal auch ohne die Berater von Goldman Sachs.

28.02.2015
Russisch Roulette
Am Tatort hat man sechs Patronenhülsen verschiedener Hersteller gefunden. Da hat wohl jeder mal noch schnell eine Kugel in die Trommel gesteckt, als die ande-

ren grad nicht hingeguckt haben. Dann muss dieser Nemzow irgendwie die neuen Spielregeln in Putizars Neuem Russland nicht so richtig verstanden haben, denn er hat sich – aus reiner Provokation – das ganze Magazin in den Rücken entleert. Und zwar weil ihm die ausländischen Geheimdienste ins Ohr geflüstert haben, dass er so dem Ansehen des Prächtigsten aller Lupenreinen am besten Schaden könnte. Also viel besser als immer nur durch andauerndes Rumnörgeln und querulantes Kritteln am Herrscher über alle guten Russen. Oder es waren seine eigenen Leute, weil die Opposition, wenn sie schon keine vernünftigen Argumente mehr vorbringen kann, so wenigstens einen Märtyrer hat. Oder aber es war seine Freundin, weil sie wegen einer Abtreibung sauer mit ihm gewesen sein soll. So oder so ähnlich muss es gewesen sein.

Völlig außer Verdacht: die üblichen Verdächtigen. Sagen auch die regierungsnahen Medien in Russland; also quasi alle die noch drucken, senden oder posten dürfen.

MÄRZ

01.03.2015
Vom Eise befreit
Ein erster lauer Luftzug zieht durch die Stadt. Der Frühlingsanfang lauert schon hinterm Horizont. Zeit für ein paar gute Nachrichten: Laut chinesischer Naturschützer hat sich das bedrohte Wappentier des WWF, der schwarzweiße Riesenpanda, vom eigenen Bestand erholt. Ukrainische Separatisten bestätigen, dass sie ihre schweren Waffen von der Frontlinie zurückgezogen haben, wobei sie natürlich den Verlauf der Frontlinie sowieso 20 Kilometer weiter vorne vermuten.
Venezuelas beleidigter Leberwurstpräsident Maduro verhängt ein Einreiseverbot gegen seinen amerikanischen Ex-Kollegen George W. Bush und dessen Ex-Vize Dick Cheney, wahrscheinlich damit letzterer nicht wieder auf der Rebhuhnjagd seinem Kumpel in die Fresse schießt. Unterdessen feierten ein paar tausend Argentinier ihre allseits beliebte und stets unverdächtige Präsidentin Madame Kirchner mit lustigen Schildern aus DDR-Altbeständen "*Christina ist das Volk!*".
Gleich um die Ecke bläst der Bürgermeister von Rio de Janeiro die Kerzen auf der Torte für den 450sten Geburtstag seiner Stadt aus. Tolle Leistung, denn der Kuchen ist 220 Meter lang. Ach ja, und von *Granu Fink* gibt's jetzt sich *Granu Fink Femina*, speziell für Frauen mit einer schwachen Blasenleistung.

02.03.2015
Präventionsstrategie
Einen interessanten interkulturellen Austausch haben jetzt Norwegen und Holland miteinander vereinbart. Weil die Wikinger zuviel Insassen hinter ihren schwedischen Gardinen haben, mieten sie jetzt für 25 Millionen pro Jahr im niederländischen Norgerhaven (tatsächlich: Hafen der Norweger!) leerstellende Zellen für 242 Leichtverbrecher an. Gute Idee soweit, hab ich aber zwei Fragen zu. Wenn in Holland die Zellen frei stehen, die in Norwegen überfüllt sind, liegt das vielleicht daran, dass Kiffen bei den Deichbauern nicht illegal ist? Und wenn norwegische Leichtverbrecher, sagen wir mal, im Supermarkt eine Palette Klopapier abgezweigt haben, damit sie die gewaltigen Lebenshaltungskosten in Oslo etwas drücken konnten - wäre es da nicht billiger den ungelernten Aushilfsgangstern einen Zuschuss von vielleicht 25.000 € im Jahr zu zahlen, damit sie ihre Beschaffungskriminalität einfach lassen können. Ich mein, das rechnet sich doch bei knapp 100.000 € pro

Gastknasti. Da spart man doch ...
Na gut, war nur Spaß, da müsste man sich ja mal damit beschäftigen, warum Menschen in so einem wunderschönen Sozialparadies wie Norwegen überhaupt ... ach, ich fang ja schon wieder an ... aber noch mal ne andere Idee: ich hätte bei mir auch noch Platz für so einen Leichtverbrecher. Für Hunderttausend pass ich auch auf den auf. Und der wird sogar noch resozialisiert. Von mir persönlich. Der wird auch nicht rückfällig. Garantiert. Ich erklär dem sofort, warum man sich an Gesetze halten muss. Und was Halbe Halbe heißt.

03.03.2015

Ohne Hintergründe

Manchmal will man gar nicht wissen, was genau sich hinter einer Nachricht verbirgt, schon weil manchmal der ganze Spaß im total ignoranten Nichtwissen fußt. Zum Beispiel bei der Tickermeldung *"Westafrikanische Länder fordern Marshall-Plan!"*. Da möchte man nix Genaues drüber wissen, sondern einfach nur sagen: „Nein, liebe westafrikanische Länder, so geht das nicht. Wer einen Marshallplan haben will, muss erstmal einen grauenhaften Genozid und mindestens einen veritablen Weltkrieg anzetteln, den dann mit Ach und Krach verlieren und sich vierteilen lassen. Danach muss man sich ein paar Jahre ordentlich bei den Westmächten einschleimen und selbst dann, kann man keinen Marshallplan einfordern, sondern man wartet bitte ab, bis die eine Westmacht der Anderen mit der Reindustrialisierung des Kriegsverlierers gehörig eins auswischen will. So geht das. Fragt mal bei uns nach!"

04.03.2015

Indiens gejagte Töchter

Mukesh Singh, einer der fünf Täter, die vor über einem Jahr wegen Vergewaltigung und gemeinschaftlichen Mord an einer Studentin verknastet wurde, findet das ja jetzt nicht so richtig schlau, dass ein Schnellgericht ihn und seine tumben Kumpane zum Tode verurteilt hat:

"Die Todesstrafe macht es nur schlimmer für die Mädchen. Früher hieß es nach einer Vergewaltigung; lass sie laufen, sie wird schon nichts sagen! Jetzt wird es so sein, dass die Opfer auch getötet werden."

Mal ganz abgesehen davon, was in einem Gewohnheitsarschloch so an Hirnzellen übrig geblieben ist, um sich um Kopf und Kragen zu reden, scheint Mukesh Singh tatsächlich nicht an eine abschreckende Wirkung der Todesstrafe zu glauben, denn er behauptet immer noch: *"Ein Mädchen ist vielmehr als ein Junge dafür verantwortlich dafür, wenn es zu einer Vergewaltigung kommt!"*

Weil sich aber in Indien trotz solcher geistigen Pfützentaucher immer noch ein Guru oder Regierungsbeamter findet, der da noch ungestraft einen draufsetzen darf, musste sich jetzt auch Ranjit Sinha, immerhin der oberste Boss der Bundespolizei CBI, den einen wirklich sehr zivilisierten Ratschlag nicht verkneifen: *"Wenn du eine Vergewaltigung nicht verhindern kannst, genieße sie!"*

Puh, manchmal denkt man sich dann auch seinen Teil dabei. Vielleicht sollte man beiden nochmal mit Sekundenkleber eine Langhaarperücke und eine Reeperbahn-Berufsbekleidung ans fettige Skelett basteln und sie irgendwo in einem sibirischen Gefängnis Urlaub machen lassen.

Vielleicht wirft das die Denkmaschine wieder an.

05.03.2015
Kot macht erfinderisch
Na gut, zugegeben, da hat der Wortspieljeck in meinem Nacken im Titel lügen dürfen, denn eigentlich dreht es sich ja in den heutigen Nachrichten um Pisse. Die Universität Bristol zum Beispiel hat jetzt ein Urinal vorgestellt, das mit Hilfe von Brennstoffzellen den Harnstoff in Strom umwandelt. Das kleine Wunderklo soll nach Aussage seiner Erfinder vor allem in Flüchtlingslagern und Einsiedeleien zum Einsatz kommen, damit man sich fernab von der nächsten Steckdose den Strom fürs Handy zusammenstrullern kann. Der einzige Nachteil an der Erfindung: sie wurde schon 2012 von vier afrikanischen Schülerinnen auf einer Erfindermesse in Lagos vorgestellt. Aber die hatten halt kein Geld für den Patentanwalt.

In St.Pauli kommt da jetzt eine andere Technik zum Einsatz: um den vielen Wildpinklern auf Hamburgs feuchter Meile einen Denkzettel zu verpassen, werden in diesen Tagen Hauswände und Metalltore mit einem neuartigen Nanolack bestrichen. Der ist dermaßen wasserabweisend - oder besser: urinophob -, dass er den gelben Strahl breitgefächert auf Beinkleider und Schuhwerk der Pinkler zurückspritzt. Der einzige Nachteil dabei: der Hitech-Lack ist teuer.

Darum mein Vorschlag zur Güte: wenn ihr Hamburger Ureinwohner einfach alle fünf Meter so ein Brennstoffurinal an eure Hauswände anschraubt, dann könnt ihr vielleicht eure Puffbeleuchtung jede Nacht zwei Stunden länger leuchten lassen. Nur mal so ne Idee.

06.03.2015
Die ESC-Taste
Kleines aber lehrreiches Skandälchen im Deutschen Fernsehen: Der Gewinner der deutschen Vorausscheidung – ein fast zu drastisch plastisches Bild für den Vorgang einer Auswahl – zum European Song Contest, ein gewisser Herr Kümmert, hat Moderatorin Barbara S., der Regie in ihrem Knopf im Ohr und auch große Teile des Publikums in tiefe Verwirrung gestürzt, als er zunächst besagten Gesangswettbewerb dank der abgegebenen Telefonstimmen gewann, dann aber das ganze mit einer Präsidentenwahl im örtlichen Teckelverein verwechselte und kleinlaut verkündete, er werde *"die Wahl nicht annehmen!"*, vor allem weil er sich zZ. nicht in Lage sehe, nicht so richtig fühle und überhaupt.

Wenn er das vorher schon wusste, hätte er ja nicht antreten müssen, klar; viel wahrscheinlicher ist, dass ihm erst im Verlauf der Veranstaltung dämmerte, wie übel bei diesem Wettbewerb der guten Musik mitgespielt wird. Dann war das wohl eher die Abteilung Reißleine.

Wie auch immer, Kerr Kümmert darf ab jetzt hoffentlich als deutsches Idol gelten. Jemand, der das Eis gebrochen hat, wie der erste schwule Fußballer Hitzelsberger, der sich geoutet hat. Denn ab jetzt dürfte es gesellschaftlich akzeptiert sein, von einer Wahl zurückzutreten, wenn man mittendrin merkt, dass man eigentlich damit nichts zu tun haben will.

Und das sollte so manchem Politiker in Zukunft einen Ausweg eröffnen. Dann muss man nicht mehr Verteidigungsministerin werden, wenn man merkt, dass man keine Ahnung davon hat. Oder Verkehrsminister. Oder bayrischer Ministerpräsident. Für alle gibt es jetzt die Kümmertliche Escape-Taste.

07.03.2015
Hausdruckerei
Wenn man sieht, wie in der Produktionshalle von Erfinder Ma Yihe ein Roboterarm eine 5 cm dicke Presswurst aus Bauschutt und schnell härtendem Beton verspritzt, wird man Zeuge, wie der größte 3D-Drucker der Welt grade eine dreistöckige 1000m2-Villa ausdruckt. Ja, richtig gelesen: hier wird grade ein echtes Haus ausgedruckt. Mit Erkern, Fensterstürzen und vielen anderen kleinen Baudekorationen an der Außenhülle. Und das ganze für schlappe 140000 €uronen.

Gut, ein paar kleine Kinderkrankheiten hat das neue Bausystem noch; so kann die Maschine leider noch keine Zwischendecken rausdrücken, was aus der dreistöckigen Villa eigentlich einen einstöckigen Bungalow mit sehr großer Deckenhöhe macht, aber das sind nur noch vernachlässigbare Widrigkeiten auf dem Weg zu schönen neuen Villenvierteln. Denn was es sofort wieder spektakulär macht: der 10 x 40 m große Drucker fertigt so einen Prachtpalast in knapp 48 Stunden.

Okay, dann muss die Hütte von gigantischen Sägen erstmal in transportable Riesenlegosteine zerlegt werden, die werden dann aber am Ort ihrer Bestimmung immerhin ohne Baulärm, Staub und Dreck wieder zusammengeklebt. Wofür gibt es UPS und UHU?

Erfinder Ma gibt sich dabei gerne wie der Robin Hood der Bauindustrie: *"Wir decken die Wahrheit über die obszönen Profite der Bauentwickler auf!"* und *"Jene, die vorher die dicken Gewinne eingestrichen haben, sind über meinen Drucker natürlich nicht glücklich!"* Solche Sachen sagt der stolze Ingenieur gern. Und natürlich könnte er auch ein Hochhaus ausdrucken, oder wie wir sagen würden: einen zweihundert Meter hohen Bungalow.

08.03.2015
Ehehygienetipp
Rechtzeitig zum diesjährigen Weltfrauentag hat der indonesische Bekleidungshersteller Salvo Sports neue Trikots an den Fußballverein Pusamania Sports Borneo ausgeliefert, versehen mit einem kleinen Pflegehinweis auf dem eingenähten Etikett, auf dem unter dem Stichwort Waschanleitung steht: *"Gib dieses Trikot deiner Frau. Es ist ihr Job!"*

Da hilft es auch nicht mehr, wenn die Firma nach einem veritablen Shitstorm versucht zu erklären, dass damit ja eigentlich gemeint war, dass der hart dribbelnde Kicker sein verschmutztes Arbeitskleid nicht durch laienhaftes Selberwaschen in seiner Struktur zerstören, sondern stattdessen lieber eine Fachfrau zu Rat und Tat ziehen soll. Jemand, der weiß wie es geht. Und das kann ja nach Logik der indonesischen Machos nur eine Frau sein, frei nach dem Motto: *"Zeigen Sie mir mal ein Vorurteil, dass nicht stimmt!"*

09.03.2015
Klischee-Maschine
Dass so ein Superduper-Senderimperium wie RTL natürlich auch webseiten betreibt, gehört unter Superduper-Medienunternehmen ja zum guten Ton. Wie natürlich auch das Platzieren der richtigen Werbung zum passenden Artikel. So ist der

Bericht über das emanzipatorische und feministische Engagement der Harry-Potter-Schauspielerin Emma Watson bei der UN-Kampagne *HeForShe* fein säuberlich von Begleitinhalten und digitalen Werbeangeboten umrahmt, die da wären: "So machen Sie Schnäppchen – Coupons: Einkaufen zum Nulltarif" "Partnersuche bei RTL: Jetzt kultivierte Singles auf der Suche nach einer festen Beziehung kennenlernen!" "Weight Watchers – weil's funktioniert!" "Und? Schon verliebt? – Der neue Adidas ZX Flux für Frauen!" "Wunderknolle Ingwer unterstützt Eierstockkrebstherapie!" und zu guter Letzt noch: "Lampen einfach selber basteln!"

Und damit man nicht vergisst, welches Frauenbild die Typen bei RTL dabei so im Hinterkopf haben, prangt da noch ein Foto von Lispelwunder und Anchor-Blondchen Katja Burkhard, selbstverständlich frisch aus dem Fotoshop. Da dreht sich doch das Schwarzgeld von A. "Emma" S. in seinem Schweizer Grab um.

10.03.2015

Grechenspiele

Was man schon als Pennäler in der Mathematiknachhilfe gelernt hat: wenn man nur lange genug darüber nachdenkt und nochmal ein bisschen im Kreis herumrechnet, dann kommt man immer auf irgendeine logische Erklärung für das vorher völlig freimütig errechnete Ergebnis. So wie jetzt auch die Finanzakrobaten der neuen griechischen Regierung, die heute vereint beschlossen haben, man müsse doch nochmals genauer eventuelle Reparationsansprüche an die Bundesrepublik Deutschland überprüfen; was lustigerweise nur ein paar Stunden dauerte. Mit dem noch lustigeren Ergebnis, dass die Forderungen auf ungefähr 322 Milliarden Euro zu schätzen sein - also die 320 Milliarden, mit denen Hellas zur Zeit verschuldet ist, plus 2 Milliarden für den Aufwand, den ganzen Unfug nochmal nachrechnen zu müssen. Da passt es wie Dr. Faust auf Schäubles Auge, dass der zuständige Justizminister Nikos Paraskevopoulos *"beabsichtige, die Erlaubnis zu geben, deutsche Immobilien zu pfänden"*, und zwar für den Fall, dass Frau Merkel keine Zahlungsanweisung bis – sagen wir mal – asap unterschreibt.

11.03.2015

Der will doch nur spielen

Wer oft genug gesehen hat, wie im Antarktis-Aquarium die Pinguine hochdynamisch aus dem Wasser auf ihre künstlichen Eisschollen schießen, um dann dort - als sei es die größte Selbstverständlichkeit - völlig entspannt zu stehen zu kommen, den zieht es dann wohl irgendwann vor die Küste Mexikos, um auch mal 30 Tonnen schwere Grauwale aus dem Wasser springen zu sehen. Aus nächster Nähe, versteht sich. Blöd allerdings, wenn man dann seine kleine Nussschale, die man zum Whale-Watching gemietet hat, direkt an die Stelle auf offener See lenkt, wo der Grauwal wieder runterkommt. Immerhin kann die Kanadische Touristin nun auf ihren Grabstein schreiben lassen: *"Jennifer Karren - Von fallendem Wal erschlagen!"* Und das gibt sicher einen Eintrag ins Guiness Buch und eine Nominierung für den diesjährigen Darwin-Award.

Wo aber der Fachmann mal wieder irrt: *"Nach Einschätzung des WWF greifen Grauwale in der Regel keine Menschen an, da sie nicht zu den natürlichen Feinden des Tieres gehören!"* Da muss man nun doch widersprechen, denn genau genommen ist der Mensch der einzige natürliche Feind, den so ein ausgewachsener Grauwal überhaupt noch hat. Und da es sich ja um intelligente Säugetiere handelt; wer weiß, vielleicht ist das dann dem Wal nun endlich auch aufgefallen!

12.03.2015
same same but different
Was dieser Putin kann, kann ich auch. Hat sich da mal der amtierende Präsident der Malediven, Abdulla Yameen, so bei sich gedacht, und mal einen Schauprozess gegen seinen Vorgänger und beliebtesten Mitbewerber um die politische Rechthaberei, Mohamed Nasheed, angesetzt. Wegen terroristischer Umtriebe. Also weil er in seiner Amtszeit als erster demokratisch gewählter Präses den wahrscheinlich korrupten Vorsitzenden des Strafgerichtshofs hatte absetzen und verhaften lassen. Und der war ja ein Gewährsmann seines Vorgängers und früheren Herrschers über das Inselarchipel, des hauptsächlich noch von sich selbst gewählten Abdul Gayoom, der wie durch Zufall ein Halbbruder des jetzigen Präsidenten ...

Den Rest kann man sich zusammenreimen. Nur dass bei 400.000 Einwohnern die Verwandtschaftsverhältnisse im Inselreich mehr zu Buche schlagen als etwa die Zugehörigkeit zum früheren KGB im neuen Zarenreich.

13.03.2015
Dead Dong
Der Penis sei wohlauf und der Patient voll funktionsfähig! So oder so ähnlich verkündete ein Ärzteteam von der Universität Stellenbosch aus Johannesburg ihren Transplantationserfolg, bei dem angeblich erstmals erfolgreich der Fortpflanzungs-

schwengel eines Toten an einen lebenden Patienten wieder angenäht werden konnte. Stimmt so natürlich nicht, denn schon 2006 haben Ärzte in China ebensolches vollbracht. Leider mussten die aber damals ihrem Patienten sein bestes Ersatzstück wieder abnehmen, wegen *"schwerer psychischer Probleme des Patienten und seiner Frau!"*

In Punkto Psyche scheinen die südafrikanischen Spezialisten aber zumindest bei ihrem Patienten erfolgreicher zu sein: *"Wir haben bewiesen, dass es möglich ist,"* so der leitende Chirurg Frank Graewe: *"wir können jemandem ein Organ geben, dass genauso gut ist wie das, was er hatte!"* Also eins, das wieder zu kurz ist, zu schnell schlapp macht und irgendeiner Frau psychische Probleme bereitet.

14.03.2015
Offene Frage
Nachdem ja Satire jetzt wieder fast alles darf, muss die Kunst auch mal wieder einen raushauen. Mal sehen, ob es der Ratte an den Kragen geht. Aber darum geht es nicht beim Kunstprojekt von Florian Mehnert, der die Ratte in einer weißen Box vor laufender Webcam mit einer Schusswaffe bedrohen lässt, die von den Usern seiner Webseite per Mausklick ausgelöst werden kann. Stattdessen geht es um den Dialog über die Themen globale Rundum-Überwachung, den Einsatz von Kampfdrohnen und die Ego-Shooter-Kultur.

Na gut, sinnvolle Diskussion durch seltsame Provokation anzustoßen ist ja öfter mal der Zweck solcher Konzeptkunst. Lustig ist aber schon, dass sich der Künstler selbst darüber wundert, dass laut seiner Umfrage tatsächlich 40% aller Besucher seiner Webseite die Ratte tot sehen wollen. Dazu Mehnert: *"Ich rechne mit einem Massaker!"*

Jetzt wäre doch mal interessant zu wissen, also wenn die Welt in diesem Punkt mal kurz anders wäre und auch Ratten über ein solches Kunstexperiment mit einem Menschen abstimmen könnten – ob Mehnert dann auch noch mit einem Massaker rechnet?

15.03.2015
Bart ab!
Nachdem sich der einzig echte wahre Staat im Auftrag des Propheten ein Jahr lang in hochgefährlichen Kommandoaktionen gegen unbewaffnete Zivilisten Geländegewinne erstritten hat, geht es jetzt dann doch wieder schrittchenweise rück-

wärts in Richtung Arsch der Welt, also das Loch, aus dem der IS gekrochen ist. Auch wenn keiner so genau weiß, wo das ist.

Viele vermuten es ja in den Geldbunkern Saudi-Arabiens und Qatars, aber das ist eben nur eine Vermutung. Genauso wenig wie man jetzt genau sagen kann, ob sich die tiptopmutigen IS-Kämpfer in Saddam Husseins ehemaligen Palästen in dessen Geburtsstadt Tikrit nun freiwillig verschanzt haben, oder ob sie sich in märtyrischer Absicht haben umzingeln lassen.

Einigen zumindest scheint die Sache nicht mehr ganz geheuer. Sie schleichen sich mit kunstvoll gestopften BHs, hastig rasiertem Kinn und schlecht geschminkten Augen unter einer Burka aus der Gefahrenzone, um sich dann in der ganzen Pracht ihrer Travestie von den wieder mal ahnungslosen Reportern des Schweizer *Blick* völlig unfachmännisch als *Transen* bezeichnen zu lassen.

Es bleibt einem IS-Kämpfer aber auch wirklich gar nichts erspart.

16.03.2015

Wieder da!

Nachdem man zehn Tage vom Größten Zar aller Zeiten nichts gehört hat, ist er jetzt leicht aufgedunsen und verschwitzt, aber drollig wie eh und je vor den eigens einbestellten Kameras aufgetaucht, gerade rechtzeitig um mal wieder ein paar der wildesten Gerüchte mit bloßem Charme wegzulächeln. Nein, er hat nicht heimlich im Tessin Zwillinge zur Welt gebracht. Auch seine angeblichen Rückenprobpleme nach einem vogelkundlerischen Flug mit sibirischen Kranichen seien erfunden. Grippe ist es nicht, auch kein Bauchspeicheldrüsenkrebs. Nein, die russische Elite wolle ihn auch nicht loswerden, weil er überall nur noch Dreck und Ärger macht, und am Asperger-Syndrom leide er schon gar nicht – das wären alles nur dreiste Lügen der CIA und anderer Feinde des russischen Volkes. Soweit die Fraktion der Dementis.

Andererseits bekannte sich der bekennende Nationallist nach einem Jahr dazu, dass er die Krim habe befreien müssen, weil die Ukraine erschreckende nationalistische Tendenzen an den Tag gelegt habe. Und weil die Amis ihren Ostwall immer weiter Richtung Moskau verschieben wollten. Überhaupt die Yankees, so Putin vor drei Jahren auf einem Bankett, die würden sowieso nur noch diplomatische Beziehungen zu Moskau unterhalten, *"weil Russland das einzige Land sei, das die USA in einer halben Stunde oder weniger zerstören könnte."*

Und da könnte er mit seiner Selbsteinschätzung ausnahmsweise mal Recht haben; welchen anderen Grund könnte es für einen halbwegs vernünftigen Menschen geben, überhaupt noch mit ihm zu sprechen?

17.03.2015
Monsieur le Schleppeur
Ein 60jähriger Franzose versuchte sich an der weißrussisch-polnischen Grenze als Verpackungskünstler und faltete seine frischgebackene, russische Frau in seinen Koffer. Beim Grenzübertritt fiel die extrem geräumige Einzimmerwohnung auf Rollen dann den Zollbeamten auf. Sie ließen die Reisemuschel öffnen und heraus stieg die etwa 30jährige Venus.

Schöne Nummer für eine Anfängerzaubershow in einem Altersheim, aber leider völlig blödsinnig, denn der alte Kofferträger hätte doch ganz legal mit seiner Natascha (wahlweise Olga) einreisen können; schließlich war er ja mit ihr verheiratet. Und egal was man von der Einwanderungspolitik der EU sonst so halten mag, aber Ehepaare trennen wir dann doch nur in ganz seltenen Fällen. Zum Beispiel wenn man versucht, eine Grenzkontrolle zu umgehen. Das wird mit einer Gefängnisstrafe bis zu drei Jahren bestraft. Und gemischte Gefängnisse gibt es in Polen bis dato nicht. Da beweist sich mal wieder: Dummheit kennt keine Grenzen!

18.03.2015
Ach, Occupy, Blockupy ... Hauptsache Ihr habt Eure Mutti recht lieb!
So oder so ähnlich könnte unser aller Großkanzlerin die leicht aus den Bahnen geratene Großdemonstration gegen den Großkapitalismus kommentieren, wenn sie bei solchen Gelegenheiten nicht immer so ein staatsfräulich ernstes Großgesicht machen müsste.

Obwohl wegen der Eröffnung der neugebauten EZB-Zentrale – deren allererstes Opfer unsere geliebte Frankfurter Gemüsekirche war – mit einigen Unmut von Seiten der aus Halbeuropa angereisten Straßenschlachtenbummler zu rechnen war, schien die Frankfurter Polizei doch nicht so richtig auf den Ansturm einiger spaßbereiter AntiKa-Hooligans vorbereitet; und staunte dann nicht schlecht darüber, wie gut ihre Einsatzfahrzeuge brennen. Wo sind eigentlich immer die Wasserwerfer, wenn man sie mal braucht?

Der größte Teil der Proteste verläuft allerdings friedlich, so ähnlich wie ja auch der größte Teil des Kapitalismus einigermaßen friedlich von statten geht. Es sind halt hie wie dort die Extremisten, die mal wieder alle guten Sendeplätze besetzen.

19.03.2015
Spontane Nachwuchsprobleme
Etwas, dass Politikern aller Länder echt die Schweißperlen auf die Stirn treiben und das Blut in den Adern gefrieren lassen sollte, geht dieser Tage im Drogen- und Sextourismusland Thailand vor sich. Nachdem Ihro Selbstherrlichkeit Yingluck Shinawatra letztes Jahr durch einen Militärputsch von ihrem Thrönchen geschubst wurde, erklärte sich nun der oberste Gerichtshof in Bangkok dafür zuständig und auch willig, die Expräsidentin wegen seltsamer Subvention des Reispreises anzuklagen, oder wie es in der offiziellen Anklageschrift heißt: "*wegen Nachlässigkeit!*"
Was war passiert? Madame Yingluck hatte ihrer Stammwählerschaft von Reisbauern den doppelten Preis zugesagt und so Millionen Euro als Wahlgeschenke verteilt.
So weit, so üblich. Nicht nur in Thailand. Aber man stelle sich mal ganz kurz vor, was passiert, wenn man so ein Gesetz auch bei uns zur Anwendung brächte: Bevorzugung der Stammwähler, zum doppelten Preis einkaufen und – bitte – Nachlässigkeit?! Ich glaube, wir müssten uns hier auch ganz schnell eine neue Generation Politiker backen!

20.03.2015
Fighting fire with fire
Die siebzigprozentige Sonnenfinsternis über meiner kleinen Heimatstadt war jetzt leider nicht so spektakulär, wie erhofft. Wäre man nach Spitzbergen gefahren, hätte man vielleicht mehr davon gehabt. So wie der tschechische Eklipsen-Tourist, der in der Nacht von einem hungrigen Eisbär für Futter gehalten wurde. Dummerweise hatte der Bär aber seine kugelsichere Weste vergessen, und das am internationalen Tag des Glücks. Ich wette, das sieht der Bär jetzt anders: erst vom Aussterben bedroht, dann wehrt sich das Frühstück und dann verpasst er noch die totale Sonnenfinsternis.
Meine Lieblingsmeldung des Tages kommt allerdings aus dem Westen Chicagos, wo im kleinen Viertel Archer Heights genau das passiert ist, was man sich als Fips

Asmussen als klassischen Auftaktwitz für eine Tagung von Feuerwehrleuten aus dem Ärmel geschüttelt hätte: *"Großbrand in der Feuerlöscherfabrik!"*
Und das erinnert mich sehr an einen Werbespruchklassiker für Feuerlöscher aus den 50er Jahren des vorigen Jahrhunderts: *"Hast du Minimax im Haus, bricht bei dir kein Feuer aus!"* Ergänzt um die wunderbar logische Erkenntnis: *"Minimax ist großer Mist, wenn du nicht zu Hause bist!"*

21.03.2015

Emanzipationsopfer

Um mal ein bisschen Pep in den Unterricht zu bringen, hat sich Spanischlehrerin Kathryn Ronk einen ihren 15jährigen Schüler gegriffen und ihm die Begriffe *Blasen*, *Vögeln* und *das Tier mit den zwei Rücken* durch praktische Übungen näher gebracht. Später vor Gericht hat sie das natürlich pflichtgemäß bereut und sich bei allen Beteiligten und Unbeteiligten entschuldigt. Richterin Nanci Grant zeigte sich aber davon nicht sehr beeindruckt. Ganz im Gegenteil, sie fand es an der Zeit, endlich die Ungleichbehandlung von Männern und Frauen in punkto Sex mit minderjährigen Schutzbefohlenen zu beenden. Statt mit einer Bewährungsstrafe aus dem Gericht zu spazieren, geht Frau Ronk nun für 15 Jahre in den Knast. Da kann sie dann noch mal über die Rolle der modernen Frau in der Gesellschaft nachdenken.

22.03.2015

Unrechtsextremismus

Wie sehr sich das neue Zarenreich dann doch von der ehemaligen Sowjetunion unterscheidet, lässt sich auch ein wenig an den neuen Freunden der großen Landmasse ablesen. Rund 150 Mitglieder von so lustig rechthaberischen Parteien wie der Golden Morgenröte (Hellas), der National Party (GB) oder der zwangsdeutschen NPD folgten dem Ruf ihres russischen Pendants Rodina (Vaterlandspartei) zu einem Symposium über stets wichtigen Fragen wie zum Beispiel traditionelle Werte von Familie und Christentum, für die ja auch Lupenputzer Putin stehe, irgendwie gefördert werden könnten.
Wo also früher noch die europäische Linksextreme ihr Bafög für den Untergrundkampf erhalten hat, sitzen jetzt also lauter Nachwuchsfaschisten beieinander und beraten, wie eine gemeinsame Plattform gegen die "Bedrohung der Souveränität und der nationalen Identität" zu errichten wäre. Was an sich schon lustig ist, weil

jede gemeinsame Plattform per se ja auch eine potentielle Bedrohung der Souveränität und der nationalen Identität darstellt.

Aber egal, wenn man auch sonst ins Unreine denkt, fällt das vielleicht auch nicht so auf. Wie ja auch der Bezug auf Putin als Steher für traditionelle Werte wie Familie (erste Frau vergrault, Töchter unter Decknamen versteckt, Verhältnisse mit Exkunstturnerinnen, Exagentinnen und Exmodels, dementierte Kegelgeburten in Schweizer Nobelkliniken) und extrem orthodoxen Christentum ("Du sollst nicht töten", "Du sollst nicht begehren deines nächsten Halbinsel") auch nur an der Glatze herbeigezogen wird.

23.03.2015
Sankt Sepp
Das schöne an unserer multimedialen Welt ist ja, dass man so mancher Leuchte dabei zu sehen kann, wie ihr so gaanz, gaaaanz langsam der Glühfaden durchgeht. Immer vorne mit dabei: eigentlich so ziemlich alle Präsidenten, die mehr als die normal verkraftbaren zwei Amtszeiten hinter sich gebracht haben! Zum Beispiel der von sich selbst schonmal heilig gesprochene Josef Blatter, seines Zeichens größter unverzichtbarer Teil seines eigenen Kicker-Kosmos, hat heute mal wieder einen rausgehauen, dass es dem kampfbereiten Islamerer, dem scherzerprobten Juden oder dem bald schon wieder radikalisierten Katholiken die religiösen Fußnägel bis ans Schienbein hochkräuselt. Da sitzt der geistige Exilschweizer in seinem eigenen Wamstfett und verkündet, dass König Fussball nicht nur einflussreicher sei als jedes Land der Erde einschließlich Mordkorea, sondern auch als jede Weltreligion. Jachwe, Gott, Allah, Shiwa, Quetzalcoatl, Thor, ja sogar der Pfauengott der Jesiden, alles nix im Vergleich zu Blatters Hirngespinsten: Denn es gibt nur einen Gott, und das ist der Fußballgott, und sein Prophet ist der Sepp! Balleluja! Auf immer. Bestimmt. Bis zur nächsten Aufklärung. Oder bis einer merkt, dass der Blatter längst im Abseits steht.

24.03.2015
Gefangenenspiele
Irgendwie hat sich der Gedanke vom Recht auf Freiheit die Tage mal wieder deutlich im Rückenmark so einiger Menschenhasser verheddert. In Frankreichs Stadt Verdun, die sich selbst ja "La Capitale du Paix" nennt, sonst aber eher bekannt für sinnlose Demütigungen in Eisenbahnsalonwagen ist, greifen sich sechs Twens

eine ehemalige Mitschülerin und halten sie einen Monat lang als Sexsklavin unter Verschluss.

In Mailand bandelt ein Arschloch übers Internet mit einer schwedischen Fastschönheitskönigin an, gaukelt sich als Modelmanager mit Berufsmöglichkeiten vor, lockt die 23jährige in seine Wohnung, wo er sie sechs Monate foltert, vergewaltigt und gefangen hält, bevor ein Nachbar aufmerksam wird.

Die Gewohnheitstäter und Bildungsverweigerer des nigerianischen Esoquatschvereins Boko Haram setzen da mal wieder mehr auf Masse und schnappen sich 500 Frauen und Kinder für Sklavenmärkte und Umerziehungshochzeiten. Tut mir leid, alles nicht komisch. Nicht mal ansatzweise.

Da macht eine Meldung aus den USA ein wenig Hoffnung: Staatsanwalt Marty Stroud, der vor 30 Jahren den kürzlich entlassenen Glenn Ford (Nein, nicht der alte Westernschnulzenschauspieler) zum Tode verurteilen ließ, räumt nun ein, dass er getrieben von falschen Ehrgeiz die entlastenden Beweise nicht sehen wollte. Und entschuldigt sich nun öffentlich für sein Versagen: *"Ich wollte nicht Gerechtigkeit, ich wollte gewinnen!"* Und das sind ja nun Einsichten, die man von Anwälten oder Richtern eher selten hört.

25.03.2015
Im Südosten nix Neues
Weil es den Arabern ja auch mal schnell langweilig wird, wenn sich ihr innerreligiöser Zwist zwischen Sunniten und Shiiten nur in diesem wirklich unübersichtlichen Mischmasch aus IS-Schlächtern, verwirrten Iraki, kurdischen Freiheitskämpfern und syrischem Bürgerkrieg nur in einer Region abspielt, haben sie sich mal nach Süden gewendet, wo seit Monaten die Shiitische Huthi-Miliz die jemenitischen Regierung vor sich hertreibt. Und nun, kurz bevor die angeblich vom Iran ausstaffierten Huthis Präsident Hadi aus seinem letzten Rückzugsort in Aden in den gleichnamigen Golf zu schubsen drohen, rufen die sunnitischen Anrainerstaaten *"Zum Sturm der Entschlossenheit"* auf und probieren mal wieder ihr vom Ölgeld gekauftes Waffenarsenal an den Terroristen aus.

Jetzt kann man gespannt auf die Reaktion des Iran warten, der ja 2000 Kilometer weiter nördlich mehr oder weniger an der "Allianz der Vernünftigen" gegen die sunnitischen Wahnsinnigen des IS teilnimmt, hier im Jemen nun aber plötzlich wieder deutlich auf der anderen Seite steht. Und das ist ja mal nix Neues, dass sich die weisen Staatenlenker obenrum zärtlich umarmen und untenrum heftig gegen die Schienbeine treten.

26.03.2015
Tod eines Feiglings
Also wenn man früher schwer einen an der Waffel hatte und sich irgendwie ungeliebt und wenig beachtet in Depression stürzte, da ist man entweder in die Politik gegangen; oder man hat böse Abschiedsbriefe geschrieben, die rechtzeitig gefunden wurden, wenn man sich grad schön melodramatisch die Pulsadern aufgeschnitten hat. Oder man hat Omas halben Tablettenschrank in sich reingeschüttet und dann durch lautes Kotzen die gewünschte Aufmerksamkeit auf sich gezogen. Und wer es ganz hart bringen wollte, hat sich vor einen ICE geworfen, um wenigstens ein paar Bahnfahrer ein bisschen auf ihrem Lebensweg aufzuhalten. So waren die guten alten Zeiten, als die Kinder noch Goethes Werther in Schule lesen mussten und deswegen einen zivilisierten Umgang mit Selbstabscheu und Weltschmerz hatten.
Aber sich wie Deutschflügelpilot Andreas L. aus M. mit einem vollbesetzten Flugzeug gegen die Alpen zu werfen, um sich vom Selbsttöter zum Massenmörder upzugraden; also sowas hat's in meiner Jugend nicht gegeben. Da hat man sich noch aufs Bungalowdach gestellt und gewartet, bis die Feuerwehr das Sprungtuch ausgebreitet hatte.

27.03.2015
Putting out the fire with gasoline
Wenn die Polizei mal 'ne Lokalrunde schmeißt, dann aber richtig. Haben sich zumindest die Drogenfahnder von Jakarta gesagt, und mal ihre dreitonnige Monatsausbeute von beschlagnahmten Gras vor die Station geschleppt und ein kleines Freudenfeuer gemacht; um den Dealern mal zu zeigen, was sie von deren illegalen Waren halten. Tja, und das war dann mal der größte Joint der Welt. Also nicht, dass die Ordnungshüter da nichts geahnt hätten, denn sie selbst zogen sich vorsichtshalber Gasmasken auf, aber im angrenzenden Stadtviertel war für den Rest der Nacht hi-life angesagt. Schlauerweise haben die Beamten auch noch zwei Kilo Chrystal Meth und zweieinhalb Tausend Pillen Ecstasy mit ins Feuer gekippt. Und wer einmal dran gezogen hat, der weiß wie gut sich Feuer und Crystal Meth ver-

tragen. In drei Tagen erwartet die Nachbarschaft dann ein kalter Entzug. Oder die Dealer haben jede Menge neue Kunden gewonnen.

28.03.2015
Survival of the fittest
Dass sich eines Tages so klug ausgedachte Fernsehformate wie das Dschungelcamp in den Hirnstämmen ihrer Zuschauer festsetzen würden, war ja irgendwie klar. In Florida hat jetzt ein Zoogeschäft einen bizarren Kakerlaken-Fresswettbewerb durchgeführt, und damit den Gewinner Edward Archbold in mehrfacher Hinsicht mit dem Vater der Evolutionstheorie in Verbindung gebracht.
Erstens wurde bewiesen, dass sich Kakerlaken doch besser an schnell wandelnde Umstände anpassen können. Zweitens verstarb der unglückliche Eddy wenige Minuten nach Gewinn seines unglaublich wichtigen Meistertitels und drittens hat er sich damit für die nächste, wichtige Meisterschaft des Jahres qualifiziert: den jährlich postum verliehenen Darwin-Award für die dümmste Methode, den Genpool um sich selbst zu bereinigen. Seine ungeborenen Kinder werden es ihm nicht danken, müssten sie aber, wenn sie könnten. Aber immerhin: Archbolds ekliger Abgang ist immer noch sympathischer als 150 Menschen mit ins Verderben zu reißen.

29.03.2015
Agenda Zwanzig Wannnochmal?
Die Welt des Sports muss gerechter werden, denkt sich auch mal wieder die Inspektionstruppe des IOC: es kann ja nicht angehen, dass diese Wintersportler immer an der frischen Luft sein dürfen, während sich die hohen Herren der Organisation bei irgendwelchen Despoten immer durch staubige Städte drängeln müssen. Darum gilt es bereits als abgemacht, dass die Olympischen Winterspiele des Jahres 2022 – auch um die Winterfußball-WM in Qatar sinnvoll zu ergänzen – in der atmungsfreundlichen Hauptstadt des Reichs der Mitte stattfinden wird.
Dass Peking weder eine große Tradition in Verschneitheit noch in Idiotenhügeligkeit vorweisen kann, wird nur noch dadurch ausgeglichen, dass für die geplante Infrastruktur (Autobahnen und Hochgeschwindigkeitsbahntrassen ins 250 km entfernte, aber dafür noch zu errichtende Skigebiet) nur ein paar ganz kleine Dörfer mit ein paar noch kleineren Chinesen weichen müssen.
Damit das aber nicht mit der kürzlich vom IOC-Chef Bach ausgerufenen Agenda 2020 (kurz zusammengefasst: so ziemlich das genaue Gegenteil der Pekinger

Pläne) kollidiert, sind diese Notwendigkeiten groberhand aus der Bewerbung gestrichen worden.
Sotchi lässt grüßen ...

30.03.2015
Feindliche Übernahme
Man kann ja gegen Mutter Natur eh nicht viel sagen, aber wenn es darum geht, eindringliche Symbole zu schaffen, ist sie immer wieder mal verteufelt gut – und das nicht erst seit es youtube gibt. Beim Aufschneiden einer an aufgeblähten Magen verendeten Riesenschlange kam eine zweite, genauso große, aber leicht anverdaute Anakonda zum Vorschein. Sodass schnell klar wurde, dass der Kampf der beiden gierigen Monster auch hätte andersrum ausgehen können.
Und wenn das mal nicht eine perfekte Metapher für die Auswüchse des Raubtierkapitalismus ist: erst das Maul zu weit aufreißen und dann am Happen verrecken. Das ist ja dann wohl eine lose-lose-Situation! Daraus könnte man was lernen ...

31.03.2015
Sprichwortbelebung
Mal einem nackten Mann in die Tasche greifen. Oder auch einer nackten Frau. Oder noch besser gleich einer ganzen Horde von Nackten, die ja immerhin den Vorteil haben, dass man sofort sehen kann, ob sie vielleicht durch Zufall bewaffnet sind. Und wahrscheinlich auch so überrascht vom Anblick dreier vollständig bekleideter und sogar maskierter Räuber, dass wenig Gegenwehr zu erwarten sei. Hörte sich ganz nach einem guten Plan an, den das sprachwissenschaftlich schlecht vorbereitete und unbewaffnete Trio heute Nacht im Swingerclub Tudor in Birmingham mittels Schubsen und Hauen in die Tat umsäß. Was sie dabei übersehen hatten: das Sprichwort steht nunmal dafür, dass man nachher leer ausgeht. So auch unsere drei Gangsterleuchten, denn die Nackerten hatten kein Geld, Schmuck oder Kreditkarten einstecken. Pleite, wie sie sind, müssen sie jetzt wohl das Angebot des Gerichts über einen Pflichtverteidiger annehmen.

APRIL

01.04.2015

Zwangsläufig

Wie ein ebenso schlechter wie grandios fehlgeschlagener Aprilscherz wirkt das neueste Sportereignis, mit dem das Scheißtum Qatar, die selbsternannte Heimat des Sportsgeists und der Menschenrechte, ins Guinness Buch der Weltrekorde kommen wollte: der Volkslauf mit dem possierlichen Titel *Mega-Marathon* sollte dort mit den den meisten Teilnehmern weltweit glänzen!

Da der gemeine Qatari aber lieber laufen lässt, wurden tausende von Arbeitern von den WM-Baustellen, flüchtig ausgestattet mit T-Shirt, Startnummer und Umhängetasche, bei 28 Grad und im Namen des Schirmherrn Scheich Mohammed bin Hammad bin Khalifa al Thani (kleiner Bruder des Emirs) auf den Parcours über die *"National Day Ceremionial Road"* bestellt. Die im Laufen völlig untrainierten, oft nur mit Flipflops am Start erschienenen Arbeiter wurden dann unter Drohungen genötigt, die Strecke unter die Füße zu nehmen. Und als schon nach wenigen Kilometern klar wurde, dass es nicht besonders viele der Spaziergänger in die Nähe des Ziels schaffen werden, wurden die im Rennen Verbliebenden von schreienden "Trainern" zusätzlich motiviert. Geträke wurde nicht gereicht. Nicht mal Guinness!

Wenn es mit einem Weltrekordeintrag ins Trinkbuch vielleicht doch noch klappen sollte, liegt es sicher nicht an diesem Zwangsvolkslauf, sondern an Facebook und anderen Forumsseiten zum Ereignis: die Seiten, auf denen sich hunderte Arbeiter über die Zwangssportmaßnahme ausließen, wo Bilder von Sportlern in Sicherheitsschuhen und Gummisandalen gepostet wurden und der eine oder andere nicht für *"den ehrenwerten Ruf Qatars"* zuträgliche Kommentar zu lesen waren, sind heute allesamt wie von Geisterhand auf dem Internet verschwunden. Aus dem Internet! In rekordverdächtiger Zeit. Aber weit und breit kein Notar. Nagut, dann hat "Die Achse des Blöden" statt Guinnessbuch!

02.04.2015

The real PeeCee

Die Political Correctness macht so nach und nach allen 50er Jahren Werbungen den Garaus: nachdem in Österreich eine beliebte Schokoladensorte ohne Migrationshintergrund nicht mehr Negerbrot heißen darf, der berühmte Negerkuss im Supermarktregal nur noch als Schaumwaffel mit Schoko-Überzug angekündigt wird und auch der Sarrotti-Moor den Weg alles Irdischen gegangen ist, greift sich die Netzgemeinde jetzt die Mainzer Dachdeckerfirma Ernst Neger (ja, der früher immer als singender Dachdeckermeister bei "Mainz bleibt Mainz" so Hits wie Tutti Frutti gesungen hat) und verlangt vom Sohn des Karnevaloriginals die sofortige Auslöschung des Firmenlogos: ein hammerschwingender Mittelafrikaner auf einem stilisierten Dach!

Das schöne am weltweiten Gewebe ist aber, dass es für jedes Gegen auch ein Für gibt. Auf der eigens eingerichteten Facebookseite *Ein Herz für Neger* schwingen 4000 Unterstützer ihren Hammer für das Traditionslogo. Und auch das kann man ja verstehen. Der kann ja seine Firma nicht einfach in Ernst Weißbrot umbenennen. Da kriegt er ja Ärger mit der Bäckerinnung.

03.04.2015

Fronkreich, Fronkreich

Was macht eigentlich unser geliebtes Nachbarland zurzeit so beruflich? Ein neues Gesetz soll zukünftig den Body-Mass-Index bei Laufstegmodels regeln. Wer zu dünn ist, bekommt entweder Berufsverbot oder muss sich eine Woche lang von Fetteintopf und mit Schmalz beschmierten Madeleines ernähren. Drei Wahlkampfmanager des früheren Präsidenten werden nach den jüngsten Erfolgen Sarkozys bei den Regionalwahlen nun plötzlich von der Justiz wegen Bestechung im Wahlkampf 2010 vor den Kadi gezerrt.

Front National-Ehrenvorschwitzender und Faschistenplappermaul JM Le Pen haut gegen den Willen seiner Tochter mal wieder ein paar Verharmlosungsklassiker raus ("Gaskammern sind ein Detail der Geschichte!"), und wird deswegen wegen *"des Bestreitens eines Verbrechens gegen die Menschlichkeit"* angezeigt. (Was das für mich bedeutet, werde ich bei meinem nächsten Frankreich-Ausflug feststellen. Siehe Bildbeispiele "Abschied am Morgen"-Zitat: *"Sowas wie Deutschland hat es nie gegeben!"*).

Wirklich interessant wird aber ein anderer Prozess: nachdem der Sender BFMTV während der Geiselnahme in einem koscheren Supermarkt am 9. Januar live das Versteck mehrerer Geiseln in einem Kühlraum verriet, verklagen die jetzt den vorwitzigen Sender wegen *"Gefährdung eines Menschenlebens"*, also eigentlich so ca. fünf. Das klingt nach einer juristischen Zwickmühle, denn auch ein Dummbeuteldschihadist wie Herr Coulybali hat ja Anspruch auf aktuelle Berichterstattung – wenn er seine GEZ-Gebühren bezahlt hat. Oder wie das in Frankreich heißt ...

04.04.2015

Bettelzettel

Dass man aber auch immer vorher alles zweimal durchdenken muss. Da will man ganz in Ruhe auf dem Gebiet der Ukraine seine eigene kleine Kaderrepublik ausrufen und ein bisschen in der Gegend rumballern, und schon streichen die bösen Buben in Kiew dem jungen Neorusslandableger einfach die Sozialleistungen. Keine Rente mehr, kein Arbeitslosengeld, kein Heizkostenzuschuss, keine Granatenpauschale. Halten die einfach zurück. Und das ist natürlich blöd, wenn man das eigene Geld komplett in Munition investiert hat.

Eine Millionen Rentner ohne Kohle. Tja, das schreibt man mal einen Brief an Monsieur Hollande und Madame Alemagne und bittet die zwei Vertreter der Gewährsstaaten, *"sie mögen ihren wohlmeinenden Einfluss nutzen und die ukrainischen Behörden ermutigen, die Sozialleistungen für die Bewohner des Donbass wieder auszuzahlen!"*

Und so ein Brief hört sich doch jetzt ausnahmsweise mal recht zivilisiert an, wenn man das mal mit den sonstigen Tönen von den prorussischen Separatistenchefchen Sachartschenko und Plotznitzki vergleicht.

05.04.2015

Spendenwettkampf

Sitze wegen der ersten ernstzunehmenden Sonnenstrahlen völlig entspannt im Straßencafe, als mir plötzlich eine allen gängigen Klischees und Vorurteilen wenig widersprechende Zuwanderin mit südosteuropäischen Mickrigkeitshintergrund eine leicht angewelkte Rose unter die Nase hält und mich zu einer Spende ermutigt; angeblich für die Suppenküche der Obdachlosen.

Um die Rechtmäßigkeit ihres Anliegens zu untermauern, zeigt sie mir noch unaufgefordert einen echt schlecht gefälschten Spendensammlerausweis. Daraufhin öffne ich mein Portemonnaie und zeige ihr in der Reihenfolge: mein Organsspendeausweis, mein Blutspenderpass und das Jahreslos der Aktion Mensch.

Ein klares 3:1 für mich!

06.04.2015

Wunderdiät

Das Leben hat auch eine Schokoladenseite. Das zumindest hat Beatrice Golomb rausgefunden, und zwar nicht durch mutigen Selbstversuch, sondern in ihrer Eigenschaft als Forscherin an der University of California. Laut einer Studie mit 1000 Probanden sind die Schokoladenesser nicht nur die glücklicheren, sondern auch die im Schnitt um zwei bis drei Kilo leichteren Artgenossen. Wie die Professorin vermutet, kurbeln die Catechine in der Schoki den Stoffwechsel an, allerdings nur, wenn man sie in Maßen genießt. Und zum richtigen Zeitpunkt.

Signora Rosetta aus Vicenza zum Beispiel hat da mal auch ne interesante Studie durchgeführt, aber nur an fünf Probanden. In ihrem Vorratsschrank fand sie noch etwas Trinkschoklade, die vor 25 Jahren abgelaufen war. Ihr Mann, ihr Sohn, ihr Enkel, dessen Spielkamerad und sie selbst baden die heiße Schoki jetzt im Krankenhaus aus. Und wenn sie dann nach zwanzig Tagen rauskommen, werden sie vielleicht auch um zwei bis drei Kilo leichter sein. Vor allem aber um eine Erfahrung reicher!

07.04.2015
Bildersturm

Na gut, Kunst ohne Genehmigung einfach so in einem öffentlich Park aufzustellen, geht natürlich schon rein genehmigungstechnisch nicht. Da gehört sofort ein Lappen drüber. Und Pablo wird von der Parkverwaltung aufgefordert, die Motorsäge auszupacken.

Steht da doch mitten im Gelände auf einmal eine überlebensgroße Büste von ehemaligen NSA-Schnüffler und unfassbar gefährlichen Landesverräter *Eddy Snowden* und blickt in die Rabatten, die eigentlich das Denkmal für die Soldaten des Unabhängigkeitskrieges (1775-1783) umkräuseln. Damit wollten die unbekannten Künstler *"auf jene Menschen aufmerksam machen, die ihre Sicherheit im Kampf gegen moderne Formen der Tyrannei aufgeben!"*

Gute Idee, klares Konzept, mit schöner ironischer Spitze (Unabhängigkeitskrieg!), jetzt bloß nicht erwischen lassen. Man weiß halt nur nicht, ob das nicht gleichzeitig auch noch ein Seitenhieb gegen Russland ist, wo sich Freund Eddy derzeit aufhält. Obwohl, dann hätten die selbsternannten Kunstkritiker von der Parkverwaltung die „amerikanische Büste" sicher stehen lassen.

08.04.2015
Orthodoxe Gespräche

Der Ausnahmeministerpräsident der kleinen lustigen Halbinselreichs am südöstlichen Rockzipfel von Eurogermanien, Alexis "Sorbas" Tsipras, rutscht mal auf einen kurzen Erfahrungsaustausch nach Kremlistan, um sich mal bei Zar aber auch wirklich aller Russen ein Bild davon zu machen, wie der Hase läuft, wenn er nur noch humpeln kann. Denn das lässt sich nun mittlerweile deutlich an Russlands Wirtschaft sehen, was passiert, wenn man die Geldsäcke aus dem weißen Westen so richtig verärgert, während gleichzeitig zum Beispiel der Preis für Olivenöl und Schafskäse auf die Hälfte kollabiert: Inflation, Rezession, Depression, Irritation! Da hilft auch Invasion nicht mehr.

Freund Putin will im Gegenzug vom eiertanzenden Griechen wissen, wie er sich das mit den Reparationsforderungen an die Deutschland GmbH juristisch vorstellt, denn, wer weiß, es könnte schon bald soweit sein, dass das größte Land der Welt (Landfläche, Atomsprengkraft pro Reinrassenrusse, Schildbürgerstreiche) auch noch mal ganz unorthodox ins Nachzählen kommt. Jetzt, wo man schon die Hotelneubauten für die Fans der Fußballgeldmeisterschaft 2018 streichen musste.

09.04.2015

Vergewisserung

Wie man ja schon als kleines Kind durch ein Lied gelernt hat, stellt die Wissenschaft ja so einiges fest; wie jetzt wieder in Japan zum Beispiel, dass Wal immer noch Tran enthält. Und das muss aber auch jedes Jahr immer wieder aufs Neue überprüft werden. Sagt der Nipponese, denn wenn da plötzlich im Wal kein Tran mehr drin wär, das müsste man ja dann rechtzeitig wissen. Dazu kann man aber nicht nur bei einem Wal nachschauen, denn das ganze Wissenschaftszeuchs muss ja auch statistisch belastbar sein. Weil, erst wenn man so hundert Wale untersucht hat, kann man auch sicher sein, dass da Tran drin ist, wo Wal draufsteht. Ja, und wenn die dann eh schon tot sind, dann kann man sie ja auch gleich essen. Ja, in Spanien hat man es geschafft, den Stierkampf abzuschaffen. Weil so ein Stier ist ja auch ein fühlendes Wesen. Fast so wie ein Wal. Doch in Südamerika werden sie weiter durch die Arenen gejagt, sicher auch aus wissenschaftlichen Interesse. Die IS-Schergen ballern mal 300 Sunniten um, - ganz klar wissenschaftliches Interesse: man muss ja wissen, was so ein Sunnit aushält. Acht Kugeln in den Rücken! Geht denn das, wenn der grade wegläuft? Auch in den USA ist das wissenschaftliche Interesse schon bei einzelnen Polizisten angekommen. Was man aber viel zu selten erfährt: sind denn diese ganzen Pseudo-Wissenschaftler nachher auch tatsächlich schlauer als vorher? Oder einfach nur noch dümmer, als sie es schon waren?

10.04.2015
Gelegenheitskauf
Schlimm genug, dass unsere friedliebende Bundeswehr eigentlich so gar nicht auf einen echten Krieg vorbereitet ist, aber wenn der Schweizer Blick über die jüngst beschlossenen Beschaffungsmaßnahmen unserer Leyen-Armee berichtet, da wird es einem noch etwas komischer ums Wehrgemüt: *"Wegen der Ukraine-Krise beschafft sich die Bundeswehr 100 zusätzliche Kampfpanzer vom Typ Leopard 2. Sie kauft für 22 Millionen Occasionen und modernisiert diese dann!"*

Occasionen? Ehrlich? Bei welchem Trödler stehen denn 100 gebrauchte Leos rum? Für 220.000 das Stück? Und sind die denn auch noch gut in Schuss? Ich mein, so gut, dass sich die Renovierung auch rentiert. Nicht dass man da nachher feststellt, die kriegen kein TÜV mehr, weil der Panzerabwehrminenabwehrstahl ist durchgerostet. Oder die Abgaswerte sind mal locker zu hoch für die grüne Umweltplakette im Donbas. Und überhaupt, wenn die die Dinger so schnell umrüsten wie unsere Kampfhubschrauber, dann können sie die direkt übergeben, wenn die Russen hier eintreffen. So in 23 Jahren etwa!

Da hätte ich ja noch einen guten Tipp für die Luftwaffe. Da in Arizona, da haben die Amis ganz viele Flugzeug-Occasionen rumstehen. Da ist sicher das eine oder anderen Schnäppchen dabei. Also, Uschi, mach mal nochma 22 Mios locker, dann kriegt das ganze mal Kontur. Zu Lande und in der Luft! Wasser können wir später noch nachrüsten.

11.04.2015
Angst fressen Seele auf
Nachdem erst vor 9 Tagen Killerbrigaden der somalischen Al-Shabaab Allahopathen die Universität der kenianischen Stadt Garissa überfallen und 148 Menschen dahingemordet haben, hat der Anschlag einen tragischen Nachhall gefunden. Ein explodiertes Stromkabel ließ die Bewohner eines Studentenwohnheims in Nairobi an einen weiteren Anschlag glauben und so stürzten sie sich in nackter Panik aus ihren Fenstern, teilweise aus dem fünften Stock. 138 Verletzte und einen endgültig Exmatrikulierten später ist klar, dass die Angst als Warnreflex mal wieder total versagt hat.

Oft wird die Furcht als gut begründbar erachtet, genauso oft kann man sie irrational nennen. Und noch öfter fehlt sie an Stellen, wo sie durchaus nützlich sein könnte. Wenn man zum Beispiel vergleicht wie viele Menschen hierzulande jährlich durch

Blitzschlag sterben (>100), in Griechenland durch Eseltritte (>150) oder in Thailand durch herabfallende Kokosnüsse (>180), sollte man die Gefahr durch Terroranschläge in diesen Ländern relativieren können, und stattdessen mit einem Blitzableiter herumlaufen, sich in Hellas von Eseln fern halten und auf Koh Samui nur mit einem Sturzhelm unter die Palme legen.

Gut, auf der anderen Seite hat die Angst vor islamistischen Terror seit 2001 knapp 12 Millionen neue Arbeitsplätze in der Sicherheitsindustrie geschaffen, und das ist ja wieder was Positives, oder?

12.04.2015

Gebährmaschine

Annegret Raunigk hat sich dem Kinderwunsch ihrer neunjährigen Tochter nach einem Geschwisterchen zum Anlass genommen, nach 13 Kindern nochmal zu werfen. Zu ihrem eigenen Entsetzen geht der Plan jetzt besser auf als gedacht, stellt doch der behandelnde Gynäkologe fest, dass die mittlerweile 65jährige (!) mit Vierlingen niederkommen wird. Schon klar, dass es sich dabei um eine künstliche Befruchtung handelt, in diesem Fall sogar doppelt gemoppelt, da die schwangerschaftsfreudige Oma nicht nur Samen sondern auch Eizelle von Spendern bekam.

Die fünf Väter ihrer anderen 13 Kinder übrigens hatten vor den eindeutigen Prioritäten der gebährwütigen Rentnerin schon längst Reißaus genommen.

Zum Glück gibt es da aber RTL, die gegen das Exklusivberichterstattungsrecht mal für ein paar Monate den Ausfall möglicher Ernährer kompensiert und das weitere Schicksal der Vierlinge ab demnächst in die Wohnzimmer der Republik verstrahlt. Und so haben vielleicht auch noch die Kleinen in ein paar Jahren was von ihrer Mutter.

13.04.2015

Zu viele Einzelfälle

Dass man sich auch als südostasiatischer Teilzeitsklave in arabischen Diensten nicht alles gefallen lassen muss, zeigte heute eine Hundertschaft von Bauarbeitern, als sie im Mini-Emirat Ras-al-Chaima eine Baustelle mitsamt 17 Baufahrzeugen in Brand gesetzt haben. Und zwar aus Protest gegen ihre Arbeitsbedingungen und fehlende Sicherheitsmaßnahmen, denen mittags einer ihrer Kollegen zum Opfer gefallen war, und zwar aus dem fünften Stock.

Die zuständigen Behörden hingegen vermuten, es könne sich um Suizid handeln.

Was aber ja nicht sein kann, weil jeder Gastarbeiter in den sonnenverwöhnten Traumländern am Golf einfach nur glücklich ist, für irgendeine Scheicherei arbeiten zu dürfen. Jetzt muss man natürlich gespannt sein, welcher lustige Abschnitt der Scharia nun für die pyromanischen Bauarbeiter Anwendung findet.

Ein paar hundert Kilometer weiter links hat die Philippinin Abby Luna sich in einem unbeaufsichtigen Augenblick den Laptop ihrer Herrschaft ausgeliehen und ein herzzerreißendes Video über ihre Lebensumstände im Hause eines Bahrainer Halbscheichs gepostet, Vergewaltigung und Morddrohung durch den heranwachsenden Spross der stolzen Familie mit inbegriffen. Was der ganzen Sache aber ein wenig zarte Ironie verleiht, ist das T-Shirt, mit dem sich Frau Luna gefilmt hat. Darauf steht in typisch english zweideutiger Formulierung:

"Some people are spoiled. Don't eat them!"

Auch bei ihr vermuten die arabischen Behörden, sie sei ein Einzelfall. Und das stimmt, denn sie ist die Einzige, die dank ihres Videos heute tatsächlich von Mitarbeitern der philippinischen Botschaft gerettet wurde.

14.04.2015

Retourkutsche

Papst Franz, der Redselige, hat mal wieder scharf geschossen, diesmal indem er eine fast weltweit (außer Türkei) anerkannte Tatsache in seine sonntägliche Predigt einband und den Völkermord an den Armeniern als erste der drei großen Tragödien des vergangenen Jahrhunderts bezeichnete. In der Türkei, die sich sonst ja gerne als Rechtsnachfolgerin des Osmaniakken Reichs sieht, z.B. wenn es um künftige Geländegewinne nach dem Zerfall Syriens geht, sieht man das aber irgendwie anders. *"Die Bemerkungen des Papstes seien null und nichtig für das türkische Volk!"* ließ Prunz Erdogan ausrichten und berief seinen Botschafter aus dem Vatikan vorläufig ab. Das kann dem Papst nur recht sein, da ist in seinem Miniland wieder mehr Platz für andere Bedürftige.

Aber eine andere Bemerkung sollte man sich im Papikan doch noch mal durchs Gemüt ziehen lassen. Denn was Mehmet Görmez, seines Zeichens der Chef der türkischen Religionsbehörde, da als Konter rausgehauen hat, ist nicht von schlechten Revanchisteneltern: Wenn die Gesellschaften anfingen, sich über vergangene Leiden gegenseitig Fragen zu stellen, *"dann wird der Vatikan mehr leiden als sonst jemand!"*

Auf der anderen Seite, ob so ein türkischer Aberglaubenbehördenpräses überhaupt ahnt, wofür wir die ganzen Richter und Rechtsgelehrten in Den Haag bezahlen?

15.04.2015
Nachwuchsnataschas
Was bei Häschen funktioniert, kann ja für russische Mädchen im knapp schwängerbaren Alter nicht ganz falsch sein. Und so hat der Regisseur der Schulaufführung von "Winnie the Puh und die Bienen" in der Stadt Orenburg südwestlich von Moskau sein Schulmädchenballett in hautengen, schwarz-gelb gestreiften Stretchbodies gesteckt und zu einer Mischung aus Moulin Rouge und Blingbling Rap Choreografien über die Bühne hopsen lassen. Neben anderen Kopulationsbewegungen hat es dem anscheinend pädophil veranlagten Tanzlehrer vor allem das sogenannte *Twerking* angetan, jene doch relativ obszöne Luftfickerei mit hochgerecktem Hintern, das in keinem Gangstarapvideo fehlen darf. Schon um davon abzulenken, wie erbärmlich der Rest der Darbietung oft ist.

Nun, was zumindest beim Kinderschutzbeauftragen Pawel Astachow auf Bedenken stößt – *"Juristisch ist der Tanz schwer einzuordnen, moralisch aber eine Beleidigung."* Nicht ohne anzufügen: *"Der Choreograf ist ein Schwein!"* – hält die Schulleiterin Viktoria Jakowenko mit Hinweis auf die internationale *Popolarität* von Twerking für die angemessene Vorbereitung junger russischer Frauen für ihr späteres Berufsleben. Immerhin wurde das Video der Schulaufführung schon vier Millionen Mal angeklickt. Kann also so falsch nicht sein.

16.04.2015
Unchristliche Seefahrt
Das Boot ist voll, zu voll, denn es ist nicht nur menschen- sondern auch konfliktbeladen. Wie die sizilianische Polizei bestätigt, hat sie 15 muslimische Migranten nach deren Rettung im Mittelmeer festgenommen, nachdem durch Zeugenaussagen klar wurde, dass sie ein Dutzend christliche Mitseefahrer zur Beendigung eines interreligiösen Disputs um die knappen Trinkwasserreserven einfach über Bord geworfen hatten; allerdings nicht ohne sie vorher mit ihren Messern ein bisschen anzuritzen, vermutlich damit die Haie nicht ohne Hinweis auf diese spontane Tiefwassertaufe blieben.

Und das gibt doch den Themata Schiffsunglück und Flüchtlingsdrama noch mal einen ganz neuen Aspekt, wenn ich auch grad nicht weiß, welchen. Totschlag aus religiösem Hass ist ja nun nicht neu. Kampf ums Wasser wird ja schon seit Jahren vorausgesagt. Und wie wenig schlau Messerkämpfe auf Schlauchbooten sind, könnte sich auch rumgesprochen haben.

17.04.2015
Mikrophonständer
Was der durchgeknallte Japse so vorm oder im Fernseher macht, kann uns ja ziemlich wumpe sein, aber manchmal ist es ja schon interessant, welche Abgründe sich da im Land der aufgehenden Wundertüte auftun. Der neueste Schrei ist eine Sendung, die sich mit dem kurzen Ausdruck *Handjob-Karaoke* umfassend beschreiben lässt. Während ein Kandidat mit heruntergelassener Hose hinter einer hüfthohen Blende versucht, ein Lied seiner Wahl zu trällern, tritt die *Masturbationsfee* genannte Assistentin von der Seite an ihr heran und holt ihm ganz klassisch einen runter. Während sich das Live-Publikum über die verkrampften Gesichtszüge der Kandidaten lautstark wegeimert, zählt für die Jury nur, wieviele Töne der Teilnehmer und ob er den Boden vor sich trifft. Der Gewinner der ersten Show hat immerhin 74 von 100 Tönen richtig gesungen, ist vorschriftsmäßig gekommen und durfte als Siegprämie doch glatt ein paar Sexspielzeuge mit nach Hause nehmen; kann sich aber in der Nachbarschaft nun aber nicht mehr sehen lassen, ohne das ganze Straßenzüge vor Lachen zusammenbrechen.

18.04.2015
Meterologische Demütigung
Was macht eigentlich das eilige böhmische Dorf aller Halluzinationen? Nachdem dem ISIS durch eine kleine Geländeschwindsucht fast 95% aller besetzten Ölfelder verloren gegangen sind, müssen klassische Staatsdienstleistungen wie Söldnerrenten weggekürzt und öffentliche Schwimmbäder geschlossen werden. Zumindest bis neue Einnahmequellen erschlossen sind.
Derweil versucht man sich schon mal in den zukünftigen Provinzen mit kleinen Ausgründungen oder ideologischen Übernahmen anderer verarmter Terrorzellen bemerkbar zu machen, wie so oft erstmal mit den bei Allah angeblich so beliebten Selbstsprengungen wie jüngst in Afghanistan.

In Australien allerdings hat es die Amateurzelle von fünf Jugendlichen dank der fürsorglichen Festnahme durch die Polizei noch nicht mal bis zum ersten, geplanten Messerattentat geschafft.

Und auch an der Wetterfront hat der Aberglaubenskasperstaat eine Schlappe erlitten: die UNO-Wetterorganisation WMO hat den Namen Isis von einer Liste zur Benennung pazifischer Wirbelstürme gestrichen.

Ich bin sicher, dass gibt ihnen den Rest!

19.04.2015

Polizeigewalt

Dass so ein Tiptoptotenkopfgeschwür wie der ISIS auch eine Exekutive braucht, um sowas wie einen Staat zu imitieren, ist ja logisch; und um die Existenz des IS durch tautologische Beweisführung zu bestätigen, exekutiert die Dschihadistenhumorpolizei mal wieder wahllos 30 Christen auf einen Schlag.

Mit ähnlich feinem Florett ging die mexikanische Bundespolizei am 6. Januar gegen eine Bürgerwehr vor, die sich in Apatzingán zum Schutz gegen das örtliche Drogenkartell zusammen geschlossen hatte. Wie jetzt aufgetauchte Beweise belegen, erschoss die Polizei 16 der mit Stöcken bewaffneten Zivilisten.

Ohne jetzt mal darauf rumzuhacken, dass in den USA pigmentarme Polizisten seit Monaten unverhältnismäßigen Gebrauch von ihren Schusswaffen machen, wenn sie es mit besserpigmentierten Nachfahren derer zu tun bekommen, die auch nicht freiwillig für die Plantagenarbeit rübergemacht haben, aber was die Kollegen vom FBI da so zumsammengemauschelt haben, ist im Endeffekt auch nicht anderes als isische oder mexikanische Wertarbeit: In über 250 Fällen wurden Angeklagte aufgrund von falschen – oder wenn man es nicht so gutmütig sagen möchte: gefälschten – forensischen Analysen verknackt, darunter auch 32 Beschuldigte zum Tode, von denen bereits 14 entweder hingerichtet oder aufgrund anderer Konflikte im Knast gestorben sind.

Wenn sich jetzt noch herausstellt, dass die Bundespolizei die zu Unrecht Verurteilten aus ideologischen Gründen (wie ISIS) statt aus purer kapitalistischer Habgier (siehe Mexiko) auf dem Gewissen hat, dann bleibt Obama eigentlich nur eine mögliche Konsequenz: ein Luftschlag gegen das FBI Hauptquartier im J.Edgar Hoover Gebäude unweit des Kapitols in Washington.

Na, da wünsche ich mal chirurgische Präzision.

20.04.2015
Fifty Shades of God

Was man ja auch immer irgendwo so ein bissi verdrängt, weil es sich ja als Schuldbürgernachfahre – außer für den jüngst verstorbenen Gunter Grass – so gar nicht gehört, auch mal kritisch über das Volk Israel nachzudenken, ist ja, dass es dort auch einen Gutteil Durchgeknallter gibt, die von Herzen und von Sinnen der Aberglaubenskasperei frönen. So sind die ultra-orthodoxen Juden nicht nur tatsächlich der Überzeugung, Gottes einzig auserwähltes Volk zu sein, was jedem Größenwahn faschistischer Ausprägung locker Paroli bietet, sondern auch, dass Frauen schon irgendwie dazugehören, aber dann doch nicht so ganz. Zum Beispiel wenn es darum geht, wer wann vor der Klagemauer laut aus der Thora vorlesen darf. Dürfen Frauen nämlich gar nicht, ätsch!

Gut, dass nun die superfeministische Frauenorganisation Neschot Hakotel (Frauen der Mauer) in einem *"Akt der Verachtung traditioneller Werte"* (Männer der Mauer) die fünf Bücher Mose auf den Platz geschmuggelt und dann unter dem handgreiflichen Protest einiger Korkenzieherlockenträger laut vorgelesen haben. Da sprießt doch die Hoffnung, dass sich die israelische Gesellschaft mehr in Richtung Moderne orientiert, und nicht wie jenseits der Grenzen in Richtung fifty shades of Allah.

21.04.2015
Sex sells

Wen man ja von seinen Seiten nicht so kennt, weil man ihn da auch nicht nackt sehen möchte, ist Fabian Thylmann, der frühere Besitzer der Pornoportale youporn und pornhub. Zwei Internetangebote, die im Monat von 450 Millionen sogenannten Usern angeklickt werden und dem digitalen Sexmagnaten eine halbe Milliarde Euro Umsatz bescherten, bevor er seinen Videopuff für einen dreistelligen Millionenbetrag an eine Investorengruppe verkaufte. Gut, soll man ihm gönnen, schließlich hatte er ja ein funkelnagelneues Medium für die älteste Idee der Welt. Schon 2012 wurde Thylmann wegen des Verdachts auf Steuerhinterziehung festgesetzt und dann gegen eine Kaution von über zehn Millionen auf Freiersfüße gesetzt.

Um wieviel es in der Addition aus Umsatzgewinn und Verkaufserlös nun eigentlich genau geht, will die Staatsanwaltschaft anlässlich der Überreichung der Anklageschrift noch nicht verraten. Aber es reicht wohl, um auch Uli Hoeneß nochmal ins Grübeln zu bringen: Vielleicht hätte der FC Buyern seine digitale Vermarktung doch besser anpacken können! Mit Pizarro und Götze in den Hauptrollen.

22.04.2015
Samen-TÜV
Ganz im Stile seiner Vorbilder von den echten Banken lehnt der Samenbankier von Xytex Cyro International jegliche Verantwortung für Mistgeburten oder Spätfolgen der bei ihm getätigten Investitionen ab, denn "*die Frauen seien darüber in Kenntnis gesetzt worden, dass die Informationen*" über die Samenderivate "*vom Spender selber kommen und von seinem Institut nicht überprüft werden.*"
Trotz dieser überzeugenden Einlassung wird Xytex Cyro nun von einem lesbischen Paar verklagt, denn der leibliche Vater ihres Wunschkinds mit der Spendernummer 9623 war mitnichten ein gut aussehender, blitzgescheiter und kerngesunder Informatiker mit einem IQ von 160, sondern ein hässlicher, dummer Gelegenheitsverbrecher mit schizophrener Störung und jeder Menge ekliger Muttermale im Gesicht. Ja, da kann man dann auch direkt in eine x-beliebige Bank gehen und sich ein paar Anlageprospekte zeigen lassen. Da wundert man sich ja auch oft sieben Jahre später, was aus der Investition geworden ist.

23.04.2015
Blind Branding
Wie wichtig es ist, der eigenen Marke ein gutes Label und eine einprägsame Symbolik zu geben, kann jeder druckglobalisierte Tiptopkonzern aus dem Vollschlaf gerissen herunterbeten. Wofür aber andere hunderte von Millionen ausgeben müssen, das gelingt der Regierung der USA einfach nur so im Vorbeigehen.
Und der aufmerksame Leser der Achse des Blöden weiß ja längst, dass die stets zu Scherzen aufgelegte Vorsehung hin und wieder mal einen schönen Schabernack mit Namen treibt: heute hat der Senat mit 53 zu 46 Stimmen die erste farbige Frau zur Justizministerin gemacht, und das ist ja eigentlich lobenswert; Es bringt aber auch ein kleines Problem mit sich. Denn eben jene sicher hochqualifizierte Dame heißt mit Namen *Loretta Lynch*. Und wenn das nicht nach einer Amtsperiode voller Wortspiele schreit, dann weiß ich auch nicht. Es lebe die Lynch-Justiz!

24.04.2015
Wertloses Papier
Was macht eigentlich der griechische Vielflieger und Mittelfingerakrobat Yanix Warumfuckis so zur Zeit beruflich? Also außer seinen Amtskollegen amtlich auf den Sack zu gehen, in dem er mal wieder völlig unvorbereitet und ohne rechte Lust an

der Rettung seines Halbinselreichs zur heutigen Krisensitzung der Eurowächter in Riga erschien. Ganz einfach, er macht das, was fast alle in Not geratenen Schlaumeier machen: er besorgt sich das Geld durch einen beherzten Griff in die Kassen aller staatlichen Institutionen und öffentlich-rechtlicher Betriebe, die mit einem Erlass gezwungen werden, ihre sämtlichen Rücklagen und Barbestände an die Zentralbank zurückzuverweisen.

Damit sie aber über ihre eigene Zahlungsunfähigkeit nicht allzu enttäuscht sein müssen, erhalten sie im Gegenzug sogenannte Repos-Papiere, die ihnen irgendwann einen garantierten Zins von 2,5% auf ihre Zwangseinlagen gewährt. Da hat zwar einer nicht so richtig Ahnung von seiner Ministerialmarterie, aber immerhin: seinen Faust Zwei hat der gute Yanis wohl gelesen. Obwohl der ja aus Deutschland kommt ...

25.04.2015
Intimöl-Scheicherei
Saudi-Arabien, das Land, in dem man hie und da den Pappaufstellern mit dem Bild des neuen Königs huldigen muss und das als erstes mal wieder Olympische Spiele so ganz ohne Frauen abhalten möchte, lässt nach Absprache mit den zuständigen Sittenwächtern der Scharia mal ein Tabu brechen. "*Es stimmt nicht, dass muslimische Frauen nur Schleier tragen und in der Küche stehen - wir sollten auch die Liebe hervorheben!*" darf ein gewisser Herr *Abdelaziz Arouagh* sagen.

Und wenn er Liebe sagt, meint er den Wunsch des Familienvorstands nach innerehelichen Beischlaf, dem die treu sorgende Muslima stets unverschleiert und nie in der Küche nachkommt. Schließlich ist er doch der stolze Besitzer des allerersten offiziell als *halal* genehmigten Sexshops in Saudi-Arabien, genauer gesagt direkt in Mekka.

Das Sortiment seines Ladens besteht allerdings aus nur 18 Scharia-gemäßen Produkten. Umschnalldildos für Lesbenspiele, Vibratoren für Selbstbefriedigung oder gar aufblasbare Puppen, die von den Frauen heimlich ins Schlafzimmer geschmuggelt werden könnten, sind nicht dabei. Stattdessen gibt es ungefähr 18 Sorten von Ölen, die die Dinge ins Gleiten bringen sollen.

Ein Iman meint dazu, der Shop würde damit "*die sexuelle Beziehung zwischen Mann und Frau verbessern!*"

Na dann, Halali.

26.04.2015

Wohnen durch Wurfgeschoss

Der Venezuelanerin Marleny Olivo ist der große Wurf gelungen, und zwar mit einer Mango an den Kopf ihres von seinem eigenen Charisma so gebändigten Präsidenten Nicolás Maduro. Frau Olivo war aber so vorausschauend, ihre Telefonnummer auf die Frucht zu schreiben, sodass sich die Stabsleute Maduros bei ihr melden konnten, um zu erfahren, warum sie ihren geliebten Führer mit Obst bewarf. Ah ja, Probleme mit der Wohnung. Lässt sich doch beheben, wenn man den Präsidenten so nett bittet.

Da lacht das Populistenherz und macht auch der Attacke schnell mal eine tolle Geschichte seiner Warmherzigkeit: Frau Olive bekommt eine neue Wohnung zugeteilt! Schön soweit.

Ich bin mir aber nicht sicher, ob das jetzt so schlau von Meister Maduro war. Wenn sich das sogar bis zu mir nach Schland rumspricht, dass da was geht in Richtung Wohnungsmarkt und Obstanbau, dann sollte er sich nicht wundern, wenn er demnächst mit obstlichen Mietgesuchen überhäuft wird. Und das, obwohl sich sein Gesicht doch viel mehr für Sahnetorten eignet!

27.04.2015

Nachbeben

Dass es in der schlimmsten Katastrophe auch immer noch mal ein klein bisserl schlimmer kommen kann, das müssen jetzt die leidgeplagten Nepalesen erfahren. Tage nachdem ein massives Erdbeben ihre Hauptstadt Katmandu um drei Meter nach Süden versetzt und um eine erkleckliche Anzahl von Altbauten und ihren Bewohnern erleichtert hat, meldet sich Bergsteigerkeule Reinhold Messner aus seinem Tiroler Wolkenschloss und wirft der nepalesischen Regierung eine Zweiklassenrettung vor: sie kümmere sich zu sehr um die etwa 1000 Bergführer und gut zahlenden Kraxeltouristen am Mount Everest, die ebenfalls vom Beben und nachfolgenden Lawinen entweder bereits vom Hang gewischt wurden oder akut in Lebensgefahr sind.

"Es ist zynisch, dass man um die Bergsteiger, die sich für 80.000 bis 100.000 Dollar diese Besteigung kaufen können, einen solchen Hype macht!" meint der alte Kletterkasper, dessen Hirn ebenfalls bereits um drei Meter südlich versetzt ist, und der wie vielleicht kein anderer diesen Hype mit seinen selbstverherrlichenden Besteigungsfantasien letztlich losgetreten hat.

Was er aber wahrscheinlich tatsächlich anprangern wollte, ist die *Dreiklassenrettung*: denn für die armen Yetis im Katastrophengebiet wird mal wieder gar nichts getan!

28.04.2015
Same Same But Different
Wo andere Völker sich zum Zeichen gegenseitiger Versöhnung Blumenkränze niederlegen, sendet Mütterchen Russland ihre lustige Motorradgäng "Nachtwölfe" aus, um den Siegeszug der Roten Armee bis nach Berlin nochmals laut grölend nachzuknattern. Blöd nur, dass schon die polnischen Behörden kein Bock aus Vladimirs Lieblingshooligans haben und sie nicht einreisen lassen wollen. Auch der Umweg durch das Baltikum scheint wenig vielsprechend, denn da kommt man ja wieder an Polens Grenzen. Durch die Ukraine? Könnte auch missverstanden werden. Dann vielleicht doch mit der Fähre auf den Spuren der Roten Flotte? Kaffeetrinkend auf dem Sonnendeck, statt auf den Böcken an Ei und Glied aufgereiht durch den früheren Sicherheitsgürtel zu töffen?
Viel sympathischer sind da doch die Biker von BACA, der Vereinigung Bikers Against Child Abuse, die in ihrer Freizeit missbrauchten Kindern Kutten ihres Clubs überreichen und sie vor weiteren Übergriffen durch bloße Anwesenheit schützen, notfalls auch durch wirklich entzückende Formulierungen wie diese hier: *"Die Anwendung von Gewalt jeglicher Art und Weise lehnen wir ab. Wenn es jedoch die Umstände ergeben, dass wir als einziges Hindernis zwischen dem Kind und einem weiteren Missbrauch stehen, dann sind wir dieses Hindernis!"*
Also fast die wie Nachtwölfe.

29.04.2015
Mauerbau
Das russische Erbe in der Ukraine besteht ja nicht nur aus unzufriedenen Altrussen, die so gerne Neurussen wären, oder BUK-Raketenwerfern, mit denen man arglose Passagiermaschinen abschießen kann, sondern auch aus russischer Atomtechnik wie den fröhlich vor sich hinsiechenden Atomreaktorblöcken in Tschernobyl. Dass der vor dreißig Jahren in typisch sowjetischer Sorgfalt zusammengemauerte Betonsarg leider eine viel kürzere Halbwertzeit hat, als das Zeug, das er unter sich begraben soll, gehört zu den Tatsachen, an die sich Betonkopf Putizar nur ungern erinnert. Das ist jetzt plötzlich Aufgabe der souveränen Repub-

lik Ukraine. Die kann das aber grad nicht stemmen, weswegen eine eigens einberufene Geberkonferenz der besorgten Nachbarn im Westen nun 560 Millionen für die Restaurierung des Gemäuers zur Verfügung stellt.

Hoffen wir mal, dass die Hamburger Verkehrsbetriebe die fleißigen Maurer ausfindig machen, die in einer Nacht- und Mörtelaktion einen Zugang in einem S-Bahnwaggon hochprofessionell zugemauert haben. Na gut, die einen sagen Kunst, die anderen sagen Blödsinn, und das deutsche Strafrecht sagt: Fünf Jahre Knast! Ich sage: deutsche Wertarbeit auch für Tschernobyl!

30.04.2915
Nanocrime
Man kann ja nicht immer nur über die großen Gangster, Bangster und Staatsmänner schreiben, das Blöde findet ja auch im Detail statt. Das kleinstmögliche aller schändlichen Verbrechen hat Bauarbeiter Ian Merret begangen, als er über Wochen – weil es zu seinem traditionsgegebenen Jobprofil gehört, wie er glaubhaft bestätigt – mindestens einmal täglich einer rothaarigen Grazie hinterher gepfiffen hat. Die hört aber nicht auf Pfiffe, sondern auf den hübschen Namen Poppy Smart und fühlt sich, wie sie wiederum sagt *"quasi rassistisch beleidigt"*, wenn ein von der Sonne braungegerbter, nichtrothaariger Bauarbeiter sie nur nach ihrem Äußeren beurteilt, und zwar so sehr, dass sie deswegen die Polizei ruft und den Mundflötisten anzeigt.

Daraufhin kriegt das pfeifende Sonnenscheinchen eine Abmahnung von seiner Firma, sodass Poppy beschließt, dass damit der Strafe genug sei und zieht ihre Anzeige wieder zurück. Mandela und King wären stolz auf sie. Wenn sie nur ein klein wenig nicht ganz so kalkweiß wäre. Aber damit sie mal zwischen albernen Machismo und echten Rassismus unterscheiden lernt, sollte sie mal einen kleinen Ausflug nach Baltimore unternehmen, mit ein bisserl schwarzer Schminke für den realistischen Effekt.

MAI

01.05.2015
Tage der Arbeit
Tja, das gute alte Traditionsrennen *"Rund um den Henninger Turm"*, das seit langem schon die Profipedaleure am Tag der Arbeit durch Frankfurt und anliegende Hügel führte, ist auch nicht mehr das, was es mal wahr: erst fiel die Henninger Gebräuerei als Sponsor aus, dann wurde der Name geändert (*Radrennen rund um den Finanzplatz Frankfurt-Eschborn* – igittigitt!), dann fiel auch der Henninger Turm selbst der Abrissbirne zum Opfer, dann wollte zwei übermotivierte Salafisten einen Bombenanschlag auf das Rumkreiselrennen verüben und schließlich gab die Polizei der ganzen Veranstaltung den Rest, weil sie sich nicht ganz sicher war, ob sie gestern die gesamte, aus zwei Personen bestehende Oberurseler Terrorzelle dingfest gemacht hat.

Natürlich könnte man ja jetzt beim BND nachfragen, ob die NSA vielleicht noch ein paar weitere Hinweise hat, wie weit sich Oberursel schon radikalisiert hat, aber die Geheimdienstfachleute sind ja schon seit Tagen hauptsächlich mit sich selbst beschäftigt, weil das kleine blöde Wort *geheim* mal wieder Zicken macht. Dass man da dienstbeflissen Daten sammelt und nach USA weiterleitet, war ja irgendwie schon klar, aber dass man die dann aufm Weg nach Übersee wieder abfängt und den ganzen Salat nochmal selber auswerten will – alles schön und gut – aber liebe Freunde vom BND, es ist dann halt nicht mehr so echt geheim, wenn es am nächsten Tag in der Bildzeitung steht. Also nehmt euch heute mal den Tag der Arbeit frei und geht mal in euch - bevor Ihr deutsche Wertarbeit weiterhin so lustig blamiert!

02.05.2015
Demenz und Dementi
Wer kennt das nicht? Kaum ist man ausm Kinderzimmer ausgezogen und lässt den alten Herrn mal eine Zeitlang ohne Aufsicht, und schon wird der etwas sonderbar unter der Mütze, also noch sonderbarer als man als Gründer und Ehrenvorsitzender von sonem Provinzfaschoclubb sowieso schon ist.

Und eh man sich's versieht, plappert der Greis doch tatsächlich denselben alten rechtspopulistischen Schmonzes daher, wie in den letzten vierzig Jahren, und schert sich einen Dreck darum, dass man als Tochter die Front National auf einen anderen Kurs bringen will. Und da muss man halt mal ein bisserl mit den Sprüchen über Juden und die paar Gaskammern zurückhalten, bis das wirklich mehrheitsfähig ist. Solange tut Marine Le Pen lieber so, als ob sie kein Wässerchen trüben kann. Wenn man sie allerdings mal handwarm durchwäscht, wird das Wasser schon noch etwas trüb von der ganzen braunen Scheiße, die sich da dank ihres Vaters in ihr angesammelt hat.

03.05.2015
Die linke und die rechte Hand des Wahnsinns
In einem Land, in dem Hubschrauber nicht hubschrauben und Gewehre bei Dauerfeuer nur noch ohne Gewähr treffen, ist Frau Verteidigungsministerin nicht ganz zu unrecht völlig von den zwei im Zwillingsflug umherkreiselnden Satelliten *Terrasar-X* und *Tandem-X* begeistert; haben die doch die Erde in nie gekannter Genauigkeit dreidimensional kartografiert. Und das ist doch gleich mal was ganz anderes als der blöde Globusballon, mit dem dieser Hitlerdoppelgänger früher mal im Film rumgeworfen hat.

Wer solche Bilder hat, an dessen Verteidigung gibt es kaum noch was zu verbessern, zumindest nicht visuell. Deswegen will Madame jetzt auch fast eine halbe Milliarde Euro für diese Daten an Airbus bezahlen, die sich als Juniorpartner im Projekt für 70 Mios die Exklusivrechte für die kommerzielle Vermarktung der Ergebnisse haben garantieren lassen. Da interessiert es Generalfeldmarschalk v.d.L. auch nicht, dass beim benachbarten Wirtschaftsministerium diese Daten längst vorhanden sind, weil dieses als Hauptgeldgeber des Projekts die ganze 3D-Radar-Aufzeichnung zu zwei Dritteln finanziert hat.

Also ungefähr so: Vater Staat kauft jetzt einen Datensatz für 475 Mios zurück, dessen Erstellung er bereits mit 313 Mios beauftragt hat. Coole Idee. Ich kauf mir mit meinen Kumpel mal ein Auto, er zahlt sechzehn und ich einunddreißig Tausend, und wenn ich's fahren will, zahl ich nochmal 47 Mille dafür, dass er mir den Schlüssel gibt. Ich wär nicht überrascht, wenn ich's damit in die Topten der größten Trottel auf youtube schaffe.

04.05.2015
In die Falle getappt
Die angesichts einer stehenden Armee von 1,1 Millionen Soldaten, mehrerer als Sicherheitsfirmen getarnter Privatarmeen und knapp 30 extrageheimen Geheimdiensten wirklich sehr drollig daherkommende private AFDI (American Freedom

Defense Initiative) hat mal ein Preisgeld von 10.000 $ für die beste Mohamed-Karikatur spendiert und ihren grandiosen Einfall mit einer Ausstellung in Texas gefeiert. Prompt drauf reingefallen sind neben vielen Zeichnern vor allem zwei Nachwuchsdjihadisten, die von gut trainierten Antiterroreinheiten mit gezückten Waffen empfangen wurden. Sind jetzt beide im Salafisten-Nirwana, denn in ihrem Fahrzeug vermuteten die Kunstschützer Massenvernichtungswaffen.

Auch blöd müssen sich die Freunde des Boxsports in der Nacht auf Sonntag vorgekommen sein, als sie nach wochenlangem Mediengewitter endlich dem Krampf des Jahrhunderts (400 Mio Umsatz vor Ort) zu sehen bekamen. Floyd "Money" Mayweather (113 Mios Gage) und sein Herausforderer Pacquiao (90 Mios) konnten angesichts ihres Stundenlohns vor Lachen kaum richtig boxen und am Ende sah die ganze Absprache auch nicht anders aus als ein x-beliebiger Schaukampf der World Wrestling Federation. Eine normale Kneipenschlägerei in irgendeinem englischen Pub hat da einen deutlich höheren sportlichen Wert; schon vom verbalen Schlagabtausch im Vorfeld her.

Immerhin, der Bürgermeister von Baltimore hat die nächtliche Ausgangssperre aufgehoben und eine "*Rückkehr zur Normalität*" angekündigt. Was ja dann wohl nichts anderes heißt, als dass die Polizei jetzt wieder auf verdächtige Schwarze schießt.

05.05.2015
Interessantes Dilemma
In den letzten Tagen haben die legalen Armeen etwa 700 in den letzen 12 Monaten von der Aberglaubenskaspertruppe Boko Haram im Norden Nigerias entführte Frauen und Kinder befreit, und wie jetzt die ersten medizinischen Untersuchungen zeigen, haben sie 214 mehr zurückgekriegt als zuerst angenommen. Das entspricht der Anzahl der Frauen, die durch wiederholte Vergewaltigung in Gefangenschaft geschwängert wurden. Da man aber den Bildungsverweigerern und Vergangenheitsfantasten nun auch nicht mehr mit der Pille danach zu Leibe rücken kann, sollte man wenigstens deren Opfer die Möglichkeit geben, sich von den ungewollten Leibesfrüchten zu befreien - sofern sie es wollen.

Einziges Problem dabei: ihre Befreier sind nunmal ebenso fanatische Christen wie ihre Peiniger islamistische Fanatiker sind, und da könnte es jetzt schon noch auf eine kleine Anfrage bei Papst Franziskus rauslaufen: ob sich die Frauen auch selbst noch mal befreien dürfen? Und ob die Kirche nicht auch für die Kosten der medizinischen Behandlung aufkommen könnte? Oder mal anders: wenn ich jetzt PR-Berater bei dem Hersteller von so Abtreibungspillen wäre, säß ich jetzt schon im Flugzeug, um mal ein paar positive Nachrichten zu produzieren.

06.05.2015
Die Haare des Teufels
Klar, die eine oder andere Frisur mag was Obszönes an sich haben und so mancher Wirrkopf verrät mit seinem Haarschnitt vielleicht, wie es darunter aussieht. Und dass es in Nordkorea lediglich 28 Versionen von Undercut gibt, die gesetzlich erlaubt sind, ist im Verlauf der dritten Generation Kim auch nicht so recht verwunderlich. Aber es gibt doch einen tiefen Einblick in die Psyche eines Regierungssystems, das seinen Bürgern auch noch den Haarschnitt madig machen will.
So wie *Mohammed Gohavi*, seines Zeichens erster Friseur im Herrencoiffeurverband des Urlaubsparadieses Iran, der seinen Mitgliedern kürzlich ein neues Regelwerk zugeschickt hat, damit mal klar ist, wie es auf den Köpfen der Perser in Zukunft auszusehen hat. Denn *"glänzende Gelfrisuren und satanische Undercuts"* sind für ihn *"Ausdruck des Bösen"*, wie überhaupt alles, was so ein bißchen schwul aussieht, einfach den Vorschriften der islamischen Republik widerspricht. Und auch das Zupfen der Augenbrauen gefällt Allah nicht, denn sonst hätte der Schöpfer dem gläubigen Iraner ja nicht nur eine durchgehende Augenbraue gegeben. Damit der Turban nicht auf die Nase rutscht. *"Allen Coiffeurläden, die solch teuflische Frisuren schneiden, werden die Lizenzen entzogen!"* blökt Gohavi.
Und auch Kim Jung Un dürfte so schnell nicht auf Staatsbesuch vorbeikommen.

07.05.2015
Klarer Himmel über ISIS
Sich mit der Mimikry von ein klein bisschen Normalität ins Bild zu setzen, kann ja auch abgrundtief albern sein. Wie jetzt zum Beispiel bei der Mutter aller Kalifate, das ein Jahr nach der Einnahme von Mossul das ehemalige Protzhotel Niniveh Oberoi mit einem beeindrucken Minifeuerwerk und einer stattlichen Anzahl von Sehschlitzen neu eröffnet. Hier soll sich dann wohl der anspruchsvolle Terrortourist von den Strapazen des Mittelalters erholen können. Leider verliert das früher einzige First-Class Haus im Nordirak seine bisherige Bewertung durch den internationalen Hotel- und Gaststättenverband, wie folgt: Bar zugemauert – ein Stern Abzug. Scharia statt Hausordnung – ein Stern Abzug. Kein Tarifvertrag für die Putzsklaven

– ein Stern Abzug. Naherholungsmöglichkeiten nur in Begleitung Bewaffneter vorhanden – ein Stern Abzug. Sex mit Gefangenen nur gegen Aufpreis – ein Stern Abzug. Macht nach Adam Riese: das erste Null-Stern-Hotel der Welt!

08.05.2015
Samenzauber
Wie der südafrikanische Polizist Mncedi Mbombo zu Protokoll gab, war *"der Mann während der ganzen Zeit bei vollem Bewusstsein. Jetzt ist er traumarisiert!"* Das zumindest scheinen die mysteriösen Hexengangs in Kauf zu nehmen, wenn sie im Land am Kap immer wieder Männer kidnappen, um sie dann mit vorgehaltener Waffe zu melken. Laut Daily Mail benutzen die Samenräuberinnen auch mal Drogen, Messer oder sogar lebendige Schlangen, um ihre Opfer vom Zweck einer spontanen Lebendspende zu überzeugen. Und Abdul Karifa, seines Zeichens Heiler, wußte zu berichten: *"Männlicher Samen wird in der traditionellen Muti-Medizin benutzt, um Patienten mit Beziehungs- oder Geldproblemen zu helfen!"* Oder eben um Geld zu beziehen. So machen es die Hexen bei uns in ihren Besenkammern.

09.05.2015
SETI
Ja, die Suche nach außerirdischem Leben hält so manche Überraschung bereit. Die australischen Astronomen der Swinburne Universität zum Beispiel haben seit Ewigkeiten geheimnisvolle Signale untersucht, die regelmäßig am Parkes-Observatorium gemessen wurden; Die Impulse dauerten jeweils nur Millisekunden, erschienen aber praktischerweise immer zur Mittagszeit, wenn die Forscher eh grad da waren. Jetzt hat der Einsatz eines neuen Messgeräts den wissenshungrigen Forschern dabei geholfen, das Geheimnis der außerirdischen Mitteilungen zu lüften; die Nachricht lautete schlicht: "Essen ist fertig!"
Und das ist ja mal ne nette Nachricht. Blöderweise kam die Botschaft aber nicht von kulinarisch interessierten Aliens, sondern von der Mikrowelle, mit der die Weltraumlauscher seit 15 Jahren ihr Essen warm machen – immer mittags.

10.05.2015
Not am Mann
Trotz gut bezahlter Überstunden und jeder Menge kostenfreier Medikamente hat die japanische Pornofilmindustrie ein handfestes Nachwuchsproblem: tausenden,

immer lüsternen Darstellerinnen stehen grade mal ein paar Dutzend kommschussbereiter Heldendarsteller gegenüber. Und niemand kann sich genau erklären, warum der Traumjob von Millionen Kneipengroßmäulern plötzlich so unbeliebt ist.

Yuki Shiraki, selbst spezialisiert auf Mangapornos, macht den neuen Typ Mann für den Mangel an Nachwuchsspritzern verantwortlich: *„zu sensibel, lebt allein, verbringt seine Zeit mit Pornos gucken und hat Angst vor Sex!"* Aha!

Ihr Kollege und Erektionsstar Shimiken sieht das Problem etwas anders gelagert: mangelndes Talent! Wie bei Profi-Fußballern gäbe es nämlich nur wenige Messis oder Pornaldos, die wissen, wie man einen richtig rein macht. Und aus Angst vor Hohn und Spott in sozialen Netzwerken ziehen sie dann lieber den Schwanz ein.

Ein reziprok proportionales Problem scheint AfD-Chef Lucke zur Zeit zu haben: zu viele Männer in seiner kleinen lustigen Partei, die total auf Schwanzvergleiche stehen. Und sich gegenseitig Rücktrittvorschläge machen. Oder darüber spekulieren, dass Lucke aus seiner eigenen Partei austritt, um sich seiner zweitbesten Freunde durch Neugründung zu entledigen.

Hört sich ganz danach an, als ob es noch weitere Alternativen für Deutschland geben müsste.

11.05.2015
Singender Matrose
Nachdem zuletzt immer öfter geheimnisvolle UWOs (Unbekannte Unterwasserobjekte) in Schwedens Gewässern ausgemacht wurden, hat das schwedische Parlament mal schnell den Rüstungsetat um 100 Millionen Dollar erhöht, um sich besser gegen die Verseuchung durch die sich nicht identifizierenden Schwimmkörper zu wappnen. Ganz waghalsige unter den schwedischen Militärs glauben ja, dass es sich um russische Testfahrten handelt, aber das ist ja nur die gewohnte Anti-Putin-Propaganda. Viel schwedischer kommt da die Antwort durch ein paar gut gelaunte Friedensaktivisten, die schon mal eine eigene Abwehrwaffe vor Stockholm versenkt haben:

Ein lustig vor sich hinleuchtendes Neonschild, das einen tanzenden Seefahrer in Unterhose darstellt und per Morse-Code die Warnung *"Schweden: schwul seit 1944!"* auf englisch und russisch ins Gewässer zwitschert. Das wäre doch mal eine Nobelpreis verdächtige Strategie, dem vermeintlichen Gegner im kalten Krieg mit warmer Offenheit zu begegnen. Und wie jeder weiß, ist Offenheit Gift für U-Boote!

12.05.2015
Aus den Augen, aus dem Sinn
Nicht nur im Mittel-, auch im südostasiatischen Inselmeer trifft man ja zuletzt vermehrt auf Menschen, die sich offensichtlich auf halbverrosteten, der Havarie bestimmten Seelenverkäufern sicherer fühlen als in ihrer Heimat. Im Gegensatz zur irgendwie nur halbherzig agierenden Regierung in Rom weiß man sich im see- und menschenrechtsgestählten Jakarta da aber besser zu helfen. Wenn mal wieder wie heute Nacht so ein Unglückskahn in indonesische Hoheitsgewässer hineindümpelt, werden die Flüchtlinge ohne große bürokratische Umschweife mit Trinkwasser, Nahrungsmitteln und praktischen Hinweisen auf verschiedene Himmelsrichtungen versorgt und dann wieder auf offene See hinausgeschleppt.
"Das sei ganz im Sinne der Boatpeople" bestätigt auch Marinesprecher Manahan Simorangkir: *"denn schließlich wollen sie ja gar nicht nach Indonesien!"* Und da hat er wahrscheinlich Recht – welcher Flüchtling von Welt flüchtet schon vom Regen in die Traufe? Die wollen natürlich lieber nach *Down Under*, meinen damit aber die große Landmasse südlich von Indonesien, und nicht irgendeinen Punkt weit unterhalb des Meeresspiegels.

13.05.2015
Final Selfie
Ob der jährlich verliehene Darwin-Award für die Läuterung des Genpools von Dummheiten aller Art wohl jemals Nachwuchssorgen bekommt? Die achtzehnjährige Rumänin *Anna Ursu* hat ihrer Bewerbung Nachdruck verliehen, in dem sie im heimischen Bahnhof auf eine Lokomotive kletterte, um dort das ultimative Selbstportrait für ihre Fratzenbuchseite zu schießen. Leider war ihr wohl das Ultimative an ihrem Konzept nicht so richtig klar. Rücklings auf dem Dach der Lok liegend streckte sie ihre Füße ins Energiefeld der Starkstromleitung.
Ein Blitz und ein Knall später durchfuhren 27000 Volt ihren Körper und ließen sie in Flammen aufgehen. Der Rest von ihr verstarb wenig später in der Ambulanz. Und das alles umsonst, denn sie hat nicht nur vergessen, im entscheidenden Augenblick auf den Auslöser zu drücken, sondern auch ihr Smartphone war nicht schlau genug, um den Elektroschock ungelöscht zu überleben.
Stellt sich mal wieder die Frage, wie man in Rumänien knapp ein Dutzend Jahre lang zur Schule gehen kann, ohne irgendwann mal vom Konzept Starkstrom/Schwachstrom gehört zu haben.

14.05.2015

Schettino lässt grüßen, Frau Modellkapitänin

Ist doch logisch: wenn man 20 zukünftige Sexbomben in einer Castingshow zum Supermodel aufeinander hetzt, herrscht natürlich eine Bombenstimmung, zumindest unter den Nachwuchspüppchen und ihren Stalkern. Das aber ausgerechnet das diesjährige Finale von Klumheidis Playboys Next Top Hoppel wegen einer Bombendrohung mittendrin ausgesetzt werden musste, wer hätte das geahnt, und das kurz nachdem die viertplatzierte Katharina aus Einsen an der Luhe ausgeschieden wurde. Die telefonische Bombenwarnung mit weiblicher Stimme kam wahrscheinlich auch aus der Gegend. Also wenn ich da in der SOKO "Topbombe" säße, ich würd ja zuerst mal mit Katharinas Mutter sprechen.

Was Frau Klum tatsächlich von ihren Fans hält, lässt sich daran ablesen, dass zuerst sie mit ihrem Anhang und VIP-Gästen hintenraus evakuiert, die SAP-Arena mit 10000 Zuschauern in der aber erst geräumt wurde, als die systemrelevanten Personen schon längst an unbekannten Orten versteckt waren.

15.05.2015

Nipplegate

Dass die Kulturbanausen des IS in ihren besetzten Gebieten alles kurz und klein schlagen, was irgendwie mit Geschichte zu tun hat, aber nicht Koran draufsteht, traurig genug; aber was der amerikanische Nachrichtensender Fox heut gebracht hat ist auch nicht von schlechten Rabeneltern. Zur bildlichen Unterstützung mit der Meldung, dass Picassos Meisterwerk "Die Frauen von Algier" vor drei Tagen für die Rekordsumme von etwa einem 40.000 Mann Fußballstadion über den Tisch gegangen ist, blendeten die Fernsehmacher auch das besagte Bild ein – allerdings zum Schutze der Jugend und anderer leicht durch nackte Nippel verwirrbare Zuschauer mit verpixelten Brüsten.

Wer das Bild also so sehen möchte, wie es dieser perverse Spanier mal gemalt hat, der muss entweder sein Fußballstadion eintauschen oder ab morgen die Suchmaschine auf youporn in Anspruch nehmen.

16.05.2015

Abgefingert

Welche besonderen Eigenschaften wohl eine Jungfrau für den Militärdienst qualifizieren? Sind es die mythischen Qualitäten einer Jeanne D'Arc? Führt Reinheit im

Unterleib zu besseren Schießleistungen? Oder kann man einfach davon ausgehen, dass Frauen, die es bis zu ihrem zwanzigsten Geburtstag geschafft haben, die Knie zusammenzuhalten, auch sonst zuverlässige Defensivleistungen zustande bringen? Oder hat die oberste Heeresleitung einfach nur Angst, dass die Damen Soldatinnen statt in den Krieg in den Schwangerschaftsurlaub ziehen?

Die Kreiswehrersatzämter des lustigen Inselreichs Indonesien halten sich bezüglich der Beantwortung dieser Fragen bedeckt, bestehen aber bei der Musterung auf einen Zweifingertest: denn so gilt es auf Geheiß der Generalität zu ertasten, ob ein intaktes Jungfernhäutchen die Wehrtüchtigkeit der Kandidatin befördert. Oder ob das Lustzentrum schon unwiderruflich die Kontrolle über den Verstand der Dame übernommen hat und sie so für den Militärdienst untauglich geworden ist.

Was man eben halt so alles über einen Menschen erfährt, wenn man erstmal zwei Finger in ihm drinstecken hat.

17.05.2015
Alles Sein ist Leid

Dass aus harmlosen Glauben auch schnell mal extremistische Aberglaubenskasperei wird, ist man ja grad aus den letzen Jahren wieder mal verstärkt gewohnt. Neu - zumindest mir - ist aber, dass es auch mal den ansonsten ja an Friedfertigkeit und defensivem Charme kaum zu überbietenden Buddhismus erwischt.

In Myanmar hat nämlich die ultranationalistische buddhistische Mönchsorganisation Ma Ba Tha das Nudelholz der Gesetzgebung in der Hand. Und weil man befürchtet, dass sich die muslimische Minderheit der Rohingya gemäß ihrer religiös gestärkten Fruchtbarkeit hemmungslos zu einer Mehrheit vervielfältigt, hat man mal ein Gesetz erlassen, dass Frauen in ärmlichen Gegenden (also da, wo man die Rohingya leben lässt) nur wieder schwanger werden dürfen, wenn das letzte Kind seinen dritten Geburtstag gefeiert hat.

"Es gibt zwar keine Sanktionen" erklärt Vizejustizminister *Tun Tun Oo*: *"aber die Frauen in den fraglichen Regionen müssten sich dran halten!"* Oder sie gehen halt an Bord eines der vielen Flüchtlingsschiffe, die seit Monaten in der Andamanensee ziellos herumdümpeln, weil sich grad kein Nachbarland finden lässt, das sie aufnehmen will.

Oder sie überlegen sich das noch mal mit der Erleuchtung durch Wiedergeburt.

18.05.2015

Lieber Nummer Zwo als tot

Wie sich die Krem de la Kreml eine Phalanx von Puffergebieten gegen allzu unorthodoxe Zwangsgeister auch innerhalb der eigenen Grenzen vorstellt, lässt sich ganz gut am Landstrich Tschetschenien beobachten. Damit da mal endlich Ruhe ist, hat Darth Vlader seinem Diktatorenkumpel *Ramsan Kadyrow* ab 2007 freie Hand gegeben und der dankt es seinem Lord Protektor, in dem er mal gründlich nach unten durchregiert.

So wie zum Beispiel bei der 17jährigen Schülerin Louisa, die auf Geheiß ihres Präsidenten den 30 Jahre älteren Polizeichef *Naschud Gutschigow* heiraten musste, und das obwohl der alte Bullensack erstens bereits verheiratet und zweitens schon mal gar nicht Luisas Bild von einem Traumprinzen entspricht.

Ist aber egal, meint auch Keule Ramsan, denn schließlich *"erlauben unsere Bräuche und unsere Religion Polygamie"*, anscheinend auch mit Minderjährigen. Ach ja, und außerdem, in einer Gegend, in der ja schnell mal ein Ehrenmord passiert, wenn so ein junges Ding nicht macht, was ihre eingeschüchterte Familie empfiehlt, ist es laut Präsident Frauenflüsterer ja allemal *"besser, zweite oder dritte Frau zu sein als tot!"*

19.05.2015

Wer zum Henker

Der sich ja auf der Liste der Freunde befindliche Gottesstaat Saudi-Arabien sucht per öffentlicher Stellenausschreibung acht Nachwuchskräfte für Spontanamputation in den Bereichen Hand (Diebstahl), Fuß (Wegelagerei) und Kopf (alles andere) und wie man der Anzeige entnehmen kann, werden für die Tätigkeit als Henker weder Vorkenntnisse noch Führungszeugnisse früherer Arbeitgeber verlangt. Wahrscheinlich reichen Talent am Beil und extreme Gefühlskälte völlig aus, um die Ausbildung innerhalb von 24 Stunden zu absolvieren.

Mit dem Inserat und dem Angebot eines Beamtengehalts reagiert das Ministerium für öffentlichen Dienst auf die stetig anwachsende Zahl der Arbeitseinsätze, mussten doch mit 80 Delinquenten allein in den ersten 4 Monaten des laufenden Jahres bereits soviele Menschen schariagerecht entsorgt werden wie im ganzen letzten Jahr. Und da sind die ganzen abben Hände und Füße noch gar nicht mitgezählt. Das Arbeitsgerät wird gestellt.

20.05.2015
Einfache Frage, einfache Antwort
Aus dem Privatbesitz des Schreckens der Berge und Hochhäuser, *Osama bin Laden*, wurden hunderte Dokumente gesichert, gesichtet und übersetzt. Darunter auch ein Bewerbungsformular für Terror-Azubis, dank dem der Meister schon mal durch die subtile Art der Fragestellung durchblicken lässt, was er nun tatsächlich von so einem Nachwuchswirrkopf erwartet. Und natürlich wollte er wissen, wie gut die Koran- oder Schießkenntnisse sind, welche Sprachen und Hobbies man beherrscht, ob man schon mal im Knast oder im Westen war, oder beides gleichzeitig? Und woher man seine Mutter kennt.

Ein paar Fragen erinnern ganz aber auch an unsere deutsche Bürokratie, vor allem die letzte: *"Wer soll im Fall des Märtyrertodes über deine Heldentat informiert werden?"* Und die Antwort kann ja nur lauten: Allah!

Nachtrag: Außerdem waren auf Osamas Rechner auch mehrere Tausend Porno-Filmchen gespeichert. Und das ist nur logisch, und irgendwie auch klassische Motivationsschule: man muss ja den zukünftigen Märtyrern auch zeigen, was sie dann im Paradies mit all den vielen Jungfrauen anstellen sollen.

21.05.2015
Logik für Anfänger
Der zu höheren Denkweihen begabte Großwildjäger *Corey Knowlton* hat sich per Höchstgebot eine Abschusslizenz für ein Nashorn vom namibianischen Ministerium für Umwelt und Tourismus ersteigert und diese dann auch pflichtbewusst eingesetzt. Angesichts des erlegten Spitzmaulbullen ("Gefahr für die Herde! Hohe Priorität") entweichen seinem Gehirn dann so Sätze wie: *"Wenn Du das Leben eines Tieres nimmst, ist das immer eine sehr emotionale Angelegenheit!"* oder *"Die Regierung Namibias bemüht sich, die Nashörner vorm Aussterben zu retten - hierzu trage ich einen wesentlichen Teil bei!"*

Was er damit meint? Mit seinen 350.000 Öcken finanziert das Ministerium ein Anti-Wilderer-Programm. Aha. Aber wäre es dann von der Regierung nicht viel schlauer, die statt der Nashörner die Wilderer zum Abschuss freizugeben? Sagen wir mal für 10.000 Öcken pro Nase? Erstmal gibt's davon ja anscheinend so viele, dass man damit noch mehr Geld für den Artenschutz generieren könnte. Und außerdem, wenn die Nashörner Glück haben, erwischt dann auch mal einer diesen feinen Herrn Knowlton.

Aber nicht, was Sie jetzt denken: Betäubungspfeil reicht. Dann im Stahlkäfig umsiedeln, zurück nach Texas verschaffen und da wieder auswildern. So machen wir Zivilbürger Artenschutz!

22.05.2015
Glückstreffer
Ja, es ist ein schmaler Grat zwischen Pflichterfüllung und Übereifer. Und auch für so manchen Richter ist es nicht leicht, bei bestimmten Ereignissen nachträglich zu bewerten, wo denn da jetzt genau die Grenze liegt. Da muss man vielleicht auch mal einem Polizisten wie Micheal Brelo zugestehen, nachdem er mit seinen 12 Kollegen während einer Verfolgungsjagd bereits 122 Schüsse abgegeben hat, dass er dann in endlösungsgemäßer Erfüllung seiner Dienstpflicht dem gestoppten Fluchtfahrzeug breitbeinig auf die Motordeckel springt und den beiden unbewaffneten Farbigen (wahrschinlich: Verdacht auf Massenvernichtungswaffen) nur zur eigenen Sicherheit noch mal 15 Kugeln durch die Windschutzscheibe kredenzt. Da kann von vorsätzlicher Tötung eben nicht die Rede sein; bei 137 Kugeln kann eben auch mal die eine oder andere treffen. Da steckt man halt nicht drin. Und wenn man dann einen so rücksichtsvollen Richter findet, dann kann man schon von einem Glückstreffer sprechen.

23.05.2015
Gesetzmaschinerie
So schnell wie dereinst Bush Junior den *Patriot Act* nach Fall der Zwillingstürme hatte durchpeitschen lassen, so schwer fällt es nun Menschenfreund Obama mit einem eigens eingebrachten Gesetzentwurf namens *Freedom Act* das Rad der geheimdienstlichen Datensammelwut wieder auf ein verträgliches Normalmaß zurückzudrehen. Obwohl natürlich vorher klar war, dass das vorher im Demokraten-beherrschten Kongress durchgewunkene Gesetz dann im von den Republikanern beherrschten Senat mit gerümpfter Nase abgelehnt wird.
Andererseits nähert sich der Patriot Act nun mit großen Schritten seinem Verfallsdatum am 01.Juni, und muss durch irgendeine andere Regelung ersetzt werden, sonst darf wie vor dem 11.09.2001 wieder nur im Einzelfall und nach richterlicher Anordnung abgehört werden. Und so viele Richter hat noch nicht einmal die NSA griffbereit. Also muss der Zwischenraum zwischen Patriot und Freedom Act möglichst zügig geschlossen werden. Dazu müssen jetzt entweder schnell ein paar

Übergangsverordnungen erlassen werden, oder – wie sonst auch – am Freedom Act wird solange herumgedoktert, bis er dem Patriot Act gleicht.

24.05.2015
Germany Null Points
Kein Wunder, dass man beim größten Showwettbewerb der Fernsehwelt keine Punkte bekommt, wenn man mit einem doch eher mittelmäßigen Liedchen die sicherlich im Privatleben sehr sympathische, aber auf der Bühne irgendwie mit der Authentizität einer Rosa Mauritius ausgestatteten Sängerin nach Wien schickt, um dort für Deutschland irgendwie auf sympathisches Understatement zu machen. Null Punkte aus Griechenland, null Punkte vom Kleinstaatenklumpen Balkan, und auch null Punkte aus unseren sympathischen Nachbarländern. Ja, da muss es dann doch an der Musik gelegen haben. Immerhin hatte der ebenfalls punktfrei gebliebene Gastgeber Österreich den Anstand, sich in der Endabrechnung selbst auf den letzten Platz zu setzen. Zum Glück ist nächstes Jahr dann wieder Fußball!

25.05.2015
XY ungelöst
Die Mitarbeiter im Innenministerium sind aufs Äußerste gespannt, ob die versammelt ihrem Amt anhängigen Sicherheitsdienste eventuell dazu taugen, die Diebesbande zu ermitteln, die im Verlauf der Nacht im großen Stil Sanitärdetails entwendet hat. Klobrillen, Wasserhähne, komplette Armaturen und ganz perfide, auch die Klopapierhalter haben die dreisten Einbrecher aus dem voll überwachten Dienstsitz erbeutet. Immerhin sind diesmal keine Wasserschäden aufgetreten. Wie im Frühjahr, als vermutlich dieselbe Bande das immer noch im Bau befindliche Hochsicherheitsgebäude des Bundesnachrichtendiensts BND (Fertigungstermin 2011, siehe Flughafen BER) ebenfalls um wichtige Sanitärmetalle erleichtert und damit eine mittelschwere Überschwemmung verursacht hat.
Aber alles hat ja auch sein Gutes: beim BND hat man bei Beseitigung der Wasserschäden grad noch rechtzeitig entdeckt, dass vier Kilometer Lüftungsrohre falsch verlegt waren (siehe Flughafen BER) und für nur 100 Millionen wieder rausgerissen und neu verlegt werden müssen. In beiden Fällen haben die betroffenen Ämter Anzeige gegen unbekannt erstattet, wegen "Zerstörung eines Gebäudes".
Am Ende kriegen sie dann wieder nur die Kleinen.

26.05.2015
Scherzgrenze
Na gut, ich geb's ja zu, selbst die größten Gräueltaten und die dümmsten Bilderstürme bringen irgendwie einen sehr seltsamen Gewöhnungsprozess mit sich. Und man muss sich schon zwingen, diese Serientäter auf der Achse des Blöden immer wieder und noch einmal ins Scheinwerferlicht zu zerren.

Wie zum Beispiel die Aberglaubenskasper und Halluzislamister des IS, die mal wieder einen kleinen Geländegewinn zu verbuchen haben und nun in der Stadt Palmyra nach Schema IS marodieren. In einem antiken Römertheater geben sie das Erfolgsstück "*Erschießung Andersgläubiger*" mit mehr als 200 Komparsen, darunter Frauen und Kinder. Und auch das Weltkulturerbe des Baal-Tempels und das örtliche Museum werden eifrig mit Vorschlaghämmern zerklopft, denn in der besonders intelligenten Auslegung des Korans nach *Bagdhadi* sind ja jegliche figürlichen Darstellungen von Menschen verboten. Beides spricht wie immer vom herausragenden Mut der Djihadistenmiliz, beides entlockt mir nur noch betroffenes Achselzucken, aber keine Pointe mehr.

Gut, für die Pointen sind ja in diesem Fall auch die zivilen Verwaltungskollegen des neugegründeten IS-Landkreises zuständig. Zahlen sie doch 500 Dollar Abschussprämie an jeden ihrer Kämpfer, wenn er eine Gefangene durch Spontanehe zwangsislamisiert, und sogar 1500 Öcken, wenn es sich bei der Bekehrten um eine Akademikerin handelt. Denn eins ist der Staatsführung mittlerweile auch aufgefallen: die ganzen freiwilligen Zuwanderinnen sind dumm wie Stroh!

27.05.2015
Fußballgeldmeisterschaften
In einem Handstreich hat die Schweizer Polizei 7 FIFA-Funktionäre direkt aus ihren Luxus-Appartments im Hotel Baur-au-Lac heraus verhaftet. Die Bakschischkumpel, die eigens zum Weltkongress des Verbands nach Zürich angereist waren, harren jetzt ihrer Auslieferung an die USA, wo sich unter Leitung der neuen amerikanischen Justizministerin *Loretta Lynch* die Geldwäschespezialisten des FBI und die Steuerfahnder des IRS aufmachen, ein zwanzig Jahre währendes Korruptionssystem in Nord- und mittelamerikanischen Fußballverband im Zusammenhang mit Kontinental- und Weltmeisterschaften zu entzerren, bei dem bis zu 150 Mio Dollar Bestechungsgelder (Blatterlinge) geflossen sein sollen. Gleichzeitig nimmt die Schweizer Bundesanstalt für Justiz (BJ) eigene Untersuchungen wegen der

Vergaben der Weltmeisterschaften nach Russland und Qatar auf und beschlagnamt jede Menge Unterlagen in der FIFA-Zentrale.

Während sich der interessierte Beobachter wundert, warum *Sepp Blatter* nicht unter den Verhafteten ist, lässt der sicherheitshalber die Verhafteten erstmal als FIFA-Mitglieder sperren. Nichts dass da noch jemand auf die Idee kommt, er hätte irgendwas mit seinem Vize *Jeffrey Webb* oder dem bekannten Bargeldgesicht *Jack Warner* zu tun. Schließlich ist Freund Sepp der einzige, der das zwanzigjährige Schlammcatchen im Weltverband mit perlweißer Weste überstanden hat. Und das ist ja auch möglich, dass der Strippenzieher nicht mehr weiß, was seinen Marionetten in ihrer Freizeit so tun.

28.05.2015
Anti-Sepptikum
Wie zu erwarten beherrscht auch heute zum Auftakt des FIFA-Weltkongresses die anstehende Wiederwahl diverser Widerlinge die internationalen Schlagzeilen. UEFA-Präser *Platini* (ital. für kleiner Blatter) hat seinen Duzfreund vergeblich aufgefordert, endlich zurückzutreten; ein Vorschlag, den Vorzeigekobold und Präsidentendarsteller Sepp Blatter leider abschlägig bescheiden musste, da *"es dafür jetzt zu spät ist!"*

Gradezu rührselig hat sich Graf Vladizar aus Kremlland verbal an die Seite vom Blattersepp geschlagen und nochmal betont, dass der Druck auf den guten Josef von Seiten der US-Justiz lediglich dazu diene, den Russen ihre korrekt erworbene und bereits bezahlte WM wieder abzunehmen.

Immerhin, es gibt auch schwergewichtige Gegenargumente, die selbst Blattergünstlinge ins Wanken bringen könnten. So haben die finanzkräftigen Sponsoren wie Coca-Cola, McDonalds und Adidas schon mal durchblicken lassen, dass die Korruptionspraxis der FIFA so nicht mehr mit der Korruptionspraxis der Sponsoren kompatibel sei. Denn schwarz zahlen ist nicht schlimm, aber sich dabei erwischen lassen ist einfach nicht deren Liga; oder so ähnlich.

Und auch die UEFA behält sich vor, sich für den Fall einer Wiederwahl des unbeliebten Fußballnapoleons von allen FIFA-Wettbewerben abzumelden. Nicht wirklich schlauer aber ist der Wunsch der UEFA Mitglieder eine Verschiebung der Präsidentschaftswahlen zu beantragen.

Wo doch jeder weiß, dass die Wahl schon längst verschoben ist.

29.05.2015

Never fuck the fuckers!

Ross Ulbricht darf sich jetzt in aller Ruhe und für den Rest seiner Zeit auch ganz offiziell *Dread Pirate Roberts* nennen. Über die von ihm gegründete Internetplattform Silk Road wurden Drogen, Hacker-Software und gefälschte Ausweise verkauft. Dass er dabei auch noch versucht hat, über die Seidenstraße mehrere Morde in Auftrag zu geben, naja, nicht schön, aber die Ermittler von Drogen- und Steuerbehörde waren vor allem von den Drogengeschäften mit einem Gesamtvolumen von geschätzt 1,2 Milliarden Dollar inklusive Geldwäsche fasziniert. Und da kennen die amerikanischen Kapitalismuswächter keine Verwandten.

Und das - damit schließe ich mal die kleine FIFA-Trilogie hier ab – das sollte doch unserem, für den Rest seiner Zeit im Amt bestätigten *Bold Pirate Blatter* eine Warnung sein.

30.05.2015

Das Überleben des Stärkeren

Die Natur schlägt auch mal zurück. *Randy Llanes*, seines Zeichens Sportfischerbootkapitän und als solcher ständig auf dem offenen Meer rund um Hawaii unterwegs, um entweder zum eigenem Spaß oder zum Vergnügen seiner fischjagenden Tageskunden möglichst große Fische zu erlegen, konnte sein Glück kaum glauben, als ein Prachtbeispiel von einem Schwertfisch sich ins Hafenbecken verschwommen hatte. Kurzentschlossen sprang Meister Llanes ins Wasser und harpunierte das verirrte Tier.

Der Sportfisch wiederum hat sich dann gedacht: *"Was der kann, kann ich schon lange!"* und harpunierte den Schnorchler einfach zurück. Sein zu einer eleganten Stichwaffe verlängerter Oberkiefer (sollte eigentlich Degenfisch statt Schwertfisch heißen) bohrte sich zwischen den Rippen seines Widersachers durch und perforierte Lunge und Herz. Und damit ist nicht gut überleben, auch wenn man sich vorher fünfundzwanzig Jahre lang für den Stärkeren gehalten hat.

JUNI

01.06.2015
Vaterunser
Dank einer seit langer Zeit von breiten Schichten der Bevölkerung nahezu flehentlich herbeigesehnten und nun endlich in Kraft tretenden *Betriebssicherheitsverordnung* wird ab heute eine klaffende Lücke im Sicherhheitsbedürfnis des deutschen Arbeitnehmers geschlossen; und hätte sich nicht unser aller Arbeitsministerin Andrea Nahles persönlich um das Verbot der lebensgefährlichen Benutzung jener altehrwürdigen Paternoster gekümmert, es wären weiterhin jedes Jahr Hunderttausende von Opfern dieser Höllenmaschinen des Vertikaltransports zu beklagen. Allein das Wort *Personenumlaufaufzug* weist auf die permanente Gefahr für alle, die nicht dezidiert in den Gebrauch dieser Killer eingewiesen worden sind, denn das ist das wesentlichste an jeder Bundesverordnung: sie legt nicht nur fest, wer wieviel Strafe im Fall des Verordnungsbruchs zu bezahlen hat, sondern klärt auch im Detail, wie man mittels einer Betriebsanweisung einen *Paternosterführerschein* erwerben kann. Dessen Besitz zieht sofort sämtliches Gefahrenpotential ab und lässt es irgendwo im Schaft des Fahrstuhls verschwinden. Ja, das ist die Macht eines staatlich autorisierten Papiers. Gute Fahrt, Morituri!

02.06.2013
Moralische Selbstanzeige
Sepp has just left the building, oder zumindest hat er es schon mal angekündigt, also er ist quasi schon halb raus, aber erst so richtig, wenn dann der nächste FIFA-Kongress außerplanmäßig stattgefunden hat und der Verband irgendein kleineres Übel zum Präsidenten gewählt hat. Bis zum Ende dieses Rücktritts auf Raten aber wird der Herr der Fiesen noch versuchen der Fiese Herr zu werden und wie versprochen, eine rundum-gesäuberte Weltorganisation zu übergeben, bevor FBI und Lynchjustizministerium dem ganzen Laden mal den Sternenstaub aus der ungewaschenen Wäsche klopfen.
Und das erinnert mich auf anrührende Art und Weise an meine Oma, die ihre kleine Wohnung immer noch mal eben aufgeräumt, durchgewischt und tiptop abgefeudelt hat, damit die Putzfrau nicht denkt, sie kommt bei Messis zum Reinemachen.

03.06.2015

Bad Santa

Chuck Blazer, seines Zeichens Träger eines beeindruckend großen, rundum behaarten Basketballs, den andere Leute als Kopf des nordamerikanisch-karibischen Fußballverbands kennengelernt haben, hat es sich und seinen Katzen jahrzehntelang auf Kosten von Freunden des Fußballs gut gehen lassen; während seine Katzen in einem für 14000 Dollar monatlich gemieteten Appartement im New Yorker Trump Tower mit vorgelutschtem Sushi verwöhnt wurden, hat ihr Herrchen nun Diabetis, Darmkrebs und Blatterismus im Endstadium.

Gut, gegen Diabetes hilft Süßes von der Schlemmerkarte zu streichen, gegen den Darmkrebs hilft die Chemo, aber gegen den Blatterismus hilft nur das FBI und ein vollumfängliches Geständnis unter Kronzeugenregelung. Aus dem heute veröffentlichen Geständnis geht klar hervor, dass Freund Chuck nicht nur Steuern hinterzogen und Geld gewaschen hat, sondern als Mitglied des FIFA Exekutivkomitees seit 1992 systematisch Schmiergelder angenommen hat, unter anderem um die Fußball-WM 1998 nach Frankreich und 2010 nach Südafrika zu verschieben.

Aus diesem Geständnis nun aber die Vermutungen abzuleiten, dass die WM-Vergaben 2018 nach Russland und 2022 auch noch nach Qatar nach demselben Muster abgelaufen sind, oder dass Blatters Seppl plötzlicher Rücktritt nur vier Tage nach seiner Wiederwahl irgendwie damit was zu tun hätte, wären verfrüht und zeugen von kindlicher Ungeduld. Wo es doch jetzt nicht mehr lange dauern kann, bis der böse Weihnachtsmann das FIFA-Geschenkefüllhorn für ne kurze Zeit zum Erliegen bringt.

04.06.2015

Frau im Glück

Keine Frage, seit dem Siegeszug von Viagra nach seiner Zulassung im Jahre 1998 haben viele Frauen unbezahlte Zusatzschichten als das beliebteste Gegenmittel gegen Dauererektionen schieben müssen, und man kann davon ausgehen, dass das nicht immer Spaß gemacht hat. Jetzt, siebzehn Jahre später hat sich das Expertengremium der US-Arzneimittelbehörde FDA dieses Problems angenommen und ein Mittel namens Flibanserin zugelassen, dass der Damenwelt hilft, mit den Folgen von Viagra besser umzugehen. Und wie es nicht anders sein kann, wird das Medikament von der einschlägigen Fachpresse mit den großen Buchstaben als *"Viagra für die Frau"* angepriesen.

Tatsächlich war Flibanserin bei seiner Entwicklung durch die deutsche Firma Boehringer Ingelheim ursprünglich ein Antidepressivum, das das lusthemmende Hormon Serotonin im Blutspiegel absenkt und die glücksbringenden Hormone Dopamin und Noradrenalin anhebt, was als Nebenwirkung die weibliche Libido steigert. Das sind nicht die einzigen Nebenwirkungen, es kann auch zu Müdigkeit und Schwindelanfällen führen. Gut, Müdigkeit ist logisch, denn wer die ganze Nacht vögelt statt sich auszuruhen, wird halt müde. Und Schwindeln – seien wir doch mal ehrlich – ist vorher und nachher die am häufigsten auftretende Nebenwirkung von Sex.

PS übrigens: wer etwas über die Macht der amerikanischen FDA lernen möchte - nach zwei vergeblichen Versuchen, Flibanserin als Viagra for Women zugelassen zu bekommen, hat Boehringer Ingelheim das Patent samt Markenrechte an den US-Konzern Sprout Pharmaceuticals verkauft - und siehe da: trotz derselben Bedenken wie 2010 und 2013 wird das Medikament jetzt zugelassen.

TTIP, wir kommen!

05.06.2015
Metal Shitstorm
Mal wieder ein kurzer Seitenblick auf die unsere beliebten Freischärler, die seit mehr als einen Jahr versuchen, so eine Art sunnitischen Gegenvatikan in Irak und Syrien aufzubauen und diesen ISIS mit rechthaberischem Gezwitscher und Splatter-Propaganga in den asozialen Medien interessant zu machen. Zum professionellen online-Marketing gehören natürlich auch Selfies in heldenhaften Posen, notfalls vor dem eigenen, in einem Wohnhaus getarnten Kommandobüro, dessen überlegene Schlagkraft man nicht genug lobend erwähnen kann.

Blöd nur, wenn man mit der eitlen Selbstdarstellung damit dem besser ausgerüsteten Gegner den genauen Standort seiner geheimen Operationszentrale verrät, und dann, 22 Stunden nach Veröffentlichung des Selbstschnappschusses, statt vielen Followern nur ein paar Lenkflugkörper einheimst.

Aber so ist das, wenn die übertriebene Liebe zum Aberglauben den Geist vernebelt: unter vielen Trotteln findet sich dann doch immer noch einer, der die Limbostange des geistigen Niveaus nochmals ein Stück absenken kann. Zum Glück sind die geistig Armen ja selig – oder gilt das nur für die von den beiden anderen Buchreligionen?

06.06.2015

607 Dollar

Wenn es noch bei irgendjemandem Zweifel über die Selbstverliebtheit und die Großmannssucht von diesem gewissen Herrn Blatter hätte geben können, dass wurden diese Bedenken heute an den Kinokassen in den USA pulverisiert. Selbstfreund Sepp hat nämlich für schlappe 27 Millionen einen Spielfilm über die FIFA drehen lassen. So weit, so lustig.

In der Hauptrolle der ansonsten ja eher als sowohl charismatischer wie auch seriöser Schauspieler aufgefallene *Tim Roth*, der wahrscheinlich wegen seines Erfolgs als Lügendetektor in der Serie "Lie to me" jenem Herrn Blatter geeignet erschien, unser aller Sepp in diesem furiosen Machwerk des Sportfilms zu impersonieren.

Ein Sportfilm, der als erster seiner Art in die Kinogeschichte eingehen wird, denn in hundert Jahren Hollywood ist noch keiner auf die Idee gekommen, nicht vom heldenhaften Aufstieg eines Spielers oder dem sensationellen Erlog einer Mannschaft zu erzählen, sondern von den tollen Funktionären.

Haha, Schuss ins Knie. Und schon befinden wir uns wieder bei der Überschrift und einem ganz anderen Rekord: seit dem anerkannt schlechtesten Film aller Zeiten, dem "Angriff der Killertomaten", der übrigens für 5000$ gedreht wurde, und schon gar nicht bei all den vielen anderen, schlechten Filmen mit Millionenbudgets hat es kein einziger geschafft, bei seinem landesweiten box office Start mit einer Rekordminimaleinnahme von 607 Dollar in drei Tagen zu glänzen.

Tim Roth wird übrigens irgendwann später mal über diesen Film so was sagen müssen wie: *Das ist mein "großer Diktator"! Wie einst Charlie Chaplin wollte ich einen, der sich für den Größten hält, irgendwie durch den Kakao ziehen. Und die Tatsache, dass das keiner bei der FIFA bemerkt hat, zeigt, was für ein guter Schauspieler ich bin!*

07.06.2015

Grüßonkel und Trafo-Dienste

Grüß Gott! sagte der amerikanischen Präsident mit afrikanischen Migrationshintergrund und machte pflichtbewusst ein fröhliches Gesicht zum bitteren Spiel, als ihn die in Scharen angetretenen gamsbarthelmbewährten Weißbrote zu Weißbier, Weißwürstel und Weißnichtwassonstnochso verhafteten, während im Hintergrund das Bergherrenrassenorchester auf seinem Weißblech fröhlich drauflos blechblies, dass es nur so eine Ohrenqual war.

Da saß er also auf der Bierbank, angestarrt von dem, was sich traut Deutschland in Waldschratuniformen darzustellen, anerkennend belächelt beim Erstversuch eine helle Gekrösewurst zu zutzeln – und das alles nur, um klar zu stellen, wie wohl der oberste Diensttherr von CIA, NSA und Homeland Security trotz aller Abhöraktionen dem Gastgeber des Gehsieben Gipfels gesonnen sei.

Immerhin, das fact-finding but non-decision meeting der führenden Industrieländer flutschte ganz passabel durch. Mögliche Störfaktoren wie Putin, Tschirpas und Blatter (Präsident auf Raten der größten Religion der Welt mit 1,6 Milliarden Devotees) waren nicht eingeladen, einzig ein paar Öko-Aktivisten machte sich mit einer kilometerbreiten Laserprojektion auf dem Zugspitzmassiv bemerkbar:

"G7: Go for 100% Renewables. Greenpeace!" stand da zu lesen, und es wurde vermeldet, dass 25 Aktivisten daran beteiligt waren. Und Hut ab, die müssen auf ihren Stromfahrrädern ganz schon gestrampelt haben, um so einen 6-Watt-Laser im Abendlicht zum Leuchten zu bringen.

08.06.2015
Schicksalschläge
Wegen Albernheit ist das Schicksal heute mal wieder zu rügen. Erst lässt es sich die beiden Engländer Lee und Paul auf einer Chatplatform kennen und lieben lernen. Dann stellt Lee seiner Mutter seinen neuen Lover vor, darauf beichtet sie ihrem Sohn, dass es sich bei Paul wohl um seinen verschollenen Halbbruder handelt, was eine landesweite TV-Show gerne und spektakulär mitsamt DNS-Test fürs Publikum nochmal nachspielen lässt. Aber immerhin, Schicksal, wenn Dich jetzt mal jemand fragt, warum warme Brüder warme Brüder heißen, dann haste zumindest mal ne vernünftige Antwort parat.

Ähnlich blöd ist es für *Katherine Chapell* gelaufen, die bei der Welterfolgsserie Game-of-Thrones für Spezialeffekte zuständig war. Offensichtlich konnte sie auch im Urlaub nicht von ihrem Beruf lassen und öffnete mal das Beifahrerfenster von ihrem SUV (Suicide Utility Vehikel) um irgendwie ein besseres Foto von den zwei Löwen zu machen, die um ihr Auto streunten. Dann musste sie leider feststellen, dass so eine Löwin ganz hervorragende 3D-Effekte machen kann, vor allem wenn sie durchs geöffnete Fenster ins Auto springt und Frau Chapell die blonde Birne abknabbert. Auch schön: ihr zugeteilter Wildhüter auf dem Fahrersitz bekam vor Schreck einen Herzinfarkt und wäre ihr um ein Haar auf dem Weg in die ewigen Jagdgründe gefolgt.

Zehntausend Kilometer weiter nördlich, im beschaulichen Innsbrucker Waltherpark, spannte ein liebestoller Tiroler seine Hängematte für ein Schäferstündchen zwischen einem Baum und der Marmorsäule, die daselbst seit über 300 Jahren die Statue des Heiligen Joachims hielt, dann aber wohl unter den konvulsiven Zuckungen des Pärchens nachgab und den hunderte Kilo schweren Heiligen auf die vom Tiroler mitgebrachte Frau fallen ließ.

Und das kann ja nur bedeuten, dass Papa Franz aber höchstpersönlich diesen Scheinheiligen jetzt nachträglich noch exkommuniziert, so von wegen diesem "Du sollst nicht töten!"-Gebot.

09.06.2015
Geheime Waffen

Wenn Ihr Euch über unsere Religion lustig macht, dann machen wir uns mal über Eure Wissenschaft lustig. So ungefähr muss sich das die malaysische Tourismusministeriumsstrategiegruppe in ihrer Mystikmurmel zurecht geschaukelt haben, bevor sie jetzt eine Gruppe von Ausländern persönlich für das Erdbeben am Mount Kinabalu mitsamt 18 Toten verantwortlich gemacht hat.

Was war geschehen? Als eine Gruppe von 27 Touristen den Heiligen Berg bestiegen hatte, beschlossen fünf Sonderschlaue von ihnen für ein Nacktgruppenselfie die Hüllen fallen zu lassen. Keine gute Idee, denn wie ihr Bergführer ihnen wenig glaubhaft versicherte, würden sie durch diesen Akt die Geister sämtlicher verstorbener Malaienseelen, die da selbst höchstheilig im Kinabalu ihr Endschläfchen halten, bis zur Weißglut erzürnen. Ergo Bergbeben.

Tja, die Geister, die sie riefen, werden sie nun nicht mehr los. Die Polizei von Kuala Lumpur hat die fünf Blankzieher dank des Fotos identifiziert und sie nun erstmal in Gewahrsam genommen. Sie sollen sich in einem wahrscheinlich hochmystischen Schauprozess für die Schändung des Bergs und das logischerweise durch die verärgerten Geister ausgelösten Beben verantworten.

Das wird wahrscheinlich der lustigste Gerichtsprozess seit Jahren. Und ich weiß schon wieder, wie er ausgeht. Amerikanische Spezialeinheiten werden Berggeister und Richter mit einem kleinen Barscheck besänftigen und die fünf Bebenmacher in ihre Obhut bringen, um sie später zu einem strategisch günstigen Zeitpunkt als Geheimwaffe einsetzen zu können – zum Beispiel:

„Hier, macht mal ein Nacktfoto vor dem Kreml!"

10.06.2015
Ladies Neid
Endlich passiert mal was im Fußball, wo Blatter mit Sicherheit mal keine Finger drin hatte. Um die Nationalmannschaft Venezuelas anzufeuern, haben acht bekannte TV-Moderatorinnen – allesamt ehemalige Models und Schönheitsköniginnen (das ist da beim TV Einstellungsvoraussetzung) – mal ein kleines Motivationsvideo aufgenommen, in dem sie splitterfasernackt umeinand stehen und sich mit ihren schmalen Händchen die prall operierten Brüste so gut festhalten wie hoffentlich ihr Nationaltorwart demnächst die Bälle.

Und damit das auch länger wirkt, versprechen die Damen nach jedem Sieg der Venezuelanischen Kicker ein neues, noch etwas freizügigeres Filmchen aufzunehmen. Damit aber nicht genug, die blankgezogenen Quasseldamen rufen auch noch ihre Landsfrauen (sorry, *Landsmänninnen* trau ich mich nicht zu schreiben) dazu auf, ihrem Beispiel zu folgen und möglichst viele Clips ohne Damenoberbekleidung ins Netz zu stellen. Und das kann nur zu Dingen führen wie:

Erstens: die heimischen Kicker können sich überhaupt nicht mehr aufs Fußballspielen konzentrieren und erscheinen jeden Morgen geschwächt und übermüdet zum Vormittagstraining.

Oder zweitens: die Nackedatteln haben mich auf eine Idee gebracht, wie ein paar Kumpels und ich unsere Frauennationalmannschaft (Neuer DFB-Slogan wahrscheinlich: *Die Frauschaft*!) bei der gerade laufenden Weltmeisterschaft in Canada von hier aus unterstützen können. Und da gibt's dann was zu sehen, was nicht künstlich vergrößert wurde

11.06.2015
Trojanischer Esel
Waren es die Russen, die Chinesen, oder einfach nur ein sehr gut ausgedachter Dummejungenstreich? Verzweifelte Spezialisten des offensichtlich unterqualifizierten Bundesamts für Sicherheit in der Informationstechnik stehen vor den digitalen Trümmern des bundestagseigenen Netzwerks und fragen sich Fragen wie zum Beispiel: Wer hat uns das angetan? Ist das Netzwerk noch zu retten? Und was mach ich hier eigentlich so beruflich?

Fragen, auf die es leider keine Antworten geben kann, denn *"die Herkunft eines solchen Hackerangriffs"* – wie unsere BSI-Spezialisten kopfschüttelnd verlauten lassen - *"sind eigentlich überhaupt nicht mehr nach zu verfolgen"*. Aber es kann dank verdichteten Hinweisen - die es einen Satz vorher nicht geben konnte - "eine Spur zu östlichen Geheimdienstkreisen" vermutet werden. Und da die Verwüstungen unkontrollierbar geworden sind, wird dem Bundestag wohl nicht anderes übrig bleiben, als das alte Netzwerk aufzugeben und ein komplett neues zu errichten, inklusive Hardware für ein paar Milliönchen. Was den Kreis der Verdächtigen auch auf die Zulieferer erweitert, finde ich.

Bleibt die interessante Frage, ob es vielleicht nicht ein Segen für die Demokratie ist, wenn die alten Netzwerke im Bundestag endlich abgeschaltet werden und alles nochmal neu aufgesetzt wird. Da muss man am Ende den Hackern noch dankbar sein, dass da endlich mal ein Neustart gemacht, den man ja mit demokratischen Wahlen seit langer Zeit nicht mehr hinbekommt.

12.06.2015
Europa Spielen
"Niemand wird wegen seiner kritischen Meinung verfolgt – 90% der Menschen in Aserbaidschan sind für mich!" Das sagt der ebendortige Alleinherrscher und Sohn seines auch schon alleinherrschenden Vaters, *Ilham Aliyev*, im Vorfeld der heutigen Eröffnung der *European Games* und schafft so im Gesamtkontext mit einem Doppelsatz ein Lügengebäude von fast einzigartiger Dummbatzigkeit.

Zuerst mal muss man klären, ob die 90% nun die mit der kritischen Meinung sind, oder eben nicht. Dann kann man klären, wer da eigentlich so in aserbaidschanischen Gefängnissen wegen inhaltsloser Kritik am Staatsboss rumsitzt, und zu welchen Prozenten die gehören.

Dann kommt hinzu, dass Aserbaidschan noch nicht mal Aserbaidschan ist, denn das liegt weiter südlich auf dem Gebiet des Iran; und was die Menschen dort von Aliyev halten, ist aus Höflichkeitsgründen nicht überliefert. Stattdessen ist Aliyev der ungekrönte Despot von den untergegangenen, transkaukasischen Königreichen Arran und Albania, die jetzt auch nicht unbedingt zu Europa gezählt werden müssen, weil: transkaukasisch!

Weswegen der gute Onkel Ilham mal ein paar Milliarden aus seinem Ölstaatssäckel springen lässt, um sich ein paar Freunde zu kaufen. Gute Kumpels wie Vladi, der Wundersame, die dann auf der Tribüne des Nationalstadions in Baku so tun, als gehöre das Land zu jenem Europa, das so freundlich zu seiner Zivilisation ist, dass man an Spielen Spaß haben könnte.

Schade, dass die Hälfte seiner unkritischen Mitbewohner unter der Armutsgrenze leben, während die osteuropäische Politschickeria ihren eigenen Sportarten frönt, wie zB. 400m Champagnersaufen, Synchronkaviarschlucken und Dissidentenspringen vom zehn Meter Brett!

13.06.2015
Rücktritt vom Rücktritt
Wenn es um die Ankündigung seines Rücktritts geht, hat der gute FIFA-Sepp dann doch wieder etwas Flatterhaftes, um nicht zu sagen "Blatterhaftes", mit deutlicher Betonung auf *haften*. Das wiederum aber nicht im Sinne von *für etwas haften* oder *grade stehen*, sondern eher *an etwas haften, kleben, sich mit aller Macht an der Macht festkrallen*.

Wie Wunder sind es natürlich seine afrikanischen und asiatischen Freunde unter den Alimentierten, die ihn nun doch nicht so einfach ziehen lassen wollen; zumindest nicht, bevor nicht klar ist, dass sein potentieller Nachfolger auch sein potenter Nachahmer wird, vor allem in Sachen Alimentalität, denn aus deren Sicht muss ein Sportfunktionär ja vor allem funktionieren. Und ein oberster Fifatzke, der bei seinen Stimmgebern nicht für ausreichend Stimmungsgeld sorgt, funktioniert nun mal nicht. Der ist kaputt. Minus mal Minus ergibt halt nicht immer ein Plus, denn aus seinem Rücktritt vom Rücktritt wird ums Verrecken auch kein Fortschritt mehr werden.

14.06.2015
Tierisches
Ein angeblich von Tierschützern freigelassener Zirkuselefant zerquetscht einen Rentner. Ein kinderhassender Biber fällt einen Baum auf einem Spielplatz und erledigt fast Mutter und Sohn. Ein Bär im Trentino fällt einen Jogger an und beißt ihm ins Gesicht. Den Abschluss und Höhepunkt der Tierwoche aber bildet eindeutig die vierbeinige Zoobevölkerung der georgischen Hauptstadt Tiflis. Nach Unwetter und Überflutung ihrer Gehege sind Tiger, Löwen, Bären, Wölfe, Krokodile und ein immerhin recht sanftmütiges Nilpferd mal auf Stadtsafari gegangen und haben sich mal angeschaut, was so alles auf der neuen Speisekarte steht – außer den vierzehn Pinguinen und drei Zoowärtern, die sie direkt erwischt haben. Die Wölfe belagerten eine Kinderklinik. Sechs wurden erschossen. Die Krokodile zeigten sich ebenfalls extrem uneinsichtig. Auch erschossen. Von Tigern und Löwen keine

Spur. Schlaue Katzen – so kann man sie nicht erschießen.

Auch schön, zumindest vom Wortspiel her: in einem Unwetter in Florida verunglückt ein Lastwagen mit Transportbassins für große Fische. Ein Sandbankhai erstickt auf der Straße: das war dann wohl sein *Haiway to Hell*!

15.06.2015
Die Farbe Lila - mit einem kleinen Touch von Altrosa
US-Bürgerrechtsaktivistin *Rachel Dolezal* ist den umgekehrten Weg wie Micheal Jackson gegangen und hat sich nach und nach in eine schwarze Frau verwandelt; wobei schwarz hier nicht so wörtlich als Farbe zu verstehen ist, sondern eher selbsterwähltes Stigma, inklusive Korkenzieherlocken. Denn Frau Dolezal, die nun höchst irritiert ist, dass sich die Debatte nach der Enthüllung durch ihre Eltern, sie wäre nun mal weiß geboren und durch und durch ein tschechisch-stämmiger Quarkarsch, *"unerwartet auf meine persönliche Identität im Zusammenhang mit der Definition von Rasse und Ethnie"* konzentriert. Und da hat sie verdammt noch mal recht: wenn sich Männer wie Frauen fühlen dürfen und umgekehrt, warum sollte sie dann nicht auch im falschen Körper geboren worden sein? Und selbst wenn. Ich setz mich doch auch für die Rechte der Gorillas in Kongos Nebelwald ein und muss deswegen noch lange selbst kein veganer Riesenbergaffe sein.

Also, Rachel, meine moralische Unterstützung hast du:
Stand up and fight for your right to be black!

16.06.2015
Land of the Free
Wenn man sich mal die Kandidatenliste für die anstehende Nachfolge von Meister Obama anschaut, bricht beim Krem de la Kreml erstmal die Heiterkeit aus. Das sind ja Zustände wie in Brasilien, wo es Dank der seit ewig gültigen Wahlpflicht schöne Tradition geworden ist, Zootiere, Zirkusclowns und verwirrte Sonderlinge aufzustellen. Was man ja schon geahnt hat: die Bush-Dynastie schickt wieder einen ihrer texanischen Ölminister ins Rennen, diesmal Jeb Bush, der eigentlich soweit unten in der Familienhierarchie steht, dass er noch nicht einmal ein Dabbeljuh abgekriegt hat. Und auch Frau Clinton ist so frei und will ins Oral-Office, aber diesmal sucht sie die Praktikanten aus.

Der Knaller aber ist eindeutig heute verkündet worden, denn auch die schlechteste Frisur der Welt tritt zu den Vorwahlen an: darunter verbirgt sich niemand anders als ein gewisser Donald Trump. Immerhin, mit Wahlen und Widersprüchen kennt er sich aus, ist er doch schon seit langer Zeit Chef des Schönheitswettbewerbs "Miss USA", den er mit seinem Gesicht reziprok proportional konterkariert. Die obligatorische Spendenkampagne für Freund Donald wird dann jetzt anlaufen. Das meiste Geld wird wohl aus Russland kommen, schon weil Daumen drücken und sich ins Fäustchen lachen ganz gut gleichzeitig funktioniert.

17.06.2015
Dirty Talk Pandora
Tut mir leid, nein, ehrlich. Aber ich kann nicht anders. Manch harmlose Zeitungsmeldung hat die fatale Folge in den Tiefen meines Erinnerungsgerümpels eine gut verklebte Schachtel mit Nachkriegs-Gender-Humor zu öffnen, so auch diese. Silikonpornograf *Matt McMullen* kündigt seine neue Serie "RealBotix" an und der Schweizer Blick steigt voll drauf ein: *"Sexpuppen können alles, was ein Mann sich wünscht. Doch jetzt steht eine echte Revolution bevor: ein US-Hersteller entwickelt Puppen mit künstlicher Intelligenz. Sie bewegen sich wie echte Frauen, haben Gefühle - und flüstern ihren Herren gern ins Ohr."*
Und das ist nur der Untertitel des Artikels. Darunter folgen 30 Sätze und aus jedem einzelnen davon ließe sich ein Prachtstück von Hausfrauen- oder Blondinenwitz zimmern, denn *"zusammen mit erfahrenen Ingenieuren aus der Roboter-Industrie"* will der Flexikantenhersteller *"die Realdolls in echte Sex-Cyborgs verwandeln!"* Dank *"künstlicher Intelligenz (Anm. d. Red. „schwarzgefärbte Haare") können sie blinzeln, die Lippen zum Kussmund formen und mit schmeichelnder Stimme sprechen."*
Das ist ganz klar alles, was Männer wollen? Nein, halt, jetzt verlässt McMullen aber seine ursprüngliche Geschäftsidee, *"einsame Männer mit Asthma glücklich zu machen."* Denn dank App und Headset kann der Kunde seine künstlich intelligente Gespielin von unterwegs aus anrufen und sie ausfragen, wie es sich so allein daheim aufm Sofa rumliegt, denn *"wir wollen etwas schaffen, das jemanden auf emotionaler und intellektueller Ebene erregen kann, nicht nur auf körperlicher!"*
Noch nicht genug? Es wird noch spukiger. Wer sich keine komplett neue Puppe für 60.000$ leisten kann, kann beim Silikonfrankenstein auch einfach nur den neuen Kopf bestellen, denn bekanntlich steckt die KI ja in der Birne; und auch nur hier wird gesprochen und verformen sich die Lippen zum Kussmund.

Die Schweißnaht rund um den Hals kann man mit einem Devotenhalsband leicht verdecken. Das passt ja auch symbolisch ganz gut, denn die *"sprechenden Sexpuppen haben ja einen entscheidenden Vorteil gegenüber ihren Vorbildern"*: wenn sie zuviel Scheiße quatschen *"kann man immer den Ausknopf drücken!"*

Und außerdem gehen zu Experten umgeschulte Psychologen davon aus, dass *"Sexroboter in zehn Jahren ein ganz normales Utensil in unseren Schlafzimmern sein werden"*, und damit logischerweise der Auslöser von Zorn, Streit und Scheidung. Und spätestens dann hätte McMullen ja sein Ziel erreicht, und der asthmakranke Mann wird total glücklich sein, wenn die nervtötende Roboterschnepfe endlich einen Abgang macht.

Ja, vor manchen Wünschen soll man sich fürchten.

Soviel zur Vorlage; die passenden Kalauer zum Thema Sex und Beziehung sind dem talentierten Leser in der Zwischenzeit sicher selbst eingefallen.

18.06.2015

Waterloo

zum 200. Jahrestag trafen sich Staatsoberhäupter und Begleitpolitiker auf freiem Felde bei der kleinen belgischen Stadt Wasserloch, um gemeinsam daran zu erinnern, *"dass das Blutvergießen"* ebendort *"nicht umsonst gewesen sei"*, denn schließlich sei *"die mörderische Schlacht der Ausgangspunkt einer neuen Epoche und für die Idee eines vereinten Europas"* gewesen. Meint zumindest Belgiens Regierungschef *Charles "Schlaumichel" Michel*.

Gut, sei's drum; die Idee für ein vereintes Europa hatten neben Napoleon später ja auch noch Kaiser Wilhelm II und unser One-Hitler-Wonder, Adolf the Gröfaz. Aber eins ist dann doch grundfalsch: warum wird dem armen Flecken Waterloo dann seit 200 Jahren so unrecht getan und es immer nur mit Katastrophen ("sein persönliches Waterloo", Abba etc.) in Verbindung gebracht.

Oder anders betrachtet, waren dann kriegerische Auseinandersetzungen nicht schon immer der Ausgangspunkt wichtiger Vereinigungen?

Zweiter punischer Krieg für die Vereinigung von Alpen und Elefanten.

Erster Opiumkrieg für die Vereinigung von Kapitalismus mit Drogenkonsum.

Oder der italienische Unabhängigkeitskrieg für die Vereinigung von Olio und Agio.

Irgendwie lassen sich da sicher Zusammenhänge destillieren.

19.06.2015
Keine halben Sachen
Mal gründlich mit dem Sturmgewehr durch eine Betgemeinde pflügen, genauso hat sich das der kleine Spinner *Dylan Roof* wohl gedacht und damit eins geschafft: tatsächlich überlegt Präsident Obama nun auch öffentlich, ob es nicht doch einen Zusammenhang zwischen solchen Amoktaten und den laxen Waffengesetzen gäbe. Chapeau, Barack!
Oder einfach mal den schlechten Selbstgebrannten mit etwas Methanol pushen und damit die gesamte männliche Verwandtschaft von 41 Personen vergiften, wie heut in Mumbai geschehen. Die dringend notwendige Renovierung des Westminsterpalasts, in dem beide Kammern der britischen Regierung sitzen, kostet wahlweise 3,5 Mio (halbe Sachen) oder 7,1 Mio Pfund (keine halbe Sachen).
Den Vogel aber schießt heute der hiesige youtuber *der.juli* ab, der nach seiner Scheidung seinen gesamten Hausrat samt VW Golf mit Motorsäge und Flex akribisch halbiert, die einen halben Sachen seiner Ex zukommen lässt, während er seine Hälften nun für Liebhaber des Halben im Internet versteigert.
Würde sagen, er hat die richterlich Anordnung von der Teilung des gemeinsamen Besitzes präzis umgesetzt.

20.06.2015
Cat as cat can
Vor einem Jahr schon berichtete ein eindrucksvolles Katzenvideo von Tara, die den vierjährigen Sohn ihrer Dosenöffner tapfer gegen einen bissigen Hund zu verteidigen wusste, und zwar in der Art wie Delphine gegen Haie kämpfen: gut Anlauf nehmen und dann mit Vollspeed dem blöden Hund einfach Nase voran in die weiche Seite gebrettert. Für ihren heldenhaften Einsatz gegen den Angreifer wurde Tara heute mit einem Preis geehrt, der schon dem Namen nach nicht für sie bestimmt ist: den "*Hero Dog Award for the heroic efforts on behalf of her human companion*".
Aber das ist trotzdem ein bisschen so, als hätte man den Bundeschoreografiepreis an Herbert Grönemeier verliehen (Wiglaf Droste: "*Herbert kann nicht tanzen*"), oder die Kompositionsmedaillie für Neue Klassische Musik an Dieter Bohlen. Auf der anderen Seite kommt das ja öfter vor, dass man Ehrungen an Artfremde vergibt: Integrationsbambi für Bushido, Nobelpreis für Yassir Arafat. So gesehen:
Tara, Du bist der Heldenhund (oder Hundeheld) des Jahres. Und das zu recht!

21.06.2015
Zweifelhafte PR-Strategie
Ist zwar auch blöd, aber manchmal geht das Verschwörungstheoriepferdchen einfach so mit mir durch, wenn auch nur hypothetisch. Aber wenn ich die National Riffle Association wäre und käme ständig unangenehm in den Nachrichten vor, weil irgendein Spinner die Produkte meiner Mitglieder tatsächlich ausm Schrank nimmt und damit in Schulen oder Kirchen rumballert; und das so krass auffällig, dass sogar Herr President mal kurz anzweifelt, ob es die Schießprügel-Lobbyisten mit der freien Wahl der Waffen nur zweckmäßig übertreiben und es am Ende nicht vielleicht schlauer wäre, Bleispritze, Knallmetall und Meuchelpuffer flächendeckend zu verbieten. Also wenn es da meinungstechnisch so ungünstig für mich aussehen würde, auch weil sich die Europäer kaum noch zwischen Kopfschütteln und Auslachen austarieren können, dann würde ich mir auch einen durchgebatzten Ösi suchen, der mal mit seinem Geländewagen durch eine belebte Gasse kübelt und reihenweise Leute niedermäht. Und damit meine Nachricht auch gut verstanden würde, ließe ich den Amokfahrer zwischendrin mal aussteigen und mit dem Messer nacharbeiten, damit auch der letzte Altweltler kapiert, dass Menschen Menschen töten - und nicht Waffen. Also nicht nur Schusswaffen, sondern auch Auto, Messer oder sonstwas. Und dann würde ich natürlich noch PR-mäßig nachschieben, dass ein paar bewaffnete Bürger den durchgeknallten Crashpiloten vielleicht schon am Anfang der Grazer Herrengasse hätten stoppen können. Mit ein paar Schüssen in die Reifen oder einen gezielten in die Rübe. Aber das ist nur hypothetisch, reine Theorie. Nichts dergleichen ist passiert.
Hätte aber genauso kommen können, gell?

22.06.2015
The N-Word!
Das sich Amerikas erster schwarzer Präsident endlich mal zum Thema des alltäglichen Rassismus in seinen von Polizeigewalt und Amokläufern verunreinigten Staaten äußert, war aber so was von überfällig. Dass er dabei im Stile schwarzer Gangstarappa das öffentlich tabuisierte N-Wort benutzt und dabei in Kauf nimmt, dass seine Rede durch ein kurzes Piepen zerhackt wird, auch gut.
Aber auch irgendwo verständlich: wo sonst soll man mal verbal über die Strenge hauen, wenn nicht bei einem Sender der WTF heißt; und da ist es auch egal, ob das *why the fuck* oder *who the fuck* bedeuten soll. Ich würde ja auch im deutsch-

sprachigen Raum keinen Sender aufmachen, der LMAA heißt - und mich dann über die Sprachwahl meiner Interviewpartner wundern.
Aber, meine liebe Frau Gesangsverein alias *Judy Mozes*, wenn man die von der Karriere des eigenen Mannes leicht berauschte Schnecke des gerade vereidigten Innenministers *Silvan Schalom* ist, dann sollte man keine schlechten Witze über Freund Barack ins Netz zwitschern. Auch wenn Sie jetzt schon dicke Arme vom Zurückrudern haben: Das geht ma' ga' nich' - und wenn, dann nur auf so einem Sender wie Why The Fuck! Oder LMAA! Oder wenn man sich mit einem Stern auf dem Boulevard des Blöden verewigen möchte.
Dafür gibt's ein N-Wort von mir: *Nuck off!*

23.06.2015
Ogottogott
Dem Gründer der texanischen Cornerstone Church scheinen da noch ein paar Ecksteine im Oberstübchen zu fehlen, sonst käme Priester *John Hagee* nicht auf so tolle Ideen wie, "*alle Frauen und Mädchen einzusperren, die während des Sexualaktes den Namen des Herren beschmutzen*". Denn das zweite der Zehn Gebote besagt, man soll den Namen des Herrn nicht missbrauchen.
Und Fakt ist, es ist "*eine der schmutzigsten Verwendungen des Namens unseres Herrn, wenn er in Zusammenhang mit Sex gebraucht wird*".
Da stellt sich doch als erstes die Frage, wie der Herr Priester überhaupt von diesem Missbrauch erfahren hat: war er schonmal dabei, als eine Frau Gott angestöhnt hat? Hat er sich selbst filmisches Beweismaterial untergejubelt? Oder heimlich gelauscht?
Und da schließt sich direkt die zweite Frage an: wie will er denn Anklage erheben? Sämtliche Sexualkontakte abhören und mitschneiden? Ihre Liebhaber zu Spionen und Verrätern machen? Und um auch noch die letzte Frage zu stellen und damit eine jahrzehntelange Diskussion anzustoßen: gilt das denn auch für die Frauen, die ein entzücktes *O Allah!* oder *O Jehova!* oder gar *O, Zeus!* hervorstöhnen. Und grade beim letzteren soll das ja ziemlich oft vorgekommen sein.
Kann aber auch sein, dass John Hagee in nächster Zeit ziemlich oft so Verstöße gegen das zweite Gebot zu hören bekommt, diesmal aber nicht ausgelöst durch Sex, sondern durch sein eigenes bloßes Erscheinen. Da dürften so Sachen wie *Jesses Maria und Josef*, *Ach, Gottchen* oder *Himmelherrgottsakrament* dabei sein. Und das sind nur die harmlosen Blasphemien.

24.06.2015

Freiheit macht Arbeit!

Man muss aber auch wirklich bei allem, was man so tut, vorher noch mal nachdenken, ob es nicht vielleicht eine freiheitsgefährdende Scheißidee ist. Zum Beispiel die zwei englischen Teenager, die im Vernichtungslager Auschwitz spontan ein paar archäologische Ausgrabungen auf eigene Rechnung unternommen haben, hätten sich einfach mal darüber informieren müssen, dass in Polen für das Stehlen historischer Objekte eine Haftstrafe von bis zu zehn Jahren angeboten wird. Oder sich einfach mal die Geschichte des schwedischen Neonazis *Anders Högström* gegoogelt, der 2009 den Schriftzug Arbeit macht frei vom Tor des Vernichtungslagers hat stehlen lassen und dafür zweieinhalb Jahre abgesessen hat. Aber gut, vorher nachdenken macht Arbeit. So lernen die beiden jetzt wenigstens wie Tütenkleben geht.

Letztlich habe sie aber Glück, dass Auschwitz nicht in der Türkei liegt, denn dort dreht die Justiz unter Eindruck von King Erdogan so langsam durch. Die Staatsanwaltschaft hat jetzt mehr als 23 Jahre Knast für die Journalistin *Canan Coskun* gefordert, die mit einem Zeitungsartikel in unverschämter und sicherlich sehr beleidigender Weise aufgedeckt hat, dass mehrere Richter und Staatsanwälte, die letztes Jahr noch die Einstellung der Korruptionsermittlungen gegen vier Ex-Minister der Regierung Erdogan veranlasst haben, nun völlig überraschend aber verdientermaßen zum Kauf extrem vergünstigter Wohnungen genötigt wurden. So kann Frau Coskun nun bei ihrem dem 12. November beginnenden Prozess nochmal genau recherchieren, wie sich das Verhältnis von Arbeit und Freiheit in ihrem Fall verschiebt.

25.06.2015

Von Pferchen und Prinzessinnen

Wie das deutsche Steuerrecht so schön formuliert, wird ein Kunstwerk erst zur Kunst, wenn sein Erschaffer es im festen Willen es zu erschaffen tatsächlich erschafft. Der Vorsatz ist entscheidend, weswegen die Achse des Blöden auch keine Kunst ist. Schließlich würde die Welt ja nicht diesen ganzen Unfug zustande bringen, wenn ich Vorsatz oder Vorsitz hätte. Aber das ist auf nur eine etwas an den Haaren herbeigezogene Einleitung zum jüngsten Berliner Kunstskandal: der Übergabe eines Bildes von Bundespräser Gauck an die grade auf Staatsbesuch befindliche Queen von England und ein paar Weltreichsresten.

Das Gemälde der vor allem durch eigenen Vorsatz ernannten Malerin *Nicole Leidenfrost* zeigt die knallbunte Nachahmung eines Jugendfotos der Queen, das wiederum ihren Vater zeigt, der der kleinen Prinzessin zeigt, wie man sein erstes Pony durch den Garten nötigt.

Während der renommierte Kunstkritiker *Mark Hudsen* fragt: "Ist es Bad Painting oder einfach nur schlecht gemalt?" und damit einen Einblick in die verwirrende Kunst der Kunstkritik gewährt, ist sich die weltweite Internetgemeinde in der Beurteilung des Werks selten einig: Ein Wettbewerb unter Grundschülern hätte ein besseres Bild hervorgebracht. Und wäre wegen des rührenden Anblicks kleiner Kinder in Bellevue weniger peinlich gewesen.

Frau Leidenfrost zeigt sich unterdessen patzig verwirrt, sieht sie sich doch „*inspiriert von den blauen Pferden eines Franz Marc*", oder wer weiß, vielleicht so gar von den blauen Reitern oder wer auch immer viel berühmter war und schon früher blaue Ponies gepinselt hat. Außerdem „*sei das ja Königsblau*" - und diese Anspielung auf den Rang der Besucherin scheinen die Kunstkritiker einfach nicht verstehen zu wollen. Immerhin Frau Blaublut selbst nahm es mit britischen Humor und kommentierte das Geschenk mit dem schönen Satz: "*It's a strange colour for a horse!*" Was sie sicher nicht gesagt hätte, wenn man ihr eins von Franz Marc geschenkt hätte.

26.06.2015

Errare Dschihadumm est

Wie um nochmals zu beweisen, dass es sich bei der ISIS-Wirrkopferei um ein klassisches Geschwür handelt, metastasiert die Massenpsychose heute quer durch die Kontinente und verleitet ein paar weitere verlorene Seelen zu Taten, von denen sie glauben, dass irgendein Gott wie Allah sich die Mühe machen würde, das gut zu finden oder gar ein paar Jungfrauen dafür springen zu lassen. Ja, gut, vielleicht, wenn das jetzt heiliger Krieg wäre; aber – um mal mit einem grundsätzlichen Irrtum in Eurer Aberglaubenskasperei aufzuräumen – richtig Krieg ist eben nur, wenn die anderen auch bewaffnet sind, und nicht wenn sie sich völlig unbewehrt zum Freitagsgebet in einer Moschee in Kuwait und zum Baden an einem Strand in Tunesien versammeln. Oder wenn man wie in Frankreich einfach nur zur Arbeit geht.

Das, meine Herren Maladeköpp vom ISIS, ist einfach nur Amoklauf oder ganz gemeiner Mord, aber kein Krieg - und schon gar kein heiliger. Sondern, wenn es einer wäre, ein besonders dummer. Und das will schon was heißen, denn der Mangel an intelligenten Kriegen macht die Konkurrenz in Sachen Dummheit groß. Also was auch immer die Stimmen in Euren Köpfen dazu sagen; sie irren sich gründlich!

27.06.2015
Nix Heureka, aber Tri Tra Trullala
Als Diogenes einen Knaben mit den bloßen Händen aus dem Brunnen trinken sah, warf er seinen Holzbecher, seinen letzten Besitz, frohen Mutes fort: *"Was brauch ich einen Becher, wenn ich Hände habe. In der Tonne wohn ich ja zur Miete!"* Was der weise Mann aber freiwillig tat, steht Dank der eifrigen Unfähigkeit der aktuellen griechischen Regierung (und auch all ihrer Vorgänger - so fair muss man sein) bald allen Griechen bevor, egal wie weise sie sind. Stört die Herren Tsipras und Varoufakis aber nicht. Die wichtigen Griechen haben ja längst ihren Becher in der Schweiz. Die anderen dürfen gern mal ein Referendum abhalten, nachdem das Kind ohne Becher in den Brunnen gefallen ist. Denn heute hatten die Eurofinanzminister nach fünf ergebnislosen Sitzungsrunden in zehn Tagen einfach keinen Bock mehr das dumme Krokodil für die beiden hellenischen Klatschpappkasper abzugeben.

Es nervt aber auch gewaltig, beim Versuch es allen recht zu machen mit zwei politischen Kindsköpfen reden zu müssen, die meist alles besser wissen, sich aber schon nach wenigen Minuten nicht mehr erinnern können, was sie eben gesagt haben: Einerseits lehnen sie die Vorschläge der Finanzminister ab und empfehlen ihren Wähler diese Haltung auch beim Referendum, andererseits bezeichnen sie ihre Verhandlungspartner als dumm, weil die vernünftigen Griechen das Sparprogramm per Volksentscheid doch sicher angenommen hätten. Also wahrscheinlich. Ganz sicher – wenn man es ihnen nicht vorher doch noch ausredet.

28.06.2015
Liebe gewinnt
Am traditionellen Christopher-Street-Day artet nicht nur in San Francisco (nicht der Papst) die alljährliche Gay-Pride-Parade zu einer fulminanten Feier der Gleichstellung des Eherechts aus, nachdem das höchste Gericht der USA nochmal klargestellt hat, dass im Land of the Free tatsächlich alle frei sind, ihr privates Glück nach ihren eigenen Vorstellungen verwirklichen zu dürfen.

Ganz im Gegensatz zu diesem Geist der Freiheit und Gleichstellung wehret Eure Ungnaden Prinz Erdogan von Erdoganien direkt schon mal den Anfängen und lässt die Teilnehmer der türkischen "Parade des Stolzes" von Wasserwerfern und Tränengasschützen abfangen, bevor sie sich überhaupt auf dem Taksimplatz zusammenrotten können. Und Tränengas geht ma gar nicht, denn da verläuft die Wimperntusche.

Nein, Quatsch, das Problem ist natürlich viel gravierender, wie auch die Organisatoren der türkischen Regenbogenmenschen dem Gouverneur von Istanbul wieder mal klar zu machen versuchten: die Angriffe der Polizei mit Pfefferspray und Plastikgeschossen auf die gewohnt friedlich vor sich hin tanzenden CSD-Teilnehmer verstoßen klar gegen die türkische Verfassung. Und das fällt sogar unbeteiligten Passanten auf: *„In was für einem Land leben wir? Was ist das für eine Diktatur?"* Und eins muss sich dann doch auch der angeblich Unbeteiligte endlich eingestehen: solange der selbstverliebte Sonnenkönig die Türkei von den Idealen eines Atatürks wegtreibt, solange kann es eigentlich keine Unbeteiligten mehr geben. Also, liebe türkischen Normalos, gebt Euch einen Ruck und beendet diesen Spuk.

29.06.2015
Greskalation
"Man darf sich nicht umbringen, weil man Angst vor dem Tod hat!"
Solches sagt Freund *Juncker* in seiner Stellungnahme zu den aktuellen Entwicklungen in Griechenland. Und das drückt doch schon ganz gut seine Irritation darüber aus, dass die beiden griechischen Patienten mitten während der Operation an der offenen Leber vom Tisch springen und erstmal ihr Volk darüber abstimmen lassen wollen, ob weiter an den lebenswichtigen Organen herumgeschnippelt werden soll. Und ob man in der Zwischenzeit die Herz-Lungen-Maschine mal ein paar Tage ruhen lassen kann.

Die Geldgeber sind über diesen Vorschlag eines Referendums doch etwas überrascht, weil es in den letzten Monaten niemals zur Diskussion stand, jetzt aber kurz vor knapp von Tsipras aufs Tapet gebracht wurde. Und das lässt nur folgende Schlüsse zu: die beiden Politclowns wussten nicht mehr, wie sie ihre fundamentalromantische Idee von Ausleihen und Nichtzurückzahlenmüssen aufrecht erhalten konnten und haben – ganz in der Tradition des Zirkus – einfach mal die nächste Attraktion angesagt, um sich schnell durch den Vorhang verabschieden zu können. Und das ganze war kein durchdachter Plan, sondern eher Improvisation.

Aber wenn das griechische Volk vernünftiger ist als seine Repräsentanten und -onkels, können die zwei Brüsseltouristen wenigstens so tun, als hielten sie was von Demokratie. Wieviel sie davon halten, sehen die Griechen an den ab heute geschlossenen Bankschaltern und ihr auf 60 Euro begrenztes Limit am Geldautomaten.

Gradezu entspannt reagieren die Börsen auf diese lang befürchtete Eskalation. Mit größtmöglicher Larmoyanz erklärt die Analystin im Börsenfernsehen, *"dass ein möglicher Grexit schon längst eingepreist ist"*, - spätestens seitdem man verstanden hat, wen die Griechen da zu ihren Führern gewählt haben.

30.06.2015

Gemischtes zur Luftverschmutzung

Am letzten Tag des Monats wurde den Insassen des Ravenhall-Gefängnisses erst klar, was das bedeutet, wenn ab dem ersten Juli in allen Staatsgefängnissen des australischen Bundesstaats Victoria absolutes Rauchverbot herrscht. Zur Feier der Tatsache, dass man sich so sehr um ihre Gesundheit bemüht, haben die Knastbrüder mal einen kleinen Aufstand zelebriert, Freudenfeuer gelegt und solange mit Knüppeln auf Türen eingeschlagen, bis die Gefängnisbehörde ihr gesamtes Personal abgezogen hat. Guter Trick! Jetzt einfach nur den Schlüssel wegwerfen und das Problem löst sich von alleine.

Auch in den USA gehts um die Verbesserung der Luftqualität. Hier allerdings verwirft der Oberste Gerichtshof den Versuch der Umweltschutzbehörde, die Betreiber von Kohlekraftwerken dazu zu zwingen, den schädlichen Bleiausstoß einzudämmen: *"Denn die Kosten für die Filteranlagen seien durch den gesundheitlichen Nutzen für die Bevölkerung nicht gerechtfertigt!"* schrieb Richter *Antonin Scalia* in seine Urteilsbegründung, weil: *"Die Behörde hat sich keine Gedanken um die finanziellen Folgen ihrer Entscheidung gemacht!"* Soviel zum Thema USA, Umwelt und Verursacherprinzip.

In Japan kokelt sich ein lebensmüder Eisenbahn-Kamikaze ins Guinnessbuch der Rekorde, indem er für die schnellste Selbstverbrennung aller Zeiten sorgt. Er übergießt sich im mit 450 kmh dahingleitenden Hochgeschwindigkeitszug Nozomi mit Öl und zündet sich an. Der beißende Qualm verschlechtert die Luftqualität für die Mitreisenden so sehr, dass 20 von ihnen wegen Rauchvergiftungen ins Krankenhaus kommen. Zwei sterben an Herzinfarkt, aber das war wohl eher der Schreck.

Auch mehr in den Bereich atmosphärische Störung fällt: Mordkoreas oberste Undercut-Qualle *Kim Jong Un* "*erklärt Porno den Krieg*", wie eine Tageszeitung titelt, und er tut das mit seinem pfannkuchengestähltem Paviansteißgesicht und der ganzen Macht seiner nicht vorhandenen erotischen Ausstrahlung, wie ich hinzufügen möchte. Wer also künftig eindeutig zweideutige Fotos, Filme oder Literatur mit ins Land der dritten Degeneration von Kims mitnehmen möchte, muss vielleicht damit rechnen, dass seine Fantasie-Vehikel – so wie bei uns die Kippenpackungen mit durchlöcherten Lungen und verfaulten Beinen zur Abschreckung von Rauchern bedruckt werden – mit kleinen Warnaufklebern mit Fotos von Freund Quarkfresse in Kim Jong Un–erotischen Stellungen verziert werden. Das wäre ja die wohl effektivste Methode!

JULI

01.07.2015

Strafe muss sein

Vor allem wenn man als britischer Konzern so eine technisch nur halbdurchdachte Ölplattform wie die Deepwater Horizon im Golf von Mexico versenkt und damit Fischfang, Tourismus und Umwelt in den USA wesentlich beeinträchtigt. Da kann man schon sagen: geschieht ihnen recht. BP zahlt einer außergerichtlichen Einigung zufolge in den nächsten zwei Jahrzehnten etwa 18,7 Milliarden Dollar Strafen und Schadenersatz. Das ist die höchste jemals vereinbarte Strafe für ein Privatunternehmen außerhalb der Finanzbranche. Passt. Und da werden sich die Herren BP-Säcke aber so richtig ärgern, zumal Benjamin Way von der New York Global Group mit 18 Millionen Dollar vergleichsweise glimpflich davon gekommen ist. Gut, der Wallstreetfritze hat ja auch keine ganz Plattform versenkt, nur seinen persönlichen Bohrturm; und zwar in eine junge Schwedin, die in seiner Firma jobbte und offensichtlich nicht wusste, dass sie nicht nur die Akten, sondern auch ihren Boss ab und zu mal ablegen sollte.

Als Way entdeckte, dass *Hanna Bouveng* in dem von ihm finanzierten Appartement einen anderen nackten Mann vorhielt, hat er sie unehrenhaft entlassen und als Nutte beschimpft. Verklagt wurde er auf 850 Millionen Dollar, zugesprochen wurden der Klägerin nun 18, von denen ein Drittel ihre Anwälte als Gage einbehalten. Und jetzt nochmal rechnen, liebe Herren von BP: für 18,7 Milliarden hättet Ihr 1038 Eurer überaus gut aussehenden, paarundzwanzigjährigen Mitarbeiterschwedinnen bis zu viermal sexuell belästigen können. Hätte das nicht viel mehr Spaß gemacht als so ne blöde Bohrinsel explodieren zu lassen?

02.07.2015

Spy vs Spy

Auch so eine neverending story auf der Achse des Blöden ist dieser Reigen von amerikanischen Schnüffelkaspereien und deren Enthüllung durch Pfeiffenbläser und Wikileaker. Dass es dabei nicht nur um die Dingfestmachung von Terroristen geht, sondern auch um großflächig angelegte Industriespionage, dürfte mittlerweile klar sein, und das sicher nicht nur in Frankreich. Besonders ulkig ist dabei aber die gerade kolportierte Aushorchung der Spiegelredaktion inklusive der Weitergabe dieser obskuren Ermittlungsergebnisse an das Bundeskanzleramt.

Davon abgesehen, dass es natürlich niemanden angeht, was die Spiegelredaktion in ihrer knapp bemessenen Freizeit da so vor sich klamüsert; jetzt mal ehrlich, Leute, im Ernst: Ihr häckt Euch da in die Telefon- und Computerleitungen, um herauszufinden, worüber der Spiegel am nächsten Montag schreibt? Ihr gebt Hunderttausende für etwas aus, das man für ein paar Euro am Kiosk kaufen kann? Und seid dann nachher mindestens so schlau wie alle Spiegelleser?

Ihr seid wirklich kein Deut besser als der schwarze und der weiße Spion aus den MAD-Heften meiner Kindheit. Und damit meine ich jetzt nicht unseren guten alten Militärischen Abschirmdienst. Viel Spaß beim googlen!

Nachtrag: und wie um meine Comictheorie zu bestätigen hat sich Präsidentschaftskandidatin *Hillary Clinton* zwei Tage später mal kräftig über China beschwert, die sich doch tatsächlich erdreisten zurück zu spionieren.

03.07.2015

Erkenntnisse

Mit einem großabgelegten Countdown von Großkundgebungen versuchen die verschiedenen griechischen Politiker ihr Volk auf jenes Referendum einzustimmen, das heute vom zuständigen Verfassungsgericht für rechtens erklärt und demzufolge am Sonntag durchgeführt werden soll. Und das wirklich wunderbare daran ist, dass sich so komplizierte, über Jahre verwickelte Sachverhalte nun vom einfachen Bürger mit einem schlichten Ja oder Nein beantworten lassen. Gut so. Warum auch die zuvor geliehenen 325 Milliarden Euro zurückzahlen, wenn ein schlichtes Nein es auch tut. Mein ganzes Mitgefühl gilt allen Völkern der Welt, die von stets gut gelaunten Zockern regiert werden.

Hoffen wir mal, dass die Herren Obergriechen nicht zur selben Einsicht kommen, wie der Kapitän, der kürzlich seinen Flieger kurz nach dem Start samt Passagieren in einen Fluss versenkt hat; laut Stimmaufzeichnung durch die Blackbox waren seinen letzten Worte: "*Wow, ich habe den falschen Hebel gezogen!*"

04.07.2015

Arabische Liga

Ja, die Saudiarabische Halbinsel lag jetzt länger relativ unbeschadet in der Gegend rum und die furchtbar fruchtbare Königsfamilie mit ihren unüberschaubaren Nachschub an vergreisten Prinzen (Jeder darf mal!) hatte bisher relativ leichtes Spiel. 50 Jahre durften sie unbehelligt ihr Öl verkaufen und sich dafür zumindest militärtechnisch von der berittenen Kamelerie (Kavallerie ohne Chevales) auf modernstes Maß- und Massenmordgerät upgraden lassen, Joystick inklusive. Und wenn man diesen ganzen Militärfuhr- und -flugpark da so dumm im Sand rumstehen hat, dann kommt halt eines Tages fast zwangsläufig irgendein Aushilfsprinz auf die Idee, man könne das ja endlich mal einsetzen. Zum Wohle der Scheichheit, versteht sich. Denn die gehört ja bekanntlich zur Achse des Guten und darf schon mal in Syrien und Jemen probebomben. Denn eins steht schon so gut wie fest: eines Tages werden die nicht-wahabitischen Sunniten den wahabitischen Sunniten erklären wollen, wie Allah-Religion so richtig geht.

Erste Vorzeichen waren heute nicht zu übersehen: im Westen des Landes fanden Polizisten unter anderem Flaggen der ISIS und einer dabei auch den Tod (Tod durch Flaggen?). Im Süden wurde es aber etwas interessanter, da haben sich Einheiten der seit Wochen bombardierten shiitischen Huthi-Rebellen mal aus dem Jemen nach Norden aufgemacht und zwei saudische Städte angegriffen (was man da unten halt so Stadt nennt). Das ist aber nur Stellvertreterkrieg zwischen den Saudis und den Iranern, wobei die Iraner wenigstens Stellvertreter haben, während die Saudis nun selbst ran müssen. Und die echte Saison hat noch garnicht richtig angefangen.

05.07.2015

Alternative für Griechenland

Wie man sich wohl vorkommt, wenn man in 30 Monaten eine Partei als Alternative für Deutschland gründet und in ersten Wahlen sogar in Parlamente führt, dann erst die Kontrolle über die Mitgliederzuwanderung von ganz rechts und schließlich den Vorsitz und seinen Vorzeige-*Olaf* verliert? Und dann, um die Demütigung perfekt zu machen, kommt da so ein dahergelaufenes Pokerspielerduo aus Hellenien und erreicht in Sachen Währungsverwirrung in wenigen Monaten viel mehr als so ein leut- und selbstseeliger Professor für Makroökonomie, und das nur mit so einem lustigen Pyrrhussieg von einem Referendummdummgeschoss in Richtung der Gläubigerkürzelorganisationen EU, IWF und EZB.

Vielleicht, nachdem Herr *Lucke* morgen aus seiner Partei ausgetreten ist, nimmt ihn ja die Goldene Morgenröte auf und bestimmt ihn zum Unterhändler für die Griechen, nachdem die Herren und Damen "Terroristen" in Brüssel ja nicht mehr wissen, warum und über was überhaupt sie noch mit *Tschipras* und Wahrufuckis unterhalten sollen wollen.

Aber richtig lustig wird es natürlich erst, wenn jetzt die anderen 18 Eurozonenländer auch so lustige Referenden durchführen, wo die Völker mit einem einfachen Ja oder Nein darüber entscheiden darf, ob man dem griechischen Finanzminister mal einen Krawatte und einen Benimmkurs spendiert. Gut, ok, dafür ist es natürlich zu spät, die Sache ist durch. Andererseits haben die Hellenen heute ja auch über etwas abgestimmt, was seit zehn Tagen vom Tisch ist.

Oder aber wir haben es mit einer grundlegenden Veränderung im Verhältnis von Gläubiger und Schuldner zu tun; und das verspricht ja zumindest private Freuden, wenn ich nächste Woche dem freundlichen Sachbearbeiter meiner Volksbank mal erkläre, dass ein unter meinen verständigen Freunden durchgeführtes Referendum ergeben hat, dass ich meine Girokredite nicht mehr ausgleichen muss. Denn wie mir Frau Lagarde sicher bescheinigt, ist diese Schuldenlast nicht mehr tragbar.

06.07.2015
Ausdrückliche Übereinstimmung
Nachdem eine amerikanische Studentin monatelang mit einer Matratze durch die Gegend gelaufen ist, um auf das Problem sexueller Gewalt unter US-Studenten aufmerksam zu machen, verbreiten die Unis grade den Aufruf, beide oder mehrere Teilnehmer einer geplanten sexuellen Handlung mögen sich doch zuvor per Selfie mit einem Schild *"YES! We agree to have SEX!"* verewigen, damit es nachher nicht zu Unstimmigkeiten darüber kommt, wer es ein bisschen mehr und wer es ein klein bisschen weniger wollte. Zur Sicherheit soll man das Bild dann wohl mindestens einmal verschicken, damit es bei der NSA eine Kopie für eventuelle Prozesse gibt, oder wie?

Ich bin mir grad nicht sicher, ob das nicht die Vorstellungen von Romantik und Privatheit auf den amerikanischen Studententestgeländen deutlich verändern wird; grundsätzlich ist das aber vielleicht eine ganz gute Idee, wie man die nun kommenden Verhandlungen mit den griechischen Regierungsvertretern dokumentieren könnte, damit die nachher nicht immer behaupten, sie wären ja gar nicht einverstanden gewesen.

07.07.2015
Junto al sombrero
Nachdem die Menschenrechtsorganisation HRW die kolumbianische Regierung darauf aufmerksam gemacht hatte, dass *"zahlreiche Generäle und Oberste über*

die flächendeckende und systematische Ermordung von Zivilisten in den Jahren 2002 bis 2008" aber ziemlich genau "*Bescheid wussten*", hat der Präsident des ehemaligen Koka-Weltmarktführers die Herren *Lasprilla* (Heer), *Wills* (Marine) und *Leon* (Luftwaffe) entlassen, schon weil ihre Namen auf ihre Gefährlichkeit hinweisen; Wills z.B. heißt ja Testamente und der Leon, klar, der Löwe, ist eh eine humorlose Terrorkatze. Damit da jetzt aber mal ein etwas friedliebender Stil in die Waffengattungen kommt, wurden als Ersatz die Herren General *Ferrero* (Ü-Ei, Kinderschokolade) fürs Fußläufige, Admiral *Santamaria* (Heilige Mutter Gottes) für die Schiffchen und General *Bueno* (auch Ferrero) fürs fliegende Personal bestellt.

Ermordet wurden die meisten Zivilpersonen in 78 nachgewiesenen und etwa 3000 ermittlungsoffenen Fällen übrigens hauptsächlich in der Absicht, Ergebnisse im Kampf gegen die Guerilla vorzutäuschen und so Orden und Beförderungen einzustreichen. Und das ist sogar für kolumbianische Verhältnisse doch etwas "neber der Kapp" - oder wie der Latino seit heute sagt: junto al Sombrero!

08.07.2015
Bella Justizia
Amerikaner verhandeln mit Vorliebe Entschädigungen. Russen entsorgen ihre politischen Feinde. Ägypter drohen mit Gefängnis, wenn Journalisten von der offiziellen Darstellung des Staates abweichen. Was aber macht Italien? Das heilige römische Reich teurer Juristen hat mal wieder zugeschlagen und seinen Lieblingsangeklagten *Silvio "Lugosi" Berlusconi* zum soundsovielten Male wegen des x-ten Falls der Bestechung zu drei Jahren Haft verurteilt. Das ist aber nur die erste Instanz, d.h.: alles ist noch offen.

Im Stiefelland ist die Justiz ja eher wie Tennis. Der zweite Satz geht oft an den Angeklagten und erst in der dritten Instanz geht's in den Tie-Break; und erst da wird dem Schmierenkomödiant die Krawatte gebrochen, aber auf Bewährung. Egal, wie oft die Exministerpräsidentenknallcharge schon wegen anderer Delikte verknackt wurde. Vor allem, weil die Berufungen in Italien so lange dauern, dass die eigentlichen Delikte bis dahin verjährt sind. Was eine ganz spezielle Variante des Strafverfolgungsrechts darstellt, über die man nüchtern besser nicht zweimal nachdenkt.

Immerhin, bis 2019 darf der Cavaliere, wie er sich gerne von unterwürfigen Günstlingen nennen lässt, wegen der Vielzahl der Verurteilungen kein politisches Amt mehr ausüben. Aber, logisch, dagegen klagt Freund Transplantationshaarhelm vor dem Europäischen Gerichtshof für Menschenrechte. Wenn das mal nicht nach hinten losgeht. Wenn er Pech hat, erklärt sich der Menschenrechtsgerichtshof für nicht zuständig.

09.07.2015
Rechenspiele
Der Anteil an der Weltbebürgerung, der mit unter zwei Dollar pro Tag auskommen müssen, hat sich im letzten Jahrzehnt von 29% auf 15% fast halbiert, also fast so wie die gefühlte Einkaufskraft des Euro. Die meisten haben sich in die nächste Einkommensstufe gerettet, also zwei bis zehn Dollar.
Das was das amerikanische Pew Research Center als stabile Mittelschicht ansieht, also die Einkommensklasse zwischen 10$ und 50$, hat sich von 14% auf 22% verbessert, immerhin. Trotzdem langt das noch lange nicht, um zum Beispiel Weltbürgerin *Beyoncé* irgendwie glücklicher zu machen, weswegen sie auch dieses Jahr auf dem "Global Citizen Festival" ihr gesamtes verfügbares Talent einsetzen möchte, "*um der extremen Armut auf der Welt ein Ende zu setzen!*"
Aber, aber, mein liebes Pophäschen Schrägstich Popp-Häschen, wenn man bei 40 Mio$ Jahreseinkommen und etwa 375 Mio$ Vermögen auch noch mit *Jay Z* (50 Mio$ Einkommen / 465 Mio$ Vermögen) verheiratet ist, dann kann man doch den Armen viel praktischer helfen als mit Talent. Mit einer gemeinsamen Spende von sagen wir mal 700 Millionen – strategisch geschickt an dem Tag verteilt, an dem das Pew Institut seine Zahlen erhebt – könnten Sie und ihr Rappergatte weitere 350 Millionen der Allerärmsten für einen Tag in die nächste höhere Gesellschaftsschicht versetzen.
Oder Sie konzentrieren sich mal ein bißchen und retten damit Griechenland; für schätzungsweise 12 Tage. Oder müssen wir von der armen, schreibenden Mittelschicht das wieder ganz alleine machen?

10.0.2015
Hütchenspieler
Alexis "the true Sorbas" *Tsipras*, der kürzlich noch Führende bei den Europameisterschaften für angewandte Demokratie, tut nun, was ein Mann tun muss. Vor allem wenn er sich noch mal mit Pu, dem russischen Bär, darüber ausgetauscht hat, wie man Referenden verwendet und wie wichtig es ist, dem Volk das Falsche zu sagen und dann das Richtige zu tun – und nicht etwa umgekehrt, wie man es sooft

in den westeuropäischen Demokratien macht. Nachdem also das griechische Volk sich zu 61% gegen Labskaus, Minzed Meat, Froschschenkel und Spaghetti-Eis mit Parmesan entschieden hat, gibt Freund Tsipras mal die Bestellung beim Oberkellner in Brüssel auf: "*Wir hätten gern Labskaus, Minzed Meat, Froschschenkel und einen doppelte Portion Spaghetti-Eis, aber pürieren Sie bitte die Reste von den ersten drei Gängen und gießen Sie das übers Spaghetti-Eis, aber mit schön viel Knoblauch!*"

Dann klatscht er begeistert in die Hände und sagt zu seinem Volk: "*So, bestellt is'! Will wer vorher schon mal einen Vierfinger-Ouzo? Also den aus der anderen Flasche: für meine gute Freunde?*"

Und während man in der Küche nun leicht verwirrt ist, weil man die ganzen Gerichte erst vor einer Woche auf ausdrücklichen Wunsch von Sorbas von der Karte hat streichen sollen, keimt sich beim griechischen Volk spontan der Verdacht, dass Meister Alexis unter keinem seiner Hütchen noch die kleine Kugel aus einem zerknüllten Wahlzettel hat, auf die alle gesetzt haben.

Fortsetzung folgt! Gewiss!

11.07.2015

Vorsicht, Steinschlag

Man stelle sich mal vor: Willy Brandt kniet am Mahnmal in Polen nieder – und wird mit einer vollen Breitseite tiefgefrorener Weihnachtsgansschenkel beworfen. Papst Franz entschuldigt sich bei den Indios für die Belästigungen durch die katholische Kirche – und bekommt zum Dank eine volle Ladung Pfeilgiftfrösche an die Kutte geballert.

So oder so ähnlich muss sich der serbische Ministerpräsident *Aleksandar Vucic* heute in Bosnien vorgekom men sein, als er zum 20sten Jahrestag des Massakers von Srebrenica antrat, um sich so wenigstens halbwegs für die Schlachterei zu entschuldigen, allerdings ohne dabei die schlimmen Worte "*Genozid*" oder "*Völkermord*" (laut UNO-Tribunal) in den Mund zu nehmen. Stattdessen einigte er sich mit sich selbst auf die Formulierungen "*monströses Verbrechen*" und "*die Tat einzelner Verbrecher*". Nachdem er dann von den "Müttern von Srebrenica" eine Blume zum Zeichen der Versöhnung angesteckt bekam, hagelte es plötzlich Steine und was sonst noch so in der Gegend rumlag. Da nahm Vucic lieber nichts mehr in den Mund, sondern die Beine in die Hand und verzog sich mit seinen mitgebrachten Körperwächtern möglichst schnell den Hang hinauf.

Merke: Auch als Politiker muss man sich die Glaubwürdigkeit für große Gesten vorher sauer verdienen. Vielleicht versucht er es ja in zwanzig Jahren nochmal wieder.

12.07.2015
Tunnelblick
Schon zum zweiten Mal gelingt einem der größten Verbrecher Mexikos der Ausbruch aus einem angeblichen Hochsicherheitsgefängnis. Diesmal ist *Joaquin "El Chapo" Guzmán* durch einen anderthalb Kilometer langen Tunnel geflüchtet, denn seine Bergarbeitercrew bis unter die Duschräume des Gefängnisses gebuddelt haben. Selbstverständlich unbemerkt. Und da muss man mit der Knastleitung doch noch mal über das Vorwörtchen "Hochsicherheit" diskutieren, denn ein paar handelsübliche Mikrophone und Erschütterungssensoren für ein paar tausend Pesos helfen ungemein dabei, heraus zu finden ob die eigene Hochsicherheit so dreist unterminiert wird. Und da hätte man ja mal vorher drauf kommen können, da sein Sinaloa-Kartell schon länger für ihre klimatisierten Tunnelbauten unter der mexikanisch-amerikanischen Grenze berüchtigt sind. Aber ok, so mancher Wink mit dem Zaunpfahl bleibt halt unbemerkt, wenn man grade damit beschäftigt ist seine zufällige Gehaltsaufbesserung zu zählen, gell!

13.07.2015
Heureka
Ich hab's, ich weiß nur noch nicht was es ist! Man muss die Leute nur lange genug in einen Raum einsperren und mit Schlafentzug drohen, dann finden sie schon irgendwie eine Lösung gegen Grexit und Gläubigerhass; also jenes Phänomen das jeden Schuldner ereilt, wenn er merkt, dass er es aus eigener Kraft nicht mehr schafft, von seinen großen Füßen runterzukommen. Und das belastet ja das zwischenmenschliche Verhältnis sehr, wenn der Gläubiger dann seine Schuhe zurückhaben will. Oder wie Aschenputtels Stiefmutter mit dem Hackebeilchen ankommt, um die Füße den neuen, aber ganz kleinen Schuhen anzupassen.
Da muss man sich dann schulmeisterhaftes Auftreten oder gar "Terrorismus" (Varoufakis) vorwerfen lassen, wenn man den Jubelgriechen nochmal erklären darf, dass man Kreditverträge nicht mit einem demokratischen Votum der Schuldner für null und nichtig erklären kann. Besonders gut kann man dann Ratschläge von befreundeten Freunden und Abhörspezialisten wie USA und UK gebrauchen,

die Merkel und Schäuble des Großkotzentums gegenüber den Griechen bezichtigen, gleichzeitig aber selber an ihren Börsen irgendwelche Finanzspinner seit Jahren großflächig auf den Grexit wetten lassen. Böse Zungen behaupten ja sogar, dass hinter den Wetten gegen Griechenland und dem Euro System stecke, da vor allem die Amis die Aufmerksamkeit von ihren eigenen Schuldenproblemen ablenken wollen.

Wie? Die Amis und Tommies haben Schulden? Ja, das Vereinigte Schuldenreich steht bei 2,1 Billarden nach offizieller Rechnung, preist man allerdings die Schulden und Verpflichtungen der öffentliche Haushalte mit ein, bei etwa 6,7 Brd.€. Die USA schiebt schlappe 18 Brd.€ Schulden rum, pro Steuerzahler knapp über 100.000€ - fast doppelt soviel wie bei uns. Natürlich sind wir Deutschen da auch nicht schlecht dabei; seit wir dank einem Jahrzehnt Wiedervereinigung bis 1998 einen Sprung von 43 Mrd€ auf 1183 Mrd€ Staatsverschuldung gemacht haben, sind wir mit den Briten bei hauchzart über 2,2 Brd€ mittlerweile gleichauf. Aber pro Sekunde wächst unsere Schuld nur um um schlappe 1500€, während es bei den Inselheimern in derselben Zeit um 7250€ tiefer in die Kreide geht.

Darüber lacht der Ami aber nur, da sich deren Schuldenuhr in jeder Sekunde um 41.000€ erhöht. Lachen hauptsächlich deswegen, weil auf der anderen Seite ja auch ein pro-Kopf-Geldvermögen von 150Tsd€ dagegen steht, was im allgemeinen nur darauf hinweist, dass in den letzten 30 Jahren zu lasch und an der falschen Stelle besteuert wurde. Was sich aber im Ernstfall mit einem kleinen Gesetz verändern ließe, zB. Pfändung aller Guthaben über 100.000€ (siehe Zypern).

Lachen aber auch andererseits, weil der Ami dank seiner Leitwährung einfach Tonnen von grünen Scheinchen nachdrucken und exportieren kann. Und je mehr davon in China, in den Scheichtümern am persischen Golf und in den Drogengeschäften Südamerikas verschwindet, desto leichter lässt es sich nachdrucken. Man kann also sagen, die USA sind der erfolgreichste Papierexporteur der Welt. Und sie beteiligen sich auch nicht an einer Rettung Griechenlands.

14.07.2015

Goodbye Vienna

Ein kleiner, melancholischer Abschiedsschmerz liegt wie der traurige letzte Atemzug eines sterbenden Rehs über der eh schon leicht morbiden Stadt. Nach schlappen dreizehn Jahren fast permanenten Austauschs von UNverbindlichkeiten müssen die Beteiligten an den Iran-Atomverhandlungen nun bald ihre Suiten und Edelappartements in den feinsten Häusern der Stadt räumen und in ihre schnöden Büros in Washington, Berlin und Teheran zurückkehren.

Zeit für einen Moment der Einkehr. Denken wir nochmal daran, wie all das begonnen hat: Atommächtler, Deutsche und Iraner trafen sich im schönen Wien und beschlossen in einem ersten Kontaktgespräch, dass es ihnen sehr gut gefällt im schönen Wien. Den Amis gefiel die geschichtsträchtige Bebauung, die Deutschen waren froh nicht in Berlin sein zu müssen und für die Iraner war es eh besser, ihren selbsternannten Gottesstaat hier zu vertreten als selber in ihm leben zu müssen. "*Also*" fragt da der erste: "*wie können wir das aller hier ein bißchen in die Länge ziehen?*"

Und die kreativen Antworten auf diese Frage hätten auch noch für ein paar Jährchen gereicht, aber zuletzt haben die Amis dann doch Druck gemacht. Denn das einzige, was diesem Putin echt gegen den Karren pinkelt, ist ein noch weiter fallender Ölpreis. Und wenn jetzt endlich das Embargo gegen den Iran aufgehoben werden kann, dann steigt das Angebot. Und der Preis fällt.

15.07.2015

Laibach

Wie heute verkündet wird die für ihre faschistischen Anspielungen berüchtigte Slowenenkapelle *Laibach* als erste westliche Band in der schlecht hinter ihrem Namen getarnten Demokratischen Volksrepublik Korea zwei Konzerte geben, und zwar mit einem Medley aus ihren eigenen, mit faschistischen Anspielungen gepökelten Liedchen und ein paar wahrscheinlich ebenfalls recht eindeutigen mordkoreanischen Volksweisen und unverblümte Loblieder auf das Haus Kim. Das war wohl eine Bedingung der Kultusministerium, denn die faschistischen Anspielungen im Eigenwerk der Band waren wohl insgesamt doch etwas zu pussihaft schlaff, da muss die mordkoreanische Volksgesinnung durch einheimisches Liedschlecht oben gehalten werden. Nicht dass die Konzertbesucher nachher denken, Freund Jong-Un wird etwas nachlässig.

16.07.2015

Ausgrenzung

Niemand hat die Absicht eine Mauer zu errichten, ein Zaun mit genug rasiermesserscharfen Stacheln und vielleicht auch etwas Strom drauf reicht uns allemal. Etwas mehr als ein Vierteljahrhundert nachdem die Ungarn den eisernen Vorhang den Motten überlassen haben, wollen sie auch im neuen Jahrtausend wieder als Trendsetter auf sich aufmerksam machen. Wie Innenminister *Sandor Pinter* versicherte, diene der Zaun nur als Provisorium, bis sich die internationale Flüchtlingssituation verbessert habe, denn "*sein kleines Land könne einfach nicht mehr soviele Menschen verkraften*". Man werde aber weiter Menschen aufnehmen, die aus Kriegsgebieten flüchten und ordentlich Asyl beantragen - wenn sie es bis Ungarn schaffen. Denn von 81.333 Flüchtlingen des letzten Jahres sind 80.724 über die serbische Grenze im wahrsten Sinn des Wortes eingewandert. Zur internationalen Kritik am Zaun fiel Pinter aber nur ein, dass "*sich bisher noch niemand schriftlich bei Budapest beschwert habe.*"

Na dann: "Hallo Budapest, kannst du das lesen? Ich beschwere mich hier mal, so schriftlich wie prophylaktisch. Du weißt schon warum! Liebe Grüße, deine Angela!"

17.07.2015

Eigentor

Auf dem Weg zu neuer Größe hat das Militärregime des Urlaubs- und Drogenparadieses Thailand neue Normen für Körpergröße und Geisteskraft ausgerufen, hauptsächlich wohl weil ihnen ihr eigenes Volk zu klein und zu dumm vorkommt. Männer, bisher im Schnitt 1,67m sollen auf 1,75m heranwachsen, Frauen von durchschnittlich 1,57m auf 1,67m. Gut, die Damen des schummrigen Gewerbes in Bangkok haben das Ziel natürlich schnell erreicht, denn die 8 Zentimeter holt man mit den handelsüblichen Nuttenspikes locker raus. Der Knüller aber, liebe Freunde der Hochintelligenz im thailändischen Militär, ist die ebenfalls geplante Anhebung der durchschnittlichen Denkschwäche auf einen IQ von 100! Was ja ein klitzekleines Problemchen darstellt, da der Wert *100* nunmal immer den Durchschnittswert darstellt, egal wie schlau oder blöd das Volk ist.

Die beste Lösung für dieses Dilemma sieht leider so aus: Ein paar von Euch Niveaulimbo tanzenden Militärhirnis wandern nach Nordkorea aus, wodurch sich in beiden Ländern der IQ erhöht, obwohl er bei 100 bleibt. Verstanden?

18.07.2015

Schildbürgerstreichergebnis

Wenn man sich in einer deutschen Kleinstadt vor etwas fürchten muss, dann vor Lokalpolitikern, die sich von internationalen Rechtsanwaltskanzleien besonders schlaue Deals mit amerikanischen Investmentbanken einflüstern lassen. So zum

Beispiel das Sparschwabentrio der Bürgermeister von Heidenheim, Aalen und Schwäbisch-Gmünd, die allesamt im Jahr 2002 ihre Abwassersysteme an eine eigens von der Bank of America in den USA gegründete Gesellschaft verleast und wieder zurückgeleast haben. Weil ihnen beim sogenannten Cross-Border-Leasing durch internationale Steuergesetze ein toller Barwertvorteil von einmalig 3,5 Millionen €uro zuteil wurde. Blöderweise gehört es zu den "*von den Städten gut zu kontrollierenden Bedingungen*" (so die int. Rechtsverdreherkanzlei, haha!), dass die im Hintergrund garantierende einheimische Bank mit mindestens AA+ bewertet sein muss. Was die aber in Folge der von den Amerikanern ausgelösten Finanzkrise nun seit 2013 nicht mehr ist. Seitdem sucht die Stadt Heidenheim verzweifelt nach einer anderen Bank, die so dumm ist, in dieses Geschäft einzusteigen – vergeblich!

Das ist jetzt aber mal blöd! Steht doch in den Papieren, dass für den Fall, dass die Stadt eine der Bedingungen nicht mehr erfüllt, der Vertrag innert fünf Banktagen aufgekündigt werden kann und an die Amis eine Auflösungsentschädigung gezahlt werden muss. Sollte das zum Beispiel jetzt passieren, müsste Heidenheim 57,5 Mio$ Strafe bezahlen, auf die ein Abzug von etwa 25 Mio$ aus bezahlten backleasing Gebühren angerechnet würde.

Macht nach Adam Riese abzüglich der 3,5 Mio€ Barwertvorteil summasummarun einen Verlust von knapp 26,5 Mio€ für die Heidenheimer Schlauschwaben. Dafür müssen sie mit verdammt vielen Säcken Licht einfangen und mit Gewinn an dunkle Länder verkaufen.

19.07.2015
Unsymphat des Jahres
Es ist Mitte July vielleicht noch zu früh, um ein endgültiges Urteil zu fällen - zumal die Achse des Blöden nun wirklich mit jeder Menge Asympathen aller Herren Länder, Banken und Fußballverbände aufwarten kann. Aber der bis dahin völlig unbekannte *Paul Pelton* gehört sicher zu den Top-Anwärtern auf die Krone der Verachtung.

Als vor ihm die beiden Teenager *Zachery G* und *Cameron F.* (beide 17) schwer verunglücken, klettert er auf den Rücksitz des Wracks und filmt mit seinem Handy ungerührt den Todeskampf der beiden Schüler und beschimpft sie als rasende Idioten - um das Videomaterial direkt danach gewinnbringend an diverse Nachrichtensender zu verkaufen. "*Wir haben versucht ein Vergehen zu finden, für das wir ihn zur Rechenschaft ziehen können*" gesteht Kriminalbeamte Buddy Sivert: "*aber es ist kein Verbrechen, sterbende Kinder zu filmen und das Material nachher an Sender zu verkaufen!*" Bleibt ein Bußgeld von 250$ für "*Eindringen in ein fremdes Fahrzeug und das unerlaubte Betreten eines Tatorts*". Tja, liebe Amis, da empfehlen wir doch mal so praktische Paragrafen aus unserer heimischen Produktion wie z.B. Unterlassene Hilfeleistung!

Auf Platz zwei könnte es übrigens die am Mittwoch zurückgetretene Vizefinanzministerin des lustigen Schuldenstaats Griechenland bringen: die große Patriotin *Nadja Valavani* hat ihre Mutter einen Tag vor Einführung der Kapitalkontrollen vor akuter Bargeldknappheit gewarnt, so dass diese noch schnell mal einen Notgroschen von 200.000€ abgehoben hat, bevor die Bankautomaten auf 60€ umgestellt wurden. Da sage noch mal einer, jedes Volk hat die Regierung, die es verdient.

20.07.2015

Noch ne Alternative

Freund Professor Bernd und selbsternanntes Alfa-Tier Lucke haben mit sich in Personalunion mal wieder eine Partei gegründet, diesmal mit dem putzigen Namen *Allianz für Fortschritt und Aufbruch*. Und das ist ja nicht so die richtige Reihenfolge, also so rein sprachlich. Wahrscheinlich sollte es erstmal nur *Allianz für Fortschritt* heißen, aber die Abkürzung *ALF* kam bei den Liebhabern komischer Extraterrestrischer nicht so gut an. Dann hat man eben noch einen *Aufbruch* hineingehängt, weil *ALFA* so schön nach Leitwolf, Beginn oder italienischen Sportwagen klingt. Dabei hat Lucke übersehen müssen, dass der Aufbruch auch semantisch für dem Fortschritt kommt, aber *ALAF* hat sich für eine seriöse Partei dann doch auch wieder zu sehr nach Karneval in Kölle angehört.

Das andeutungsweise bekanntgewordene Parteiprogramm von ALFA liest sich allerdings wie das von Luckes früherem Parteienversuch *AfD*: Euro Scheiße, Zuwanderungspolitik Scheiße, Technik- und Fortschrittsfeindlichkeit auch Scheiße! Also muss alles anders! Eben mit mehr Fortschritt und Aufbruch und wieder mehr Super-Lucke. Mal schauen, welches Gesoggs er diesmal wieder damit anzieht.

Im Zweijahresrythmus wird dann fröhlich ausgetreten und weiter neugegründet: *LED* - Lucksche Einheitspartei für Deutschland! *LAOLA* - Lucksche Arbeiterpartei ohne lustige Arbeiter! *BLÖD* - Bildungsbürgerpartei für Lucke, Ökonomie und Dämonkratie. *AC/DC* - Alternativer Chaos für Deutschland Club! usw.

21.07.2015
Betreuungsbakschisch
Nachdem die Kollegen Volljuristen aus Karlsruhe mal wieder den anderen Kollegen Vollpolitiker anhand der Verfassung handwerkliche Mängel bei der Verfassung neuer Gesetze nachweisen mussten, wird mal wieder eine der Tiptopideen der bayrischen Landesregierung (*"Halleluja, Luja, sog I, Luja!"*) zurück ins Reich der Seehoferschen Fantasie verwiesen. Und dort ist die Herdprämie erfahrungsgemäß gut aufgehoben, macht sich lang und breit und quillt sofort wieder hervor: Wenn das also Länder- statt Bundessache ist, dann werde Bayern das halt im Alleingang nur für Bayern einführen - allerdings mit dem klaren Hinweis darauf, wo das Geld dafür herkommen soll: nämlich vom Bund!

Tja, mein lieber Herr Freistaatverweser, wäre schon schön, wenn die Welt so einfach gestrickt wäre, dass man selber genau gut reinpasst: *"Der kleine Horst möchte bitte am Haupteingang vom Verfassungsgericht abgeholt werden!"*

22.07.2015
Originalfassung
Was sich ja an sich schon immer wie ein schlecht vorbereiteter Archäologenwitz anhört, ist mal wieder an der Universität Birmingham geglückt: bei zufälligen Ausgrabungen in der eigenen Bibliothek gelang ein sensationeller Fund - eines der ältesten Manuskripte des Korans, die es überhaupt gibt, wurde an der Uni entdeckt. Nach Radiokarbonmethode wurde das Pergament zwischen 568 und 645 nach Christus, also im Ernstfall, sogar kurz vor Mohammed hergestellt.

Und ja, Ihr Engländer, das ist sehr schlau: darauf hätte man ja auch selber kommen können. Im eigenen Bücherregal schnell noch mal die Originalfassung des Koran entdecken und den ISIS-Blutsbrüdern mal was geben, worüber sie ausnahmsweise so richtig kopfschmerzmachend gründlich nachdenken können. Denn in der neuentdeckten Urfassung steht mal so gar nichts von Flamme und Schwert, sondern was von Hammel und Pferd!

Und außerdem: Statt Dschihad will Allah eigentlich, dass alle Dschifahren lernen! Und die Mädchen sollen nur ihr Schamhaar bedecken, mit einem Feigenblatt, wie es seit langem Brauch war! Und noch viele andere kleine überraschende Änderungen, die den Topfforschern von der Uni Birmingham in langen, gut durchzechten Nächten erst noch einfallen müssen.

23.07.2015

Neuer Ansatz

Dass bei den Jungs von der National Riffle Assoziation das Resthirn schon seit Jahrzehnten Amok läuft, ist ja hinreichend bekannt. Und auch Präsident Obama zeigt seit Amtsantritt mittlerweile kaum mehr als kopfschüttelnde Verzweiflung über den "*Mangel an gesunden Menschenverstand*", mit dem auch der Kongress dank tatkräftiger Unterstützung der mächtigen Waffenlobby bisher jeden seiner Vorstöße in Richtung eines vernünftigen Waffengesetzes unterbunden hat. Heute schüttelte Obama sogar mal kopf, bevor wieder so ein meuchelpufferbewährter Bekloppter in ein Kino gestürmt ist, um erst Unbeteiligte und dann sich selbst dem Erdboden gleichzumachen. Also business as usual, wie die NRA sagen wird.

Ihr Hauptargument, neben dem über zweihundert Jahre alten Gesetz, dass jeder Amerikaner eine Waffe tragen dürfe, ist ja das Recht auf Selbstverteidigung. Und das wirft eine interessante Frage auf: warum hört man bei den regelmäßig veranstalteten Amokläufen eigentlich nie, dass sich die Opfer mal ebenfalls mit Feuerwaffen gewehrt hätten und den Amokläufer schon kurz vor dem Schultor den Garaus gemacht hätten? Hier müsst Ihr Waffenknallköpfe doch eigentlich PR-mäßig mal voll zuschlagen und den Menschen da draußen im Lande endlich klarmachen, dass es immer noch viel zu wenig bewaffnete Amis gibt, wenn außer dem Hauptirren niemand sonst bewaffnet zum Amoklauf erscheint. Da öffnen sich doch Marktchancen. Nichts zu danken für den Tipp. Ich erwarte 10% Gewinnbeteiligung von allen Handfeuerwaffenherstellern.

24.07.2015

Kevinismus

Ein klitzekleines Zensurskandälchen überschattet die diesjährige Wahl zum Jugendwort des Jahres. Ausgerechnet der aktuelle führende Begriff "*Alpha-Kevin*" wurde vom wahlveranstaltenden Verlag aus dem Rennen genommen, nachdem sich wohl eine größere Anzahl tief enttäuschter Kevins beim Verlag über die unstatthafte Verwendung ihres Vornamens *Alpha* massiv beschwert hatten. Teils mit Begründungen, die auch sprachlich nur den einen Schluss zu lassen: bei den Beschwerdeführern handelt es sich tatsächlich um waschechte *Alpha-Kevins*!

Prompt hat nun ein anderer Kevin eine online-petition gestartet, dass *Alpha-Kevin* sofort wieder in die Wahl aufgenommen werden müsse, da es nunmal ein stehender Begriff in der zeitgenössischen Jugendsprache sei. Und schließlich wird man ja den Dorftrottel nicht los, in dem man das Wort Dorftrottel aus dem Vokabular des Dorfes streicht. Genaugenommen erhöht das nur die Anzahl der Dorftrottel. Oder hab ich das jetzt für all die Alpha-Kevins zu kompliziert ausgedrückt?

25.07.2015
The Witzard of Os(-mania)
Hoppsala, diese Volldiplomaten vom neugegründeten Staat ISIS haben sich nun wieder einen neuen Feind gemacht; Ironischerweise einen, der sie jahrelang gewähren ließ, je sogar eher durch Passivität unterstützt hat, weil er auch gegen den Syrerknechter *Bascher al-Assad* ist. Und gegen die zur Autonomie strebenden Kurden im Nordirak und Syrien. Die Tage aber haben die Irren eine Bombe im türkischen Suruc hochgehen lassen und dabei jede Menge Kurden getötet. Gut, gegen die ist Freund Erdogan ja eigentlich auch, was er aber so nicht zugeben darf, denn schließlich ist er ja Präsident aller Türken.
Seit gestern wird also aus dem Himmel ernst zurückgeschossen, während die Polizei eine gründliche Bodenoffensive durchzieht und mal 250 Terrorverdächtige hopps nimmt. Und schon damit die ganze Sache vielleicht nicht doch noch eines Tages übersichtlich wird, galt die Polizeiaktion nicht nur den Terrorschwestern von der ISIS, sondern gleich auch noch bekennenden "*Sympathisanten des Links-Extremismus*" und – natürlich, ganz nebenbei – PKK-Anhängern. Die wiederum sind zwar in ein wichtiger Verbündeter gegen die ISIS-Schärgen, gelten aber nördlich der türkischen Grenze offiziell selbst auch als Terrororganisation. Wenn man also schon mal im Nebel des Konflikts auch noch ein paar Militärlager der kurdischen Freiheitskämpfer erwischen kann, warum nicht. Blöd nur, dass die genau mitgekriegt haben, wer da aus der Luft zu Besuch kam; und im Gegenzug den seit 2012 geltenden Waffenstillstand mit der Türkei nun aufgekündigt haben.
Und so geht Erdogan ziemlich beirrt den Weg soviel anderer, sich gnadenlos selbst überschätzender Möchtegernstaatsmänner, die ihr Volk erst ausnutzen, dann verarschen und schließlich spalten.

26.07.2015
Regelmäßiger Nachschub
Zwischen der jährlichen Verleihung der Darwin Awards an jene, die den menschlichen Genpool um die Weitergabe ihrer Dummheit erleichtert haben, und der Achsen des Blöden existiert ja unbestreitbar eine kleine Schnittmenge. Letzten Freitag

zum Beispiel starb die Dressurreitern *Christine Wels* an einem Schädelhirntrauma. Das immerhin war dumm und gerecht gleichzeitig, denn offensichtlich war die verurteilte Tierquälerin von einem kräftigen Schwinger ihres Hengstes ins Jenseits befördert. Die vorläufigen Topkandidaten für dieses Jahr sind aber zwei bayrische Naturburschen die letzte Nacht in ein Kulmbacher Freibad eingebrochen sind – um mal den einfachen Köpper vom zehn Meter Turm zu üben. Leider haben die beiden vergessen, vorher mal nachzuschauen, ob auch Wasser im Schwimmbad ist. Und trotzdem sterben die Dummen nicht aus.

27.07.2015
Kasper des Tages
Es kann einem ja schon angst und bange werden, wenn man sich so als Mann auf eine gewisse Altersgrenze zu bewegt. Aus irgendeinem Grund scheinen da bei einigen zwanghaft die Sicherungen durchzubrennen. Lord *John Sewel* zum Beispiel, Vizepräsident des House of Lords, hat Spaß mit Koks, Koksnutten und Koksnuttenbikinis und – sehr schlau – lässt sich dabei filmen. Nun wird er wahrscheinlich aufgrund von einem Verhaltenskodex, den er selbst für die Mitglieder des britischen Parlaments erarbeitet hat, als erster Lord in der Ägide von Queen Lizzy, der Zweiten, offiziell des Parlaments verwiesen. Auch Freund *Bernie Ecclestone*, schon seit längerem für einen regelmäßigen Demenzanfall gut, hat wieder einen rausgehauen und sich beim Rennstall von Mercedes bedankt, dass die Rennschwaben mal wieder ein Rennen verloren haben. Das hat zwar die gähnende Langeweile in diesem Asphaltschach und Unsinnssport nicht beendet, aber immerhin darf auch Ferrari mal wieder eine Magnumflasche Schampus über seinen Fahrer gießen.
Während sich *S. Berlusconi* unter der Woche als möglicher Wirtschaftsminister im kleinen lustigen Öl- und Gasreich seines Trinkkumpanen Putin ins Spiel brachte – was sogar der als Scherz auffassen musste –, nutzte der Nachwuchszar einen kleinen Moment der Aufmerksamkeit, um seinen Knutschkumpel Sepp Blatter für den Nobelpreis vorzuschlagen.
Er hat allerdings vergessen hinzuzufügen in welcher Kategorie: Chemie-Nobelpreis für die Erfindung eines Superklebers, mit dem man sich auf seinem Stuhl festpappen kann. Den Physik-Nobelpreis für die spielerische Überwindung jeglicher moralischer Schwerkraft. Oder doch den für Ökonomie, weil er bewiesen hat, dass man hunderte Millionen von schwarzen Schmiergeldern um sich herum zirkulieren las-

sen kann, ohne das die Schweizer Weste auch nur einen Fleck abbekommt. Immerhin, als diese Woche ein britischer Komiker die FIFA-Pressekonferenz enterte und Blatter mit größeren Summen Papiergeld bewarf, gab der alte Ekelschweizer öffentlich zu, dass dies *"has nothing to do with Football!"*
Während seine Mitarbeiter gewohnheitsgemäß zügig das am Boden liegende Geld zusammenrafften ...

28.07.2015
Glaskugelfrust
Ja, ich weiß, man kann ja nicht einerseits jeden Tag über die Blödheit der Menschen schreiben und dann doch wieder unangenehm überrascht davon sein. Aber wie ich es hasse, zu mir selbst "siehste" sagen zu müssen. Was vor wenigen Tagen im Ansatz zu erwarten war, aber wie immer mit den Hoffnung verbunden, es auszusprechen und niederzuschreiben könnte es vielleicht noch verhindern, ist seit heute tödliche Gewissheit: Prinz Erdogangster von Osmaniakkistan lässt seine offensichtlich persönliche Luftwaffe auf eigenem Staatsgebiet gegen die eigenen Bevölkerung Angriffe fliegen. Und schließt damit die Reihe mit anderen auf dem laut ISIS zukünftigen Staatsgebiet des ISIS herumtollwütenden Vorzeigelandesverrätern und lupenreinen Demokraten wie Assad, Hussein, Ghaddafi u.v.a.
Und, klar, auch das ist wie so vieles im Nahen Osten letztlich eine Folge der völlig verblödeten Weltaufteilungspolitik der Briten und Franzosen nach WK1, bei der grade Linien auf Landkarten gewachsene Strukturen und Volksgebiete beliebig ersetzt haben. Warum einem 20 Millionen Volk wie den Kurden kein eigener Staat zugebilligt wurde, bleibt ein Geheimnis, ein Ärgernis und führt dank solch Volksverächtern wie Erdogan in die nächste Verdammnis. Bin schon gespannt auf die Plattitüden, die das Verteidigungsbündnis NATO einem Mitglied zuflüstert, das nun einen Angriffskrieg im eigenen Land führt.

29.07.2015
Sag ja zum Veto
Freund Pu, der russische Bär, hat mal wieder seine weibliche Seite an sich entdeckt und besteht darauf, dass Nein auch Nein heißt. Oder Njet halt Njet!
Und das nicht in irgendeinem x-beliebigen russischen Bordell, sondern im UNO-Sicherheitsrat. Eine Institution, die sich genauso gut und ergebnislos mit der Sicherheit Italienischer Kleinwagen beschäftigen könnte. Und auch die Tatsache,

dass da so lustige Länder wie Angola, Holland oder Malaysia auch mal über was abstimmen dürfen, ändert nichts daran, dass immer einer der sogenannten Veto-Mächte sein Njet einlegt - und zwar egal worum es geht. Wenn die Amis dafür sind, sind die Russen dagegen und China enthält sich. Sind die Russen dafür, sind die Amis dagegen und China enthält sich. Sind die Chinesen mal für was, sind die Amis dagegen und die Russen besaufen sich - vor Glück, dass sie ausnahmsweise mal nicht die Neinsager sind.

Worum es heute ging? Ach, Kleinigkeiten. Die meisten Mitglieder des Sicherheitsrats hätte gerne ein unabhängiges Tribunal eingesetzt, das mal den Abschuss des Fluges MH17 über der Ukraine untersucht und den Schuldigen zur Verantwortung zieht. Einiges weiß man ja schon so gut wie sicher. Der Abschuss erfolgte aus Rebellengebiet mit einer russischen S-11 Rakete, die in den Waffenlagern der Ukraine nun mal nicht vorkommt.

Dass die neurussischen Rebellen das Trümmerfeld nicht wirklich für eine umfassende Untersuchung übergeben haben – schon damit niemand merkt, dass sie das Gepäck und persönlichen Gegenstände der Passagiere gefleddert haben. Dass die europäische Luftsicherheitsbehörde es nicht für nötig gehalten hat, Überflüge über ein Kriegsgebiet zu untersagen. Und viele kleine andere Unannehmlichkeiten mehr.

Wozu also noch ein Tribunal? fragt das Moskaus Botschafter *Witali Tschurkin* (ja, haha, der heißt wirklich so!) und legt pflichtgemäß sein Veto ein - weil er's kann. Und weil das ganz toll ist für Russland, wenn nie jemand mit Gewissheit behaupten kann, was alle Welt längst weiß: Wenn Putin *Nein* sagt, dann heißt das auch *Nein*!

30.07.2015
Au Wei Weia
Die britischen Behörden verweigern dem weltbekannten Künstler und chinesischen Regimekritiker *Ai Wei Wei* ein Geschäftsvisum für sechs Monate, weil er in seinem Visa-Antrag seine kriminelle Vergangenheit verschwiegen hat. Saß er doch wegen ernst gemeinter Äußerungen über das Pekinger Regierungssystem im Jahr 2011 für 81 Tage im Knast und hat erst vor wenigen Tagen seinen Ausweis wieder erhalten. Die britischen Behörden werfen ihm nun vor, dass es öffentlich bekannt sei, dass er *"früher eine Verurteilung in China erhalten habe!"*

Das aber, liebe Grenzwächter, ist ebenfalls öffentlich bekannt: Ai Wei Wei war weder wegen eines Verbrechens angeklagt, noch wurde gegen ihn prozessiert und am Ende wurde er sogar nicht mal ohne Verfahren verurteilt. Er wurde einfach nur mal so weggesperrt, weil er seinen Führern mächtig aufn Sack gegangen ist mit seinem ewigen Gequatsche von Freiheit für Menschen, Presse und Kunst. Ach, sowas gibt's in China? Ja, aber sicher doch. Erinnert Euch doch mal, wie die Rechtslage war, als Ihr da noch großflächig mit Opium gedealt habt. Also lange bevor Euer Weltreich zusammengefallen ist wie ein erschrecktes Soufflé.

Und was lernen wir daraus? Wenn Ihr schon eine dreimonatige Ausstellung in der Royal Academy of Arts mit Werken eines öffentlich bekannten Verbrechers macht, dann gebt euch doch nen Ruck und lasst ihn einreisen. Ihr könnt ihn ja dann auch verhaften und für die Dauer der Ausstellung in Gewahrsam nehmen.

Peking dankt's Euch sicher.

31.07.2015
Schiffe versenken
Ein völlig ungewohnte Einsicht zeigt der französische Staat und verzichtet auf die Ausführung eines vor Jahren beauftragten Rüstungsgeschäfts mit dem lupenreinen Pu. Zwei bereits angezahlte Hubschrauberträger der Mistralklasse, auf denen bereits russischen Marinesoldaten ausgebildet wurden, werden wegen des Diebstahls der Krim nicht mehr ausgeliefert. Stattdessen erstatten die Franzosen die Anzahlung, die Ausbildungskosten und die Kosten für eine neue Kaimauer in Sewastopol, die eigens für für die neue Schiffe angelegt wurde.

Während die Leitung der vaterländischen Marine etwas unglücklich über den Verlauf des Geschäfts ist, sieht Putin wahrscheinlich eher Vorteile. Erstens sind die Schiffe seit der Rubelabwertung eh deutlich teurer als geplant, zweitens hat man jetzt schon mal ausgebildete Seeleute, die so ein Mistral-Schiff fahren können, wenn es dann später erstmal geentert wurde und drittens gibt es sicher in Russland mittlerweile Leute, die viel bessere Schiffe bauen können.

Also viel bessere als das untergegangene Spionage-U-Boot, das die Schweden dieser Tage in ihren Gewässern entdeckt haben. Und sogar noch viel besser als das Raketentorpedoboot, dass sich bei seiner Indienststellung vor knapp zwei Wochen und der damit verbundenen Demonstration seiner Feuerkraft im Hafen von Sewastopol fast selbst zerstört hätte.

Auf einem youtube-Video kann man sehen, wie der aus dem Raketenwerfer abgefeuerte Torpedo wie eine von 30 Matrosen geworfene Riesengurke aus der Rampe purzelt, während sich die Treibraketen in unterschiedliche Richtungen aufmachen um irgendwo unkontrolliert aufschlagen. Und wenn das tolle Schiff jetzt noch ein paar Knoten mehr draufgehabt hätte, wär es direkt auf den eigenen Torpedo aufgefahren und hätte sich in der Hafeneinfahrt selbst versenkt.

Und ja, ganz ehrlich, ohne Häme oder lustige Hintergedanken, so stellen wir uns die russische Marine am liebsten vor.

AUGUST

01.08.2015
Alles wird besser!
Nach dem halbwegs verunglückten Umbau des russischen Sommersauseschwarzmeerkaffs Sotchi zum olympischen Winterkurort hat jetzt die chinesische Hauptstadt den Zuschlag für die Spiele 2022 bekommen. Gut: einige Stadien von den Sommerspielen können problemlos zu Eishallen umgerüstet werden. Schlecht: in Peking gibt es keine Berge und keinen Schnee!
Aber egal, Berge kann man bauen und Schnee kommt aus Kanonen. Trassen für Superschnellzüge ins nächste Mittelgebirge waren eh geplant, denn der gelbe Hauptstädter fährt gerne mal ins 100km nördlich gelegene Mittelgebirge, weil es da ja sowas wie Schnee geben soll. Und Dörfer, die aus dem 18ten Jahrhundert dringend in die Neuzeit geholt werden sollen. Ja, was aber ist mit Menschenrechten, Pressefreiheit und so Sachen.
Auch Alles kein Problem mehr, denn Dank der total schlau ausgedachten Agenda 2020 des neuen IOC-Präsidenten und Vorzeigedeutschen *Thomas Bach* haben sich die Organisatoren jetzt schriftlich dazu verpflichtet, am Deutschen Wesen zu genesen und dieses neumodische Demokratiezeugs einzuführen. Zumindest für die Zeit der Winterspiele.
Denn genauso wie die FIFA hat es die olympische Familie eigentlich gründlich satt, immer nur in totalitären Staaten stattzufinden – weil das scheinbar mittlerweile die einzigen sind, die ihren Leuten befehlen können, das uneingeschränkt gut zu finden. Koste es, was es wolle.

02.08.2015
Internet mit Löwenherz
Nachdem der amerikanische Zahnarzt *Walter Palmer* nach 50stündiger Jagd auf Cecil, den Löwen, eben den "*aus Versehen*" getötet hat, hat ein internationaler Shitstorm in den letzten fünf Tagen tatsächlich die Welt ein klein wenig verändert: der amerikanische Kongress verändert sein Gesetz zur Einfuhr von Wildtiertrophäen, die Regierung von Simbabwe verbietet die Jagd auf Großwildtiere wie Löwen, Elefanten und Leoparden und verlangt die Auslieferung des Löwenmörders Palmer. Der wiederum ist seit Tagen untergetaucht; was in seiner Praxis jetzt auch

keinen weiteren Schaden verursacht, denn der größte Teil seiner Kunden, die ihm in den letzten 20 Jahren ermöglicht hat, regelmäßig 50.000$ Abschussgebühr für angeblich geschützte Tiere aufzubringen, hat sich dem Protest angeschlossen und sich einen neuen Kariesklempner gesucht.

So weit, so gut, liebe Netzgemeinde. Dann können wir uns jetzt mal den nächsten Problemen zuwenden: Erdogan, Kim Yong Un, Donald Trump, Pu Bär, Polizeigewalt in den USA, ISIS – ach was, Ihr treuen Shitstürmer, sucht Euch doch einfach was aus – aus der Achse des Blöden!

03.08.2015

Circulo Witzioso

"Unsere Generation könnte die erste sein, die die Armut ausrottet, ebenso wie wir die letzte sein könnten, die die Chance hat, den Planeten zu retten!" heißt es im neuen Aktionsplan der UNO, der in 17 Zielen und 169 Unterpunkten darlegt, wie man bis 2030 die Armut ausrottet und die Erde rettet. Das Schöne an diesem genialen Plan ist aber, dass die Armut auf jeden Fall ausgerottet wird, zum Beispiel wenn es der letzten Generation nicht gelingt, die Erde zu retten. Und wie immer, wenn die UNO was wochenlang berät und verabschiedet, sollen *"die 17 Ziele ab Neujahr gelten"*, *"die Umsetzung ist aber freiwillig"* und *"entscheidend ist die Finanzierung!"*.

So, liebe Eltern, wir machen die Welt wieder heil, die Ihr kaputt gemacht habt. Und es fängt damit an, dass wir wieder alle zuhause einziehen. Ab Neujahr kocht Mutti wieder regelmäßig für uns, die Umsetzung ist aber freiwillig und finanziert wird das aus Muttis Haushaltsgeld. Ich denke mal, so kann das klappen.

Da bin ich spontan sehr zuversichtlich ...

04.08.2015

Terra Forming

Wer auch vor seinem Fenster eine große graue, ständig an das Gefühl der Depression mahnende Wand hat, kann Herrn *Zighang* aus Chongqing in Südmittel-Chinesien gut verstehen. Genervt von dem ewig tristen Ausblick auf nichts als fünfzig Schattierungen von Grau organisierte sich Herr Zighang eine paar Hilfskräfte, mehrere zehntausend Liter giftgrüne Farbe und malte den Berg vor seinem Fenster an; aus Gründen des Feng Shui und der allgemeinen Ästhetik.

Die von besorgte Umweltschützen herbeigerufene Umweltschutzbehörde untersucht den Fall und stellt fest: ja, der Berg ist jetzt giftgrün! Ist aber sonst ratlos, da es sogar im einfallsreichen chinesischen Gesetzbuch keine Vorschrift gegen das großflächige Bemalen der Landschaft gibt, schon gar nicht wenn der Initiator nun behauptet, dass es sich um ein Kunstwerk handele. Umweltverschmutzung liege wohl auch nicht vor, da es sich beim Giftgrün um biologisch abbaubare Farbe handelt - was zumindest erklärt, warum Kinderspielzeug und Küchenutensilien aus China grundsätzlich mit giftigem Lack gefärbt werden müssen, wenn alle biologisch einwandfreie Farbe zum Berganmalen benutzt wird.

Denn Herr Zihgang ist nicht der erste, der auf diese weltverschönernde Idee kam. Schon 2007 haben Stadtplaner in der Provinz Yunnan einen Berg giftgrün anstreichen lassen - um mehr Touristen anzulocken. Wahrscheinlich nach einem berühmten Vorbild; denn wenn ich mal an den Ayer's Rock in Australien denke, dessen rote Farbe kam mir auch schon immer ein bissi unnatürlich vor. Schlau, diese Aboriginies!

05.08.2015
Frauen im mittleren Osten

"*Ich dachte, ich könnte ein bisschen von meinem Feminismus in dieses Video stecken!*" sagt Filmproduzentin *Kelly Madison* über ihren neuen Film, den sie gemeinsam mit Ehemann *Ryan* veranstaltet hat: "*Die aufgezwungene Verhüllung sei nicht nur eine Unterdrückung der sexuellen Freiheit der Frau, sondern auch ein Symbol für all die Menschenrechtsverletzungen an diesen Frauen, wie Vergewaltigung und häusliche Gewalt!*"

Ja, das wär ja alles vielleicht gar nicht mal so ins Unreine gedacht, wenn es sich bei Kellys selbstgedrehtem Menschenrechtsepos nicht um einen gemütsschlichtem Hardcore-Porno mit dem Titel "Frauen im mittleren Osten" handeln würde, bei dem nicht nur voll dominante Frauen arabische Männer unterdrücken (Kelly: "*Stereotype sollen untergraben werden!*"), sondern die Hauptdarstellerin neben Lack- und Lederdessous eben trotzdem einen gesichtsverhüllenden Niqab trägt.

Das scheint Frau Madison nicht ganz zu Ende gedacht zu haben. So sehen es auch die Experten ("*Völliger Quatsch!*") wie Frau Professor Shírazi, für die "*eine verschleierte Frau auch eine starke Frau sein kann, die ihre Sexualität nicht in der Öffentlichkeit zeigen will und sich stolz ein gutes Beispiel einer muslimischen Feministin nennt!*"

Eine Kritik, die Frau Madison locker kontert: "*Es ist nicht so, als hätte ich großartig recherchiert, aber ich meine, hey, es ist ein Porno!*" Darüber den Mantel des gebrochenen Schweigens.

06.08.2015
Mundräuberhauptmann
Man denkt sich ja immer, oder vielleicht hofft man es auch nur, dem GröZaZ würde mal so langsam die blöden Ideen ausgehen; aber weit gefehlt. Auch diese Woche veredelt Pubär seinen Trieb, in der Achse des Blöden vermessen zu werden, mit einer volksverachtenden Idee: Immerhin, diesmal verachtet er wenigstens sein eigenes Volk.

Geschätzte 18 Millionen Russen leben unter der Armutsgrenze und Herr Generalarschall befiehlt hunderte Tonnen von aus dem Westen importierte Lebensmittel unterzupflügen oder gar zu verbrennen, und zwar in eigens dafür teuer angeschafften Spezialöfen, in denen Schweizer Käse auch wirklich verbrennt und nicht zu Fondue wird. Vorschläge, die Lebensmittel besser an Bedürftige zu verteilen oder damit Russen in den besetzten gebieten der Ostukraine zu füttern, laufen ins Leere. Auch dass sich selbst hochrangige Gefolgsleute leicht entsetzt über die Vernichtung von Obst, Gemüse und Fleisch zeigen, ficht ihn nicht an. Er will dem Westen zeigen, dass er sich weder von Wirtschaftssanktionen des Westens noch von den Appellen der eigenen Gutmenschen beeindrucken lässt. Aber irgendwie muss er dann doch auf die Proteste reagieren, also lässt er seinen Regierungssprecher Peskow verlesen, dass "*die Lebensmittel vernichtet werden müssen, weil sie gesundheitsgefährdend seien!*" So zu Beispiel der französische Wein! Ah ja! Mais oui, d'accord, tres dangereux!

07.08.2015
Bobby an Bord
Der englischen Regierung sind die Auftritte alkoholbegeisterter Partygänger auf den Stränden, an den Bars und in den Diskotheken der Balearenineseln Ibiza und Malle so peinlich, dass sie nun eigene Polizisten zur Verstärkung der spanischen Ordnungshüter ins suff-geschwängerte Testgelände für Gleichgewichtsstörungen, Speiseröhrenerkrankungen und Moralkompasse schickt. Vor allem sollen die britisch sprechenden Patrouillieure ihre einheimischen Kollegen dabei unterstützen um den aktiven Tauschhandel der englischen Touristen – Alkohol gegen Mutpro-

ben (vom Balkon springen), Alkohol gegen sexuelle Gefälligkeiten in der Öffentlichkeit und Alkohol gegen Vorwände für eine zünftige Schlägerei – zu unterbinden. Ja, typisch Engländer halt. Aber kein Grund jetzt die Nase zu rümpfen, denn die deutsche Polizei ist schon seit Jahren auf Malle und versucht verzweifelt, Sangria-Eimer-Wetttrinken und Malle-Schlagermusikabende zu unterbinden.

08.08.2015
Spiegelneuronenverwirrung
Er trinkt täglich vierzehn Flaschen Wein, hat sich als Zehnjähriger schon an pädophile Männer als Liebhaber verkauft und außerdem killt er nicht nur Löwen in Afrika, sondern verschlingt sie nachher auch noch. Alkoholzombie *Gerard Depardieu*, der seit seinen Auftritten als Obelix anscheinend den Kontakt zur Welt außerhalb von Comics verloren hat, verwandelt sich selbst immer mehr ein wildtierfressendes, ebenso übermütiges wie übergewichtiges Kleinkind, das dann für seinen neuen Landesherrn Zar Pu mal so täuschend echte Meinungen verbreitet wie "*Die Ukraine ist ein Teil von Russland!*"
Kein Wunder, dass ihn der ukrainische Geheimdienst als Gefahr für die innere Sicherheit einstuft, schließlich könnte er binnen weniger Tage den gesamten Löwenbestand des Kiewer Zoos und sämtlichen Regierungsalkohol vernichten. Und was bliebe denn dann der Ukraine noch?
Aber, keine verwegene Idee könnte so verwegen sein, dass sie nicht noch mit Leichtigkeit von einem Politiker locker überblödet wird. In diesem Fall vom russischen Abgeordneten *Franz Klinzewitsch* von der Putinzustimmungspartei Geeintes Russland, der die Rote Karte gegen den zur Riesenqualle aufgeschwemmten Exfranzosen und einigen anderen Russen entrüstet als "*Bestrafung kritischer Menschen*" moniert, deren "*ganze Schuld darin bestehe, dass sie sagen, was sie denken!*"
Oha, solche Einsichten hört man gerne von so einem Pubär-Yesmen. Dann wird ja in Russland jetzt alles besser.

09.08.2015
Das gewöhnliche Geschäft
Heute ist mal wieder so ein Tag, wo keine Blödheit besonders herausragt; ins Auge sticht allenfalls, dass von 15 von 25 Schlagzeilen verdammt an Schlagzeilen erinnern, die man schon sehr oft gelesen hat: In der Nähe von Houston, Texas, hat

wieder so ein unterbewaffneter Freiheitskämpfer (NRA) 8 Leute erschossen. Die Polizei von Arlington (auch Texas) hat zum Ausgleich mal wieder einen unbewaffneten Teenager erschossen, dessen einziger Verstoß gegen die texanische Ordnung wohl in seiner Hautfarbe lag. In Kalifornien und Portugal brennt's, im Irak erlässt das Parlament das soundsovielte Gesetz gegen Korruption. Bei einer der traditionellen Stierhatzen in Spanien erlegt mal wieder ein Stier einen Läufer, im Yellowstone Nationalpark greift sich ein Grizzly einen unvorsichtigen Wanderer. In Taiwan und China fegt Taifun Soudelor mal durch und hinterlässt drei Handvoll Leichen und Stromausfälle. Heute wurden die Flüchtlinge im Mittelmeer mal wieder gerettet statt versenkt, in Lybien ist eine Autobombe explodiert und unser Altkanzler Kippen-Schmidt wurden aus dem Krankenhaus entlassen: man hat ihn mal testweise für gesund erklärt, nach dem sich hunderte Asthmatiker wegen des Zigarettenrauchs beschwert hatten.

10.08.2015
Ehrenvolles Fischfutter
Was so eine richtige Monsterbestie von einem Vater ist, wissen die Opfer von Ehrenmorden nur zu gut. Ein Unfassbarwichtigtuer, dem die Ehre seiner Tochter angeblich soviel wichtiger ist als die eigene, sowieso komplett eingebildete, da nicht vorhandene.

So wie der asiatische Tourist, dessen Identität von der Polizei in Dubai wahrscheinlich aus Gesichtswahrungsgründen nicht bekanntgegeben wird, der die Rettungsschwimmer davon abgehalten hat, seine sich im wohl schon im heirats- aber noch nicht schwimmfähigen Alter befindliche Tochter vorm Ertrinken zu retten. "*Es sei ihm lieber*", so wurde der Mordspapi zitiert: "*seine Tochter sei tot, als dass sie von fremden Männern entehrt werde!*"

Klar, alter Schwachkopf und Kindstöter, wo so ein Rettungsschwimmer mitten im Meer auch nichts besseres zu tun hat, als sein Ding in das Mädchen zu stecken, damit sie nicht untergeht. Machen die nämlich sonst immer. Hab ich selbst im Fernsehen gesehen: bei diesem Hasseldoof oder wie der heißt. Da ist sofort alle Ehre kaputt. Und vernichtet, auf Generation hinaus, und auch rückwirkend!

Und apropos Dubai; da du dich ja selbst mit dieser Tochterehrenproblematik ganz gut auskennst, warum gibt es dann keine weiblichen Rettungsschwimmerinnen an deinem Strand? Weil das ja Frauen wären?

Oder einfach nur weil die in so nem roten Burkini unfassbar blöd aussähen, wie sie da in Zeitlupe über den Sand hüpfen?
Oder hättest Du Bedenken, dass die sich dann wie ihre männlichen Kollegen in deinen Diensten auch so leicht davon abhalten ließen, ihren Job zu tun und Rettung zu schwimmen, obwohl so ein Rumpelstilzchen von Vater auf dem Strand rumspringt und verlangt, man möge seine Tochter doch bitte lieber ersaufen lassen?

11.08.2015
Versuch macht kluch!
Die Mitarbeiter der US-amerikanischen Umweltschmutzbehörde EPA können sich eine neue Bedeutung für ihr Kürzel ausdenken; sowas wie Eskalation, Panne, Apokalypse könnte passen. Nachdem sie bei der Untersuchung einer stillgelegten Goldmine ein Rückhaltebecken für deren Abwasserschlämme angebohrt haben, flossen nun 11 Millionen Liter mit allerlei Schwermetallen verseuchtes Wasser in den vormals so schön blaugrün dahintänzelnden Trinkwasserfluss Animas und verwandelten ihn auf 160 Kilometer in eine senfgelbe, ungenießbare Bracke.
Und das ist erst der Anfang, denn in wenigen Tagen wird der Klärschlamm samt Kadmium, Blei, Aluminium, Kupfer und Arsen über den San Juan Fluss in den weltbekannten Colorado River fließen und von dort aus in den Lake Mead, der unter anderem die einzige Trinkwasserquelle für Las Vegas ist.
Gut gemacht, ihr EPAs. Tiptop-Umweltschutz.
Eigentlich nur noch übertroffen vom fleißigem Japaner, der just am selben Tag - etwa vier Jahre nach der Katastrophe von Fukushima und rechtzeitig zum Gedenken an die Kernbombenversuche der Amis über Hiroshima und Nagasaki - sein Atomkraftwerk Sendai wieder in Betrieb nimmt. Wird sicher gut werden.

12.08.2015
Todschick
Die eine oder andere Branche kommt auf der Suche nach nichtgenutzten Reklamemöglichkeiten ja auf Ideen, die offensichtlich durchaus von einer ungewollten Komik sein dürfen. So auch ein online-Portal zum Preisvergleich unter deutschen Bestattern, dem das eigenen Geschäft wohl irgendwie zu traurig, trocken und unsexy vorkam; weswegen man sich entschieden hat, unter dem wirklich waghalsi-

gen Titel "*Miss Abschied*" die schönste Bestatterin Deutschlands zu suchen und pressewirksam im Stile einer Weinkönigin zu küren.

Und ja, auf Beerdigungen wird ja auch viel geweint, warum also nicht die 33jährige *Rahel Merks* aus der schwäbischen Gemeinde Lauchheim (Leichheim hätte besser gepasst!) mal im schwarzen Rock und weißer Rüschenbluse zum Schönsten wählen, das der Verstorbene nicht mehr zu Gesicht bekommt. Damit da mal mehr Stimmung aufkommt. Die Bikinirunde entfiel.

13.08.2015
Ästhetik des Grauens
Wo sich religiöse Wirrköpfe in Afghanistan, Pakistan und im vorderen Orient immer soviel Mühe mit plumpen Autobomben und anderen selbstgebastelten Bummzeuchs geben, sorgt der Chinese in der Hafenstadt Tjanjin einfach nur durch intelligente Lagerung von explosiven Stoffen neben größeren Mengen entflammbarer Chemikalien auf ein und demselben Gelände für ein entsprechendes Hochgeschwindigkeitsereignis mit der Sprengkraft von 21 Tonnen TNT. Gefolgt von mehreren kleineren Bumms, die vielleicht sogar durch Löscharbeiten ausgelöst wurden - denn niemand hatte der anrückenden Feuerwehr verraten, dass das dort gelagerte Natriumcyanid beim Kontakt mit Wasser explodiert. Und wie immer wo Diktatur und Korruption Hand in Hand die Straße hinunterspazieren, wurden auch hier die giftigen und explosiven Gefahrenstoffe erstaunlich nah an von der Regierung gebauten und an ahnungslose Bürger verkauften Wohngebieten gelagert; mit dem Ergebnis, dass Wohnhäuser einstürzten, tausende von Zivilisten zu Schaden kamen und 100 und ein paar Zerquetschte von ihnen ihren letzten Atemzug taten. Aber wie sagt ein LKW-Fahrer, der das Ganze aus sicherer Entfernung beobachtet hat, so treffend: *"Ich hätte nie gedacht, dass ich so was mal sehen würde. Es war furchteinflößend und gleichzeitig bizarr schön!"* Also so wie China als Staat halt.

14.05.2015
Protokollarischer Kitsch
Ach, manchmal, so in wenigen Augenblicken, ganz geheim und tief innen drin, eben halt manchmal beneidet man sie doch, die Amerikaner – für ihre Fähigkeit zur dramatischen und sentimentalen Geste. Über fünfzig Jahre nachdem drei junge Marine-Infanteristen die Flagge vor der US-Botschaft in Havanna anlässlich der Beendigung der diplomatischen Beziehungen und Schließung der ständigen Ver-

tretung eingeholt haben, sammeln sie genau diese drei Rentner ein, stopfen sie in ihre Uniformen zurück, fliegen sie samt Außenminister *Kerry* in die Kubanische Hauptstadt und lassen sie eben dort das Sternenbanner wieder gen Himmel ziehen. Und ja, natürlich ist das verdammt viel Hollywood, Tränendrückmaschine at its best, aber eben auch mit dieser Lockerheit der Geste, die bei Russen, Chinesen oder anderen militaristischen Gesellschaften irgendwie so verklemmt und gewollt rüberkommt. Und da muss man sie ja auch mal loben, die Amis - auch wenn es verdammt peinlich ist, dass sie als Supermacht 54 Jahre gebraucht haben, um mit dem hypergefährlichen und bis an die Zähne entwaffneten Tyrannenstaat Cuba wieder ins Gefühl zu kommen.

15.08.2015
Vamos a la Playa
Seit dem Ausgang des sogenannten Salpeterkriegs (1879-1884) zwischen dem vanilleschotenartigen Küstenland Chile und dem sich vorzugsweise in großen Höhen abspielendem Nachbarn Bolivien darf sich eben jenes Bergland das zweite Binnenland Südamerikas nennen; was es aber sehr wiederwillig tut, denn eigentlich hätten die Boliver gerne ihren Meereszugang wieder zurück. Sehr gerne. Schließlich sind ihre Staatenrechtsjuristen jederzeit bereit darzulegen, dass es sich bei Krieg und Landnahme um einen völkerrechtswidrigen Übergriff der Chilenen gehandelt habe und man die Uhren diesbezüglich mal locker um 136 Jahre zurückdrehen müsse.
Allerdings ungern bis 1825 zurück, weil Bolivien da den Küstenstreifen der Atacama-Wüste besetzt und dort 1830 die Hafenstadt Cobija gegründet hat und 1877 an ein Seebeben verloren hat; weswegen der bolivianische Hafen nach Antofogasta verlegt wurde, das 50 Jahre später schon zu 95% von Chilenen bevölkert war. Und wenn man auch hier mal wieder dahinterschaut, wie der ganze Streit zwischen den ehemaligen Kolonien und Vizekönigreichen Spaniens mal angefangen hat, dann findet man ganz ähnliche Gründe wie heute im Vorderen Orient.
Da standen mal wieder ein paar hochrangige Herrschaftsvertreter um einen Kartentisch herum und haben wahllos Grenzen gezogen und Staatsgebiete umverteilt. Wie immer: sehr vorausschauend!
Und was machen die Chilenen, die den fünfjährigen Salpeterkrieg locker für sich entschieden haben? Die singen. Jedesmal. Immer wenn sich die ehemaligen Sal-

peterkriegsgegner in irgendwelchen Sportstadien der Welt begegnen, singen die Chilenen. Immer dasselbe Lied: *Lass uns zum Strand gehen!*
So pflegt man nachbarschaftliche Beziehungen ...

16.08.2015
Keine Ahnung von praktischer Energiepolitik
Der erste flächendeckende Regentag seit langem tut nicht nur der verdörrten Natur gut, sondern sollte doch auch dem Stromkunden zu Gute kommen? Aber dieser blöde Sommer mit seinen vielen Sonnenstunden sorgt für reichlich Wirbel im Stromnetz. Denn Sonnenstrom hat Vorfahrt und wenn soviel davon ins Netz gepumpt wird, müssen die konventionelle Kraftwerke runtergefahren werden. So weit, so sinnvoll; um nicht zu sagen, das oder etwas so ähnliches war doch der Sinn hinter der Energiewende, oder? Weg von der Brennstoffverstromung hin zur flächendeckenden Versorgung durch Sonne und Wind. Das Blöde daran ist nur, dass das Runterfahren ihrer Kraftwerke den Energiekonzernen Kosten beschert. Und hier wird's jetzt etwas merkwürdig, sodass ich lieber ein paar Fragen und Zitate einbaue: Wenn ich weniger verbrenne, spare ich doch eigentlich Material ein, muss also weniger ausgeben? Dachte ich bisher.
Aber bei diesen Redispatch genannten Eingriffen sparen die Konzerne nicht etwa nur Brennstoffe, sondern *"sie werden auch noch dafür entschädigt, dass sie 5745 Megawatt (Tagesleistung von 4 Atomkraftwerken) nicht ins Netz einspeisen"*, und das muss ja auch belohnt werden. Damit aber nicht genug. Am Ende geht es auch den Endkunden an den Geldbeutel, denn *"sie (die Effekte aus dem Redispatch) sind teuer, weil die Stromkonzerne dafür entschädigt werden. Und die geben die Kosten an die Verbraucher weiter."* Zur Zeit beim Netzbetreiber 50Hertz etwas 2,5 Millionen Euro am Tag. Häh?
Und schon ist der Punkt erreicht, wo etwas, das unsere Politiker für ganz normale Gesetzgebung halten, mich an meinem gesunden Menschenverstand zweifeln lässt. Die Energiekonzerne sparen Brennstoff, erhalten dann Entschädigungen für nicht verkauften Strom, die aber soviel Kosten verursachen, dass diese dann wieder auf die Stromrechnung umgelegt werden müssen?
Mal ganz ehrlich: wenn mir jemand auf dem Wochenmarkt so ein Geschäft vorschlagen wurde, den würde ich erst auslachen und dann fragen, ob er tatsächlich glaubt, irgendwo mit dieser Verarsche durchzukommen. Oder ihm ernsthaft Prügel androhen, wenn er seinen frechen Vorschlag mehrfach wiederholt.

Man könnte aber auch die Solarzellen auf Deutschlands Dächern einfach wieder mit Pappe abdecken. Aber vielleicht bin ja auch einfach nur zu blöd, um die Logik hinter diesen Gesetzen zu verstehen.

17.08.2015
Die Liebe zum wichtigen Grund
Es ist für den modernen und medieninteressierten Amtsinhaber in so manchem Sonderreich schon unerträglich, immer wieder diese extrem verzerrten, von den detailgetreuen Abhandlungen der staatlichen Verkündungsorgane bösartig abweichende Darstellungen lesen zu müssen; womöglich noch welche, bei denen der eigene Name nicht nur in Zusammenhang mit Größe, Schönheit und Stolz der Nation genant wird. Ägyptenpräsident al-Sissi macht seinem Namen da auch gleich alle Ehre und zeigt sich ein wenig empfindlich, wenn Journalisten nicht die offizielle Darstellung von Terrorereignissen aber einszueins übernehmen. Diese Unsitte mit der eigenen Meinung wird dank dem heute in Kraft tretendem Gesetz mit Strafen zwischen 200000 bis eine halbe Million ägyptische Pfund belegt, also irgendwas zwischen zwei bis fünf Jahresgehältern eines mittleren Angestellten in der Tourismusindustrie.

Auch sehr lustig: nachdem in Russland ja eigentlich alle Demonstrationen, die nicht der Verherrlichung des GröZAZ und seinem geliebten Mütterchen Russland dienen, aus verkehrspolitischen oder technischen Gründen unterbunden werden, hat eine Bürgerrechtsbewegung darauf mit der Stellvertreterdemo reagiert: statt Menschen standen nun Spielzeugmännchen, Puppen und Teddybären mit winzigen Spruchbändern und Plakaten auf den Straßen am Roten Platz und sorgten für großartige Aufmerksamkeit. Zu blöd, dass es trotz der zügig erlogenen Schutzbehauptung der Polizei, der Stellplatz für das Spielzeug müsse dafür aber von der Stadt angemietet werden, im russischen Gesetz keine Handhabe gegen eine solche Teddydemonstration gab.

Ja, Sie haben richtig gelesen: gab! Denn eine solche Regelung wurde dann schnell erfunden und nun nochmal offiziell bestätigt: in Zukunft dürfen also keine Kinderspielzeuge mehr stellvertretend demonstrieren, und zwar weil "*die nur für den Hausgebrauch gedachten Spielzeuge im Falle eines Regenschauers gefährliche Chemikalien an die Kanalisation und das Trinkwasser abgeben*" könnten.

Und wieder hat Zar Vladi die Welt retten lassen.
Super!

18.08.2015

Finde deinen Namen

Im Teufelskreis der Moralvorstellungen haben Hacktivisten den Datensatz der Fremdgehplattformen Ashley Madison und Established Men *(Slogan: "Das Leben ist kurz. Gönn Dir eine Affäre!")* geknackt und – nach vorheriger Androhung, man werde alle Daten veröffentlichen, wenn die Betreiberfirma sich nicht freiwillig selber löscht und ihren unmoralischen Dienst an der Menschheit nicht einstellt – eben genau das getan: 32 Millionen Datensätze samt Kreditkartenbewegungen, aber ohne Kartennummern, ins Darknet gestellt.

"Zu schade um all diese Männer, sie sind nur betrügerische Drecksäcke und verdienen keine Diskretion!" lautet der Kommentar der leicht feministisch angehauchten Hackergruppe "Impact Team". Und was sie damit meinem wird deutlich, wenn man sieht, dass weit über 90% der Daten männliche Kunden sind. Und wie ich die Schlauköpfe von der Rosa Fraktion kenne, für die der Turnover von einem Hetero ein liebgewonnenes Hobby ist, ist ein Großteil der weiblichen Datensätze pure Travestie. Und, na gut, ein paar richtige Frauen sind da wohl auch angemeldet, aber das sind ja dann wohl eh alles nymphomanische Schlampen. *"Oder freidenkende Menschen, die sich entschieden haben, etwas völlig legales zu tun!"* wie die Plattformbetreiber ALM schreibt.

Viel wirkungsvoller dürfte aber die 90%+ Statistik auf die männliche Kundschaft wirken, die jetzt weiß, dass ihre Chance auf eine tatsächliche Affäre noch kleiner ist als das Leben kurz. Auf der anderen Seite: aus dem Verhältnis "10 Männer - eine Frau" ist ja auch das time-sharing-Modell des argentinischen Tango entstanden. Also wer weiß, wozu es gut ist.

19.08.2015

Wieder kein Gerxit

Deutschland, bzw. Deutschlands Politiker, bzw. Deutschlands führende Politiker haben entschieden: wir bleiben in der EU! Denn es lässt sich ziemlich gut Geschäfte machen, wenn man allein aus dem Ratinggefälle zwischen TrippleA und Cminor jede Menge Zinsen auf die Habenseite rechnen kann.

Auf der anderen Seite, klar, wenn der Plan auf lange Sicht eh schief geht *(siehe z.B.: Adenauer, Erhardt, Rentenumlageverfahren 19paarund60)*, weil man ja jetzt schon weiß, dass die Griechen das nie zurückzahlen werden können, wenn sich nicht der Berg unter der Akropolis plötzlich in pures Gold verwandelt, dann soll man wenigstens zusehen, dass man von der Hilfe profitiert, die man den anderen gewährt. Dass dabei einige Gesetze der EU und unzählige Politikerversprechen zu Bruch gehen, ach egal, auch daran gewöhnt man sich ja als Bürger – in Deutschland wie in Griechenland. Hier wird der ESM widerrechtlich belastet und aus der Währungsunion wird so langsam eine (Schulden-)Transferunion, dort unten muss Freund Tsipras nun genau das Gegenteil davon machen, was er im Januar noch seinen frisch verliebten Wählern versprochen hatte.

Aber, liebe deutsche Fernsehjournalisten, das ist alles keine Rechtfertigung, einen solchen Satz wie "Schäuble steht für Sparpolitik" rauszuhauen. Das ist einfach nur gemein. Denn Schäuble steht nicht, er rollt!

20.08.2015
Innenpolitisches Talent
Ab 19 Uhr 12 wird zurückgetreten. Was dieser Blatter kann, kann Alexis Tsipras schon lange. Erstmal ein Stückchen zurücktreten, damit die Leute mal merken, was ihnen da so verloren geht, wenn man da so ein gefährliches Machtvakuum in der Landschaft zurücklässt, danach in aller Ruhe die neuen Feinde aus den falschen Freunden aussortieren und sich dann dem zur Urne gerufenen Volke als strahlendes Moltofill für die selbst verursachten Breschen präsentieren. Für die europäischen Freunde heißt es da zum unendlich oft wiederholtem Male Ruhe bewahren, Gelassenheit zeigen, aussitzen. Und trotzdem fühlt es sich ein klein bisschen so an, wie wenn man am Monatsende einen Leasingvertrag für eine neues Auto unterschrieben hat und der Autohändler zum nächsten ersten wegen Geschäftsaufgabe ins Ausland verreist ist.

21.08.2015
Trainingszustand
Dass man auch mit den abgedrehtesten Glaubensempfehlungen und einer Tausendschar von freiwilligen Terrortouristen keine gut ausgebildete Armee zusammengekratzt bekommt, hat der ISIS heute mal wieder bei einem vereitelten Attentat auf die Passagiere im französischen Thalys Schnellzug von Amsterdam nach Paris einsehen müssen. Der vom Piratenstaat ausgesandte Terrorsolist *Al Khazzani* versuchte gerade auf dem Zugklo seine Kalashnikow durchzuladen, als ein zufällig vorbeikommender Marine-Infanterist das typische Geräusch erkannte, das so ein russisches Maschinengewehr macht, wenn es nicht richtig will wie es soll.

Und wenn man trotz mehrmaligem Trainingslager immer noch nicht kapiert hat, wie man das Ding richtig zusammensetzt. Zum Glück für die restlichen Fahrgäste waren zwei der drei amerikanischen Freunde im Zug da besser ausgebildet, erkannten die Gefahr und griffen beherzt ein. Seemann *Alek Skarlatos*, Luftwaffensoldat *Spencer Stone* und Student *Anthony Sandler* überwältigten den islamischen Fanatiker und, als der immer noch keine Ruhe geben mochte, "*schlugen ihn solange auf den Kopf, bis er bewusstlos war*". Nun, das dürfte nicht viele Schläge benötigt haben, denn das Bewusstsein war bei Al Khazzani schon vorher so gut wie verloren.

22.08.2015
Wir müssen draußen bleiben
Wie Sicherheitschef Gerd Neubeck vor dem Hintergrund von Übergriffen und Schlägereien in Zügen und S-Bahnen zu berichten weiß, wird sein Arbeitgeber mal wieder ein Problem von der Schiene auf die Straße verlagern und "*gezielt erkannte Gewalttäter zum Schutz der Kunden und Mitarbeiter ein Beförderungsverbot*" erteilen. Vor allem 200 bis 300 "*gewaltsuchende und polizeibekannte Rädelsführer und Wiederholungstäter*" unter den Fußball-Hooligans sollen vorab ein entsprechendes Schreiben erhalten, sofern die Kollegen von der Post nicht zur selben Überzeugung kommen und die Zielgruppe nicht mehr mit ihrem Service überraschen. Direkt gefolgt vom Verband der Autobahnraststättenbetreiber, der den Gewalttouristen künftig keine Pinkelgutscheine mehr gegen Bier umtauschen wird und - nicht zu vergessen - dem deutschen Amateurboxbund, der für jede Art von Schlägerei, die nicht unter seinen Regeln stattfindet, jegliche Verantwortung ablehnt.
Klar, dass das Schule macht. Schon bald. Dann dürfen gezielt erkannte Gewalttäter auch nicht mehr zur Sommerfrische nach Syrien oder in den Irak fliegen. Oder mit der S-Bahn auf die Krim einreisen.

23.08.2015
Guter Kaufhaus-Cop, böser Kaufhaus-Cop
Dank eines Computerfehlers hat das Kaufhaus Bloomingdales einigen Kunden seines Kundenbindungsprogramms Gutscheine über schlappe 25.000$ zukommen lassen, was zumindest bei einem treuen Kunden einen wahren Kaufrausch auslöste, bevor den Tiptopverkaufsförderern des Konsumtempels der kleine Rechenfehler aufgefallen ist. Aber nicht die kleine elektronische Panne, sondern der Versuch der Kaufhausmanager die umsonst rausgerückte Ware von den glücklichen Profi-

teuren dieser außergewöhnlichen Werbemaßnahme wieder zurück zu bekommen, bringt sie in die Achse des Blöden: nachdem sie es erst im Guten versucht haben, und ihrem Kunden im Gegenzug zur Rückgabe von Uhren, Ledertaschen und Krawatten im Wert von 17.000$ einen großzügigen Einkaufsgutschein in Höhe von 100$ angeboten haben, seltsamerweise erfolglos, sind sie nun auf die harte Seite gewechselt und haben dem Einkäufer damit gedroht, ihn sonst für alle Zeit für das Treueprogramm zu sperren.

Das ist natürlich ein Schock für den guten Mann, kann er sich doch im Treueprogramm jährlich einen 25$-Gutschein zusammenkaufen und müsste so nur etwa 680 Jahre lange weiter fleißig bei Bloomingdales einkaufen, um wieder auf die 17.000$ Gratifikation zu kommen. Das wird wohl ein echtes Dilemma für den armen Shopping-King! Denn: Wer möchte schon unehrenhaft aus dem Rabattsystem seines Lieblingskaufhauses entlassen werden?

24.08.2015
Wunderheilung
Wie Wissenschaftler von Harvard, MIT und TU München einträchtig berichten, haben sie heraus gefunden, warum Dicke dick und Dünne dünn sind. Das liegt nämlich nicht an den üblichen Überdosen von Fastfood und von zuckerhaltigen Limonaden, sondern daran, ob die Gene IRX3 und IRX5 aktiviert sind oder nicht. Und, das ist die gute Nachricht, wie erste Versuche an lebendigen Dicken zeigen, lassen sich die Gene mit der einmaligen Injektion eines Regulators wieder deaktivieren; mit dem Effekt, dass die Zellen wieder fleißig Fett verbrennen und Hitze erzeugen.

Hmh, der Teil mit der Hitzeerzeugung hört sich erstmal ein bisschen unangenehm und nach vielen verschwitzten T-Shirts an, was ja auch eine klassische Nebenwirkung von Sport ist. Viel interessanter ist für mich als Laien die Tatsache, dass man Gene mittlerweile schon per Spritze ein- und ausschalten kann. Und das bringt doch einen kleinen Wirrkopf wie den meinen schnell auf jede Menge dummer Ideen. Man könnte zu Beispiel stadtbekannten Rassisten die Gene aktivieren, die für die Pigmentierung der Haut zuständig sind.

Oder bei meinem Lieblingsklub endlich mal das Sieger-Gen aktivieren
– am liebsten noch dringend vor diesem Wochenende.
Bitte!
Danke!

25.08.2015
Endlich profitabel
Nach Jahrzehnten, in denen alle Politiker seit Adenauer mit stets neu erfundenen Abgaben neu erfundene Ausgaben unterfinanziert haben, läuft die Deutschland GmbH unter Merkel/Schäuble nun endlich wie geschmiert. Dank Rekordbeschäftigung, lauer Schuldzinsen, der Versteigerung von Mobilfunklizenzen und Last but not James auch Dank der Sozialkostenradikalkur durch die Agenda 2010 des Vorkanzlers "Russen-Schröder" schließt unser kleines Mutterland das erste Halbjahr 2015 mit einem völlig ungriechischem Überschuss von 21,1 Milliarden ab. Geld, das sicher schon bald dringend gebraucht wird, denn eine Tilgung von Altschulden wäre beim derzeitigen Zinsniveau ja fast dümmlich.

26.08.2015
Cyberchondrie
Ein Glück, dass das Internet einfach alles weiß und so kann der moderne Mensch sich schnell mal eine online-Diagnose besorgen, wenn es irgendwo zieht und zwickt. Und nach zwei drei Stunden googlen ist man dann hundertprozentig davon überzeugt, dass man schon innerhalb der nächsten drei Wochen einer unheilbaren Krankheit zum Opfer fallen wird. Gut, dass man aber dank Doktor Suchmaschine schon mal ungefähr weiß, woran man sterben wird; da hat man wenigstens vorher noch den Triumph für sich, dass man seinen Hausarzt mit dieser fatalen Diagnose überraschen darf.
Einziges Problem dabei: eine Gruppe von Forschern der Harvard Medical School hat mal die 23 größten der Medizinportale anhand von einigen bestens untersuchten Fällen getestet und dabei heraus gefunden, dass die Fehlerquote der Onlinedoktoren bei zwei Drittel aller Ferndiagnosen steht. Das schlechteste Portal hatte gerade mal fünf Prozent Treffer. Da hat der Kunstfehler System. Aber wenn man eh Hypochonder ist, dann ist das System wieder genial!

27.08.2015
Topaktuell
Seit vor Jahren der brasilianische Kollege *Wallace Souza* Morde vor laufender Kamera für seinen Crime-Report bestellt hat, ist es keinem Reporter mehr gelungen, so topaktuell zu sein. *Vester Flanagan*, früher unter dem Künstlernamen Bryce Williams als Nachrichtenheini beim Sender WDBJ angestellt, schnallt sich also

seine Action-Kamera auf den Kopf, tapert mit gezogener Waffe in seinen Ex-Sender und filmt seine Rache an seiner Exkollegin *Alison Parker* und anderen zufällig Umstehenden. Und das alles weil „*die weiße heterosexuelle Senderbelegschaft*" tagein tagaus nichts Besseres zu tun hatte, ihn in seiner Eigenschaft als farbigen Homosexuellen zu diskriminieren, zum Beispiel durch massives Kichern hinter seinem Rücken. Dass er der weit talentiertere Kollege war und als erster hätte befördert werden müssen, stellt er jetzt noch mal nachträglich unter Beweis, indem er das Video von seiner Tat direkt ins Netz lud.

Tiptopaktuell? Aber da hat Frustie Flanagan leider vergessen, dass der Sender das alles schon live überträgt, wenn er seine Kollegen während der Sendung vor laufender Kamera abknallt. Ja, wieder nix, dachte sich wohl auch Flanagan und entzog sich weiterer Häme durch Selbsttötung.

28.08.2015
Fahrerflucht
Was man so alles nicht studiert haben muss, um sich nicht ausrechnen zu können, wie viele Menschen man besser nicht in einen luftdichten Raum einsperrt. Und was einem so alles an Charaktereigenschaften und Mitgefühl fehlen muss, um dann trotzdem 71 Flüchtlinge in einen 15 Quadratmeter großen Kühllaster zu sperren und sie so dem sicheren Erstickungstod zu überlassen. Wie dumm und verroht die ungarisch-bulgarischen Menschenschlepper tatsächlich sind, zeigt nun ihr eigener, gescheiterter Fluchtversuch, nachdem das Experiment mit dem Kühllaster so fatal auf einer österreichischen Autobahn geendet ist. Es bleibt aber ein schwacher Trost, dass die Täter so dumm waren, die Tatwaffe auf sich anzumelden und so innert kurzer Zeit dingfest gemacht werden konnten.

Dass solche Typen letztlich nur zu den hässlichsten Symptomen einer sintflutartigen Flüchtlingswelle aus dem glaubensterrorgeplagten Ländern und dem armutsgebeutelten Balkanstaaten gehören, soll ihnen vor Gericht bloß nicht als mildernder Umstand angerechnet werden. Sie sind nicht anders als ein Breivik oder jeder andere, der mit durchgeladenen Maschinengewehr in eine Menschenmasse zielt.

29.08.2015
Putins großartige Ideen
Während andere Länder überlegen, wie sie den Terrorsumpf des ISIS trockenlegen können, verfolgt der russische Problembär anscheinend mal wieder seine ei-

gene, ganz spezielle Strategie, um sein hausinternes Terroristenproblem zu lösen. Auf Anordnung des Geheimdiensts scheinen die Sicherheitskräfte in Tschetschenien und Dagestan einen grünen Korridor eingerichtet zu haben, durch den die islamistischen Terrorköppe aus dem ebenfalls krisengeschüttelten, russischen Nordkaukasus in das Hauptkampfgebiet aller Djihadisten im Nordirak und Syrien abwandern können. Mit dem Ergebnis, dass sich der Vladizar öffentlich mit den seit zwei Jahren sinkenden Zahlen der Anschlagsopfer in der russischen Problemzone brüstet, während der inoffizielle Kommentar wohl heißt: *"Sie wollen kämpfen? Dann lasst sie kämpfen - aber eben nicht hier!"*

Das ist natürlich eine aus russischer Sicht verständliche Idee, die sich vielleicht internationalisieren lässt: Die Kampfzone ist ja schon eingerichtet und bald auch zivilentvölkert. Das ist die Gelegenheit, alle verwirrten Krawallbrüder aus dem Rest der Welt auch dort hinzubringen, ihnen ein Gewehr mit Nachtsichtgerät auszuhändigen und ihnen viel Spaß beim größten Paintball-Turnier mit scharfer Munition zu wünschen.

30.08.2015
Feine Satire
Wenn man sich die republikanische Vorgeplänkel im amerikanischen Wahlkampf mal so anschaut, kann einem ja Angst und Bange werden, was da so an Kandidaten aufgefahren wird, allen voran der seit dreißig Jahren weder Fettnapf noch Peinlichkeiten aller Art auslassende Immobilienkasper Donald Trump, den man sich am besten als so eine Art Mario Barth der überseeischen Skandalpresse vorstellen kann. Schön, dass der genauso unglaubliche Hulk mit Nachnamen Hogan und seines Zeichens der Seniorclown unter den Showringern der World Wrestle Foundation sich nun auch eine Karriere in der Politik vorstellen kann, und zwar am allerliebsten als Vize eines Präsidenten Trump. Und da kann man nur noch hoffen, dass dies eine sehr fein vom Hulk ausgedachte Satire über den Showcharakter des usamerikanischen Wahlbetriebs ist. Falls nicht, rette sich wer kann!

31.08.2015
Waffenfähiges Gezwitscher
"Ich war verloren und gefangen in etwas, das die tiefsten Lehren des Islam als Rechtfertigung für Gewalt und Tod nimmt!" bereute Ali Shukri Amin schließlich vor Gericht. Hat aber nix mehr genutzt. Die Richter sprachen den Teenie aus Virginia

der Unterstützung des Islamischen Staats für schuldig und verbannten ihn heute für die nächsten elf Jahre in eine twitterfreie Zone. Denn Ali ist ein Twitterterrorist. Hauptvorwurf – neben Tipps und Tricks für neugierige Nachwuchsterroristen, wie man am günstigsten nach Syrien kommen kann: Über den Plapperdienst Twitter half er den Djihadisten ihre Finanztransaktionen zu verstecken.

Öh, häh? Ja, wie jetzt? Wie muss man sich denn das vorstellen? Wenn die verwirrten Allahisten Geld überweisen wollten, also zum Beispiel von der Royal Bank of the Bahamas an die Djihadi Bank in Mossul, dann hat *Ali Shukri Amin* zur Ablenkung gezwitschert: *"Achtung, jetzt überweisen sie Geld von der Nassauischen Sparkasse in Butzbach zur Fugger Bank in die Schweiz?"* Und damit hat er dann die ganze NSA total verwirrt?

Nun gut, das wird er in seinem Leben nie wieder machen, denn auch nach der Verbüßung seiner Haftstrafe muss er den Behörden Zugriff auf all seine Internetaktivitäten geben. Lebenslang. Da wird er sich wohl etwas anderes einfallen lassen müssen. Vielleicht irgendwas mit Brieftauben.

SEPTEMBER

01.09.2015
Beleidigte Guatamalawurst
Guatemala, sonst nur bekannt und beliebt für Zuckerrohranbau und gute Rumbrennerei, hat auch anderes zu bieten, zum Beispiel einen Präsidenten namens *Otto Pérez Molina*, der nicht nur Amtsgeschäfte, sondern auch andere Einnahmequellen von seiner Vorgängerin übernommen hat. Denn als Präsident eines so lustigen mittelamerikanischen Landes hat man weitreichende Befugnisse, die der eigens hierfür gegründete Korruptionsring namens La Línea ähnlich dummdreist und polternd wie die gleichnamige 70er Jahre Kinovorfilmzeichentrickfigur ausnutzte, um im Zollwesen hohe Beträge zu unterschlagen.

Nun, das ist vielleicht etwas, das Guatemala von den angrenzenden Kleinstaaten abgrenzt, ist es aber erstmal vorbei damit, denn heute hat tatsächlich das Parlament einstimmig die Aufhebung der Immunität des Präsidenten beschlossen, und das obwohl Pérez in letzter Minute die Abstimmung noch mit einer einstweiligen Verfügung stoppen wollte. Und hier kann die Achse des Blöden nur wieder rein spekulativ herumrätseln, was wohl in diesen Gerichtsantrag stand:

1.) *"Och nö, lasst das mal, ich bin doch Euer Präsident und ich muss ja noch die Raten für die private Doppelpalasthälfte abstottern."*

2.) *"Och, jetzt ist aber mal gut, Ihr habt doch schon meine Vorgängerin Roxana Baldetti wegen desselben Delikts in U-Haft."* Oder vielleicht

3.) *"Ach, wo kommen wir denn da hin, wenn hier jeder in soner Demokratie glaubt, er könne den Präsidenten wegen Regierens nach Laut und Laune mit geltenden Gesetz belästigen!"*

02.09.2015
Harte Zeiten für die Kleinen
Klar, wenn man sich so anschaut, wer wem und wo überall auf dem Planeten am liebsten dauerhaft auf die Fresse schlagen würde, dann muss auch mal über neue Formen der Kindererziehung nachgedacht werden. Schonmal erledigt haben das die beiden Kindergärtnerinnen *Erica Kenny* und *Chinese White* in der KiTa Lightbridge Academy in Cranford, USA. Zur Stärkung des Charakters und der Fäuste

ihrer vier- bis sechsjährigen Schützlinge eröffneten sie nach Hollywoodvorbild einen "Fight Club" und ließen die Zwerge fröhlich aufeinander einschlagen – vor laufender Handy-Kamera, versteht sich heutzutage von selbst. Die Leitung der KiTa zeigt sich nach Ansicht der geposteten Videos *schockiert* und ruft daraufhin *eine Null-Toleranz-Politik* gegen ihre beiden Mitarbeiterinnen aus. Die müssen jetzt doch tatsächlich wegen Kindesmissbrauch vor Gericht.

Etwas, worüber der gemeine Kindererzieher im ISIS nur müde lächelt. Denn der koran-psychologisch geschulte Facharbeiter in Sachen Kindererziehung weiß: was Hänschen an Schwert, Flamme und Handfeuerwaffe nicht lernt, lernt Hans nachher nimmermehr – oder nur noch unter Schmerzen. Ein Schicksal, das es Hänschen zu ersparen gilt.

03.09.2015

Kindermund

Eine komplett verschleierte Muslima erregt in einem Südstaatenland wie Georgia, USA, schon mal Aufsehen, nicht selten gefolgt von unzweideutigen Kommentaren, die man zugegebenermaßen jetzt einem bayrischen Mädel im Dirndl nicht hinterherrufen würde, bloß weil die auch die Tracht ihrer Oktoberfest-Religion trägt. Umso außergewöhnlicher die Reaktion eines vierjährigen Knirpses, als er einer solch komplett verhängten Dame im Supermarkt begegnet.

Mit offenen Mund starrt er sie an, bis er schließlich mit seiner Mutter hinter dem fremdem Wesen in der Schlange an der Kasse die Gelegenheit ergreift und sich ganz nah zu ihr hinüber beugt, um ihr ein überraschendes Geständnis zu machen. Und was hat der Kleine ihr zugeflüstert? Genau: "*I love you, Batman!*"

Schätze mal, dem Kleinen werden in den nächsten Jahren noch ein paar andere Superhelden begegnen. Hoffen wir mal für ihn, dass da auch ein paar Catwomen und Barbarellas dabei sind.

04.09.2015

Unklar

Die Menschen torkelten orientierungslos wie Zombies durch das Tagungszentrum, litten an Krämpfen, Atemnot und Halluzinationen. Was sich anhört wie das übliche Jahrestreffen der Versicherungsdrücker oder wie jede bessere über Facebook organisierte Teenagerpartie war wohl ein gemeinschaftlicher Selbstversuch einer noch unbekannten Gruppe von – im Amtsdeutsch – Selbstverletzern, die mit der mittlerweile in Deutschland verbotenen Substanz 2C-E herumexperimentiert haben. Denn diese in Fachkreisen *Aquarust* genannte Substanz bewirkt orientierungsloses Torkeln, Krämpfe, Atemnot und schwere Wahnvorstellungen – wie Otto Normalverbraucher diese Halluzinationen nennt.

Die 29 durch Selbstversuch verletzten Heilpraktiker mussten in einem für das niedersächsische Dorf Handeloh nie dagewesenen Großeinsatz der Feuerwehren und Rettungsdienst auf die umliegenden Krankenhäuser verteilt werden. Die Polizei sagt dazu: *"Die Befragungen beginnen, sobald die Menschen ansprechbar und die Aussagen auch verwertbar sind!"*

"Weshalb die Menschen die Droge eingenommen haben", fragt sich der Stern online, *"blieb zunächst unklar"*.

Und das ist ja mal wieder ein Armutszeugnis des investigativen Journalismus. Die Heiler waren halt high. Wissen die nicht mehr, wie man solche Vorfälle aufklärt? Was ist denn mit der guten alten *Harry Hirsch, fahren Sie da mal hin und finden Sie raus, was Sache ist!*-Methode passiert?

Kann sich denn da keiner mehr an die Selbstversuche in der Redaktion erinnern? Oder genügt uns heutzutage die Einsicht, dass es eigentlich fast immer unklar ist, weshalb Menschen Drogen nehmen? Vielleicht stehen sie auf Torkeln.

05.09.2015
Exodusel

Trotz undichter Schlauchboote, Stacheldrahtzäune und skrupelloser Menschenschlepper, die den Ärmsten auch noch das Letzte nehmen, kommen sie nun in Massen - und es ist keine *"Upps, wassen da los?"*-Überraschung, sondern nur die Erfüllung einer seit Jahrzehnten vorausgesagten Flucht aus der Armut, der Trockenheit und dem mörderischen Klammergriff der wahnsinnigen Kriegsbarone in ihren Breiten; etwas überraschend ist vielleicht für einige Dummköpfe auf Rechtsaußen, aber jetzt keine echt überraschende Neuigkeit für unsere politische Führungsschicht.

Die muss sich jetzt in den nächsten Tagen mal einigen, wer wie viele von den Flüchtlingen nun eine neue Heimat geben darf. Festgeschriebene Quoten scheinen für die jüngeren EU-Mitglieder keine Option zu sein. Dann wird's ja vielleicht wieder eine Lotterie geben. Mit Heimatlosen. Und Nieten.

Wer gewinnt, darf bleiben. Wer verliert, muss es in ein paar Wochen wieder versuchen. Diesmal ohne Schwimmhilfen und komplett zu Fuß.

06.09.2015
Digital Naive
Bei aller Bewunderung für die Ausbruchskünste seines Vaters, aber der kleine Sohn von El Capo Guzman muss noch ein bisschen an seiner kriminellen Energie arbeiten, bevor man ihn für niedere Aufgaben in der Organisation seines Alten vorschlägt. Vielleicht irgendwas am Computer, denn da hat der Filius noch Nachholbedarf. Denn dank eines Fotos, das er mit der Twitter-App auf seinem handy gemacht hat, weiß man jetzt schon mal, dass sich der Flüchtige momentan in Costa Rica aufhält. Was dem Junior wohl nicht klar war: der Zwitscherdienst hat für Bilder eine automatische Standorterkennung.

07.09.2015
Akrobat Schön
Was *Coluche* einst in Frankreich gewagt hatte, und mit leider nur 10% der Stimmen schließlich dem Hackmann Mitterand den Vortritt lassen musste; was *Beppo Grillo* letztes Jahr in Bella Italia beinahe gelungen wäre – das scheint jetzt *Jimmy Morales* im kleinen lustigen Land Guatemala zu erreichen, von dem hier schon vor ein paar Tagen mal die Rede war: schließlich schaut der amtierende Präsident *Perez* mittlerweile aus der U-Haft zu, wie der Komiker Morales bei den eben angesetzten Präsidentenwahlen locker in Führung liegt. Klar ist schon mal, dass es für die anderen nur noch um Platz Zwei geht, also um der Herausfordererplatz für das finale Stechen.
Aber warum wählt das Volk von Guatemala einen Komiker, der in einem seiner berühmtesten Filme "Neto" einen einfachen Cowboy spielt, der durch reinen Zufall zum Präsidenten wird. Na, wenn das mal nicht ein klassischer Fall von Bahnung ist. Die Werbe- und PR-Fritzen klatschen sich jetzt schonmal Beifall über diese positive Besetzung der signalgebenden Neuronen bei den Wählern: denn die wollen nun lieber einen komischen Cowboy oder einen lustigen Clown an der Regierung sehen. Und beide Lösungen sind um vieles, vieles besser als alles was es sonst so zu wählen gab.
"*Ich habe Euch zwanzig Jahre zum Lachen gebracht!*" sagt nun Morales: "*Wenn ich Präsident werde, verspreche ich, dass ich Euch nicht zum Weinen bringen werden!*" Und damit hätte Morales auf Anhieb mehr erreicht als alle lateinamerikanischen Politiker der letzten 50 Jahre zusammen. Ich sag nur: Don't cry for me, Arschentina!

08.09.2015
Früh übt sich
Na gut, ich nehme alles zurück, was ich je über russische Kindergärten gesagt habe – falls ich überhaupt jemals was darüber gesagt habe. Und wenn ich was gesagt habe, dann hatte es sicher nicht mit soviel Freiheitssinn zu tun. Denn im Kindergarten der Stadt Magnitogorsk haben zwei fünfjährige Knirpse die Zeichen der Zeit erkannt und sich selbst die wichtigsten Dinge beigebracht, die man in Russland wissen muss, wenn man aus Altersgründen später aus dem Bildungsweg hinauskomplimentiert wird.

In tagelanger Kleinarbeit gruben sich die beiden mit Plastikschäufelchen einen Tunnel unter dem Zaun des Kita-Gulags, um dann zwei Kilometer Freiheit zu genießen, bis sie von einer verräterischen Nachbarin erkannt wurden. Und auch der Grund, den sie angaben, als man sie fragte, was sie eigentlich mit ihrer Freiheit so anzufangen vorhatten: *"Wir wollten in die nächste Stadt und uns einen Jaguar kaufen!"* Da sag noch einmal einer, die russischen Oligarchen hätten keinen Einfluss auf die russische Jugend.

09.09.2015
Ja, wo laufen sie denn?
Werbung kann nicht alles, vor allem wenn Sex nicht verkaufen darf. Wie zum Beispiel in den Syrischen Scharmützelgebieten, in denen den Kriegstreibern auf mehreren Seiten nun so langsam die Soldaten knapp werden. So hat vor kurzem schon der sprechende Stock Assad zugegeben, dass es ihm an schießwütigen Untertanen in offiziellen Diensten fehlt, vor allem weil so viele reguläre Truppen desertiert sind; angeblich weil ihnen die große Anzahl von Todesopfern in den eigenen Reihen sogar für einen Krieg etwas suspekt vorkam.

Aber auch die anderen Splittergruppen des Konflikts, allen voran die Meuchelmörder des IS haben Probleme mit der Massenflucht von rekrutierbaren Männern - und sie begegnen dieser Mangelvorsorgung mit einem klassischen Mittel des Kapitalismus: Werbung. Also eigentlich Reklame! Große Plakate vor der türkischen Grenze, auf denen so subtile Botschaften stehen wie *"Wo gehen Sie hin, Lehrer wandern nicht aus!"* oder *"Ärzte wandern nicht aus. Mein Sohn ist krank und braucht Sie!"*

Jaja, da wird der eine oder andere Flüchtling schon noch mal ins Grübeln kommen, ob er nicht doch lieber umdreht. Ganz sicher ...

10.09.2015
Was macht eigentlich ...
... zum Beispiel der bildungsferne Djihadistenklub Boko Haram? Die nigerianische Armee behauptet ja Stand heute, dass alle bekannten Lager der Extremisten dem Erdboden gleichgemacht seien, d.h. de facto sind die Bokonisten ab jetzt zu Fuß und ohne Festnetztelefon unterwegs. Hmh, langweilig ...
Oder was machen denn die Huthi Rebellen im Jemen. Seitdem die arabische Allianz zur Verbesserung des demokratischen Klimas am Golf von Aden nach amerikanischen Vorbild gezielt aus der Luft aufräumt, versandet der Informationsfluss über die Lage am ausgebombten Boden doch merklich. Gibt's da jetzt noch irgendeine Regierung in Saana? Oder hat sich der Staat einfach nach typisch rückwärtsgewandter Art der Halbinseldespoten in nichts aufgelöst?
Man weiß es nicht ...
Oder auch dieses Syrien. Nachdem sich da bald alle, die halbwegs bei Verstand sind und noch laufen konnten, am Münchner Hauptbahnhof versammelt haben, sollte es doch jetzt für die Allianz der Aufrechten ein leichtes sein, dort unten die Lage zu klären. Wer jetzt noch da ist, gehört doch sicher zu den Bösen – oder zu den Entbehrlichen.
Gut, immerhin sorgen die Russen dafür, dass Freund Assad nicht mitten im Krieg die Munition für Handfeuerwaffen und Granatwerfer ausgeht; *"Für den Kampf gegen Terrorismus und zum Schutz der Grenzen"*, wie der Chef der Rüstungsfirma Rosoboronexport, Anatoli Issajkin, fröhlich dahinparliert. Schlaue westliche Politiker warnen, dass dieselben Waffen auch gegen gemäßigte Rebellengruppen eingesetzt werden könnten. Aha! So funktionieren Waffen also. Interessieren sich einen Scheiß dafür, auf wen sie so gerichtet werden. Jetzt wird mir doch einiges klar.

11.09.2015
Inshallah mal wieder
Sach ma, wie war das jetzt noch mal gleich so im Vergleich: Hat jetzt Allah schon mal für jeden Menschen einen Plan im Bart, so ein vorbestimmtes Schicksal, oder ist es doch etwas mehr wie beim Heidengott, dass der Mensch schon so einen gewissen Einfluss auf sein Schicksal nehmen kann, in dem er richtige Entscheidungen fällt – selbstverständlich in enger Abstimmung mit Gott oder wahlweise seinem Beichtvater.

Also wie ist das dann, wenn da in Mekka so ein Kran umfällt und 215 Pilger verletzt oder erschlägt? Einfach nur Pech, menschliches Unvermögen oder war das so ein typisches Regen- und Sturmschicksal, das Allah da so für ein paar seiner engsten Anhänger geplant hat? Bin echt neugierig. Bitte nur ernst gemeinte Zuschriften.

12.09.2015
Verkettung unglücklicher Widrigkeiten
Gut, mit Gas kochen - ist ja normal. Okay, vier Gasflaschen direkt nebeneinander lagern - geht manchmal nicht anders. Nicht ganz so schlau: Wand an Wand im Raum des Nachbargebäudes Sprenggelatine für den Bergbau lagern, falls man mal wieder mitten in der Stadt Petlawad im Bundesstaat Madjar Pradesh ein paar bergbautechnische Sprengungen vornehmen muss. Noch blöder: die ganze Installation von Restaurant, Sprengstofflager und unvorsichtigen Köchen direkt vor einer gutbesuchten Bushaltestelle platzieren – fertig ist der Domino-Effekt:
Koch schlägt Funke, Gasflaschen durchschlagen die Wand, Sprenggelatine hebt das Dach einen Meter hoch, Dach kracht auf Restaurant, Restaurant knickt ein und stürzt auf Bushaltestelle – der Effekt entspricht ungefähr dem von Allahs Kran (siehe gestern): knapp hundert Tote! Aber mit dem kleinen Unterschied, dass die Hindus alle wiederkommen dürfen:
Irgendwie, irgendwo, irgendwann ...

13.09.2015
Grenze auf, Grenze zu
Seit Tagen wälzt sich eine Lawine von Flüchtlingen durch die Landschaften und die verschiedenen Transit- und Zielländer reagieren darauf mit wechselnden Mitteln: mal sind keine Busse mehr aufzutreiben, mal fahren die Züge nicht, und dann werden mal wieder die Grenzen geschlossen.
Zum Beispiel Ungarn, das Land, das vor 26 Jahren seine Grenzen für ostdeutsche Flüchtlinge geöffnet und damit den Fall des eisernen Vorhangs in Gang gebracht hatte, über jetzt mal den umgekehrten Fall. Nachdem Volkstribun *Orban* die Grenze nach Serbien durch einen stacheldrahtbewährten Abwehrwall und jede Menge bewaffneter Sicherheitskräfte geschlossen hat, greift nun das neue Gesetz gegen Flüchtlinge, die sich seit gestern durch das bloße Betreten des ungarischen Territoriums in Schwerkriminelle verwandeln. Statt Asyl gibt es Haft.

Das allein schreckt aber die Flüchtlinge nicht ab. Man schwimmt ja nicht durchs Mittelmeer und geht dann 1000 Kilometer zu Fuß, um sich danach von so ein paar Ungarn aufhalten zu lassen. Na gut, dann müssen da halt jetzt auch mal die anderen ran und sich unbeliebt machen.

Und so führt nun ein Land nach dem anderen wieder Grenzkontrollen ein und versucht sich so um die lästige Aufgabe zu bringen, die Flüchtlinge zu registrieren. Bevor die Festung Europa die Zugbrücken hochzieht.

14.09.2015

Terrortouristen

Als Mexikaner ist man ja Attacken und Schießereien auf offener Straße gewohnt, da lässt man sich auch nicht von ein paar IS-Terroristen abschrecken, sich im Westen des Landes mal eine andere Wüste als die zahlreichen mexikanischen Wüsten anzuschauen. So weit, so gut. Blöderweise kampierten die etwa 20 Mexikaner mit ihren ägyptischen Führern angeblich in einer militärischen Sperrzone. Und jetzt mal ehrlich: aus so einem schwer bewaffneten Hubschrauber sind Touristen von Terroristen wirklich schwer zu unterscheiden.

Auf der anderen Seite ist ja auch bekannt, dass der ägyptische Militär auch lieber erst mal schießt, und dann fragt. Die mexikanische Außenministerin *Claudia Ruiz Massieu* fordert nun eine lückenlose Aufklärung des Zwischenfalls, der einem Dutzend ihrer Landsleute das Leben kostete.

Und ich bin sicher, die ägyptische Regierung wird das lückenlos aufklären. Denn eins hat die Aufklärung unter Präsident *Sissi* schon oft bewiesen, nämlich dass sie lückenlos ist!

15.09.2015

Hohe Latte

Nach dem Attentat im Januar, bei dem das Satiremagazin Charlie Hebdo mehrere ihrer renommierten Zeichner verloren hatte, suchen die Macher nun verzweifelt nach neuen politischen Cartoonisten.

"Die Latte liegt sehr hoch!" sagt Chefredakteur *Gérard Board*, und: *"Künstlerisches Talent alleine reicht nicht, man muss auch Humor haben!"* Und am besten auch noch eine abgeschlossene Nahkampfausbildung, eine eigene Uzi und ein gutes Gespür für aktuelle politische Kultur.

Derweil sorgt in England eine andere hohe Latte für Realsatire. Heute hat ein Gericht eine Frau der sexuellen Nötigung für schuldig gesprochen, weil sie sich in Liebesspielen als Mann ausgegeben habe. Also, wenn man so will, freiwillig ihre Chancen beim Rudelflirt auf der nächtlichen Amüsiermeile minimiert hat.

Funktioniert hat das dann trotzdem, weil die 25jährige über zwei Jahre hinweg ihre Stimme verstellt, einen künstlichen Penis umgeschnallt und ihre Geliebte dazu gebracht hat, beim Sex immer eine dieser praktischen Augenbinden zu tragen. Den Unterschied zu einem echten Mann hat das unglückliche Opfer erst bemerkt, als sie sich mal die Maske abnahm und ihrer Freundin ins Gesicht sah.

16.09.2015

An Land ertrunken

Neugier tötet nicht nur Katzen, wie jetzt zwei Familien im Westen der USA bewiesen und sich damit dann wohl um den Team-Award bei den jährlichen Darwin-Preisverleihungen beworben haben. Als Schaulustige wollten sie sich nach schweren Regenfällen die Überschwemmungen in Hildale und Colorado City anschauen, als eine plötzliche Flutwelle um die Ecke bog und die beiden Familien in ihren offensichtlich nicht schwimmfähigen Geländewagen mit sich riss. Immerhin die Fahrzeuge haben ihr Werbeversprechen gehalten: sie waren off-road!

17.09.2015

Fehlschuss

Er war ein schwieriger Mensch, sagt auch sein Ex-Anwalt. *Rafik Y.* bewegte sich in einer *"psychologischen Grauzone"*. Und ja, das kann man dann wohl von einem Menschen behaupten, der als Mitglied einer Islamistengruppe schon mal acht Jahre Knast hinter sich gebracht hat und trotzdem ständig anderen Leuten mit Enthauptung droht.

Und so entledigte der Iraki sich seiner Fußfessel, zog er mit einem Klappmesser bewaffnet los und stach einer Spandauer Polizistin in Hals und Schulter. Ihr Kollege allerdings kam mit 'ner Knarre zur Messerstecherei und schoss mal in die Richtung des unfairen Zweikampfs. Ergebnis: Rafik Y. darf sich jetzt offiziell Märtyrer nennen, und die Kollegin liegt angeschossen im Krankenhaus.

Und irgendwie kommt mir das jetzt doch auch ein wenig wie ein Gleichnis vor, auch wenn ich mir noch nicht sicher bin, für was eigentlich. Vielleicht: öfter mal im Schießstand üben, die Ziele besser auseinander zu halten.

Oder einfach schon mal ins Bein schießen, wenn einer mit gezücktem Messer auf dich zugerannt kommt.

18.09.2015
Fembots
Wenn die Warenauslage in einem Geschäft einfach zu gut aussieht um wahr zu sein, dann lohnt sich ein Blick hinter die Kulisse. Wie schon bei der kürzlich gehackten Datingseite Ashley Madison so hat wohl auch der Internetpuff Lovoo sein Portfolio an willigen Damen mit jeder Menge Computersimulationen von erotisch ansprechenden Frauen aufgepeppt.
Diese Fembots genannten Programme interagieren mit den geilen Bumsköppen im Netz mit der Raffinesse einer gut geschulten Bardame, die zufällig hereingeschneite Männer zum Kauf von viel zu teuren Drinks animiert und dann im Hinterzimmer verschwindet - ohne ihn. Aber mit seiner Brieftasche.
Da sieht man mal wieder: wenn die Auslage viel besser aussieht als man selbst, dann sollte auf der Hut sein; im Netz, wie im echten Leben!

19.09.2015
Übertreibungen
Dass man nicht immer jedes Wort auf die Goldwaage legen soll, ist eine altbekannte Wahrheit für alle eher entspannt vor sich hin lebenden Zeitgenossen. Zu denen man ja den iranischen Präsidenten *Hassan Ruhani* nicht auf Anhieb zählen würde. Aber eben der gab jetzt dem amerikanischen Volk den guten Rat "*es nicht persönlich zu nehmen*", wenn das iranische Volk bei den allseits beliebten Freitagsdemonstrationen immer lauthals den "*Tod Amerikas*" fordert. Das hätte mittlerweile – wie ja auch im Jemen – eher folkloristische Gründe und solle auf keinen Fall andeuten, dass das iranische Volk den Tod des amerikanischen Volks wünsche, obwohl "*man die Vergangenheit nicht vergessen könne. Man müsse aber zugleich den Blick in die Zukunft wenden!*"
Also dorthin, wo der Tod Amerikas noch möglich ist, gell!

20.09.2015
Die Idee Gott
Der stets lustige Reisepapst Franz hat sich mal eben nach Havanna gebeamt, um dort auf dem Platz der Revolution im Schatten eines riesigen Konterfeis des Reli-

gionsverächters *Che Guevara* dem gegenwärtigen Regime folgendes ins kubanische Buch zu schreiben: "*Ideologien sind der falsche Weg, denn man dient nicht Ideen, sondern man dient dem Menschen!*" Und grad so schön im Schwung forderte er "*noch mehr religiöse Freiheiten*" in eben jenem Land, das die Religionsfreiheit ja jüngst wieder eingeführt hat.

Was der Papst bei der Gelegenheit mal wieder nicht erklärt hat: Wenn man mal davon absieht, dass Religionen oft von irgendwie unsichtbaren, aber schwer allmächtigen Wesen zum Menschen gekommen sind, worin liegt eigentlich jetzt genau noch mal der Unterschied zwischen Ideologien und Religionen?

21.09.2015

Made in Germania

Was macht eigentlich der herrliche, Ruhm und Ehre verstrahlende Hauptstadtflughafen zur Zeit so beruflich? Ja, äh, gar nichts mehr, also seit heute.

Baustopp. Baustelle vom Bauamt gesperrt. Das Dach – merkt mal jetzt nach Jahren – entspricht schon lang nicht mehr den statischen Anforderungen; ist einsturzgefährdet, denn die nachgerüsteten Ventilatoren der auch noch nicht mal funktionierenden Entrauchungsanlage wiegen doppelt so viel wie zulässig.

Ja blöd, knapp vier Jahre nach dem ursprünglich geplanten Eröffnungstermin sieht es ganz so aus, als ob der Bau einfach nicht mehr zu retten ist. Nach Insolvenz der Planungsbüros und Pleite des Gebäudetechnikausrüsters Imtech gibt es noch nicht mal mehr jemanden, den man für den Schaden verantwortlich machen könnte. Auch die Politiker und Aufsichtsräte, die sich seit Beginn der Planungen im Jahre 1992 (!) schon mal im Glanze des neuen Prestige-Airports gesonnt hatten – nicht mehr zu sehen. Wie vom Erdboden verschluckt. Oder wie man in Berlin derzeit sagt: „*Niemand hat die Absicht einen Flughafen zu bauen!*"

Kein Wunder, denn es hat sich sicher schon bis in die letzten Winkel der Gehirne aller Beteiligten der letzten zwei Jahrzehnte rumgesprochen: das ist definitiv der größte, dümmste und teuerste Schildbürgerstreich der Berliner Republik. Abgrundtief albern und peinlich über alle Grenzen hinaus.

Das spricht sich rum: Da ist eine Made in Deutschland! Und jetzt mal ehrlich: das wäre dem Albert Speer damals nicht passiert; also Albert Speer senior.

Und vielleicht hätte das sogar der Junior besser hingekriegt.

Ach Quatsch, was sag ich; das hätte wahrscheinlich jeder besser hingekriegt. Wirklich Jeder!

22.09.2015
Treffer - versenkt!
Ein Computerprogramm, das erkennt, wenn es von einem anderen Computerprogramm überprüft wird und sich daraufhin mit sich selbst in Sachen Feinstaubausstoß kurzfristig auf die legalen Werte einigt. Also sowas hat's in meiner Jugend ja nicht gegeben. Aber es klingt ganz nach etwas, was mich sich halt einfallen lässt, wenn man sein Leben als Programmierer gegen gut Bargeld in einem sehr ehrgeizigen Autokonzern verbringen muss. Vorläufiges Ergebnis: 14 Milliarden Börsenwert an einem Tag verloren, weitere Milliardenklagen in den USA vor der Brust - das Heer der amerikanischen Schadensersatzkläger und der stets fremdenfeindlichen Richter geht schon mal in Stellung - und, wie der Chinese sagt, das Gesicht verloren, denn die Volkswagenchefs mussten das Ganze auch noch selber zugeben. Und wie immer bei solchen Manipulationen fragt sich der unbeteiligte Laie: Warum? War es das Wert?
Und wie den Fall von VW auch noch mal auf anderer Bühne zu demonstrieren, wechselt Pep Guardiola beim Stand von 1:0 für VW zur Halbzeit Lewandowski ein. Und dann kommt etwas für die Sportsgeschichtgeschreibung: der Pole versenkt den Ball innerhalb von 10 Minuten fünfmal im Kasten der Autobauer. Mehr und deutlicher geht nicht. Bin gespannt, wie sich VW von dem Schlag erholt.

23.09.2015
Wirtschaftsflüchtlinge
Nachdem sich die Bevölkerung grade am Münchner Hauptbahnhof tatsächlich vorbildlich hervorgetan und den massenhaft ankommenden Flüchtlingen spontan Hilfe und Offenherzigkeit entgegengebracht hat, hat heute Halbkönig Seehofer von eigenen Gnaden mal wieder demonstriert, was er vom Willen seines Volkes im Notfall hält und sich mal den ungarischen Zaunkönig *Viktor Orban* als gerne gesehenen Hofgast eingeladen. Der ungare Grenzschutzkapitän hat Keule Seehofer noch mal genau erklärt, wie man Probleme durch Aussperrung löst. Und der Horst hat genau zugehört.
Kann sich also nur noch um Wochen handeln, bis die Bayern einen Zaun an ihren Nordgrenzen hochziehen, damit da niemand mehr aus dieser chronisch an der Pleite vorbeischrammenden Hauptstadt inmitten der vor 25 Jahren akquirierten Neuländer widerstandslos einfach so nach Bayern einfallen kann.

Besser wär's natürlich, man würde einen Zaun direkt um Seehofer herum ziehen. Damit wenigstens er vor direkten Einfällen geschützt ist.

24.09.2015
Gen Mekka
Dass fanatischer Glaube einen womöglich in kriegerischen Zwist und dort zu Tode kommen lässt, ist für die meisten modernen Gläubigen eine eher unangenehme Folge von Gottes Wille (so wie er von immer mehr Menschen interpretiert wird), und, na gut, für eine paar wirklich kaum noch Verbesserbare ist es auch die tolle Nachricht im Falle einer Beförderung zum Märtyrer.

Was aber wird eigentlich aus den 717 frisch Verstorbenen, die heute auf der Wallfahrt nach Mekka bei der rituellen "Steinigung des Teufels" (wahrscheinlich ein Amerikaner) im Ort Mina angefallen sind?

Oder die hundert, die vor Tagen von einem umgestürzten Kran in ihrer Moschee in Mekka umgekommen sind? Was ja alles noch nicht an das große Gedränge von 1990 mit seinen 1400 Opfern heranreicht.

Aber das sind ja nun trotzdem keine Märtyrer, denn sie sind ja nicht im Feindkontakt samt Flamme und Schwert dahingegangen, sondern durch zu engen Kontakt mit ihren Freunden. Kommen die auch ohne Umweg in den islamischen Himmel, weil die Wallfahrt ja praktisch so eine Art berufliche Anfahrt ist, und die himmlische Versicherung greift von dem Augenblick, an dem man sein Haus zur Hadsch verlässt? Müssen die vielleicht erstmal in ein himmlisches Wartezimmer, vulgo Fegefeuer? Oder bekommen sie einfach nur ein paar Jungfrauen abgezogen, weil das märtyrermäßig nur so halb zählt?

25.09.2015
Gründlichkeit
Wenn der Deutsche was macht, dann macht er es gründlich, zum Beispiel: sich blamieren! Nachdem Meister *Winterkorn* die Brücke des unter dem Damoklesschwert der bewiesenen Manipulation dahin schlidderden Autobauers verlassen hat – nicht ohne frei nach Sepp Blatter dafür zu sorgen, dass seine Exfirma wegen besagter Computerprogrammverpfuschung *Anzeige gegen unbekannt* stellt –, besteigt nun dieser *Matthias Müller* von Porsche den Thron.

Einen Thron, von dem er allerdings nicht viel haben wird, nachdem nun auch in Deutschland 2,8 Millionen VW so manipuliert wurden, dass sie streng genommen von den Händlern im Tausch gegen den Originalpreis wieder zurückgenommen werden müssen. Sagt der Verbraucherschutzanwalt im Inforadio. Und weil nun auch noch die VW-Töchter Skoda und Seat ins Zwielicht geraten sind, wird Müller der Vorstandsjob wohl nicht so viel Spaß machen, wie in den letzten Jahre bei Porsche. Da kommen harten Zeiten auf ihn zu.

Wie man aber womöglich jahrelang mit einer Blamage ganz gut leben kann, zumindest bis zu einem gewissen Punkt, hat FIFA-Präsident Seppl Blatter bewiesen. *Anzeige gegen unbekannt* einreichen, eigene Ethikräte, Untersucher und Richter einsetzen, brutalste mögliche Aufklärung versprechen und möglichst elegant so weitermachen wie bisher, wer konnte das besser als Herr aller Bälle?

Nun aber, mit dem heutigen Tag, ist es vorbei mit dem Freund der Wüstenkicker und Sonderkonten, denn die Schweizer Staatsanwalt hat doch tatsächlich, also man glaubt es kaum, sie hat es wirklich getan und dem seit Jahrzehnten offensichtlichen, jetzt ohne scheiß, doch tatsächlich eine *Anzeige gegen Bekannt* folgen lassen. Halali!

26.09.2015

Massenversklavung

Als Bürger eines Staates ist man ja auch im Westen so einiges an Bevormundung und Freizeitenteignung gewohnt, aber wenn man mal in die Weiten der asiatischen Sowjetreichsreste abtaucht, dann freut man sich plötzlich, dass man hierzulande nur mal drei vier Tage einen gespensterhaften Außenprüfer vom Finanzamt in seinem Büro dulden muss. Na, gut, das muss natürlich auch vorbereitet werden, alte Akten aus dem Keller geschleppt, die freundliche Steuerberaterin muss kostenpflichtig dazu geholt werden und so weiter.

Aber das ist natürlich Kikifatz im Vergleich zu zum Beispiel Usbekistan. Denn der Reichtum des usbekischen Volkes ist die Baumwolle, und Baumwolle muss gepflückt werden, dringend, und zwar von allen. D.h. nach Protesten der Abnehmer dürfen keine Kinder mehr zum Pflücken herangezogen werden.

Stattdessen requiriert der usbekische Staat nun alle greifbaren Erwachsenen: Schüler, Lehrer, Ärzte, Pfleger, Händler, Rentner, Hausfrauen, Arbeitslose - ach eigentlich alle, die irgendwie noch laufen können, werden von den ministerialen Erntekommissaren in Busse gepfercht und auf die Felder verschafft - ob sie wollen oder nicht. Wer sein vorgeschriebenes Tagespensum nicht schafft, muss Strafe zahlen. Wer nicht zur Arbeit kommen kann, muss ab dem zweiten Tag auf seine

Kosten einen Ersatzpflücker engagieren. 60 Kilo muss jeder am Tag mindestens abliefern, plus 25 Kilo für ein skorbutförderndes Mittagessen. Wie schon 2014 wurden auch dieses Jahr über eine Million Usbeken gegen ihren Willen zur Erntearbeit gezwungen. Und dagegen wirkt doch sogar der gruseligste Außenprüfer eines deutschen Finanzamts wie ein Segen der Zivilisation.

27.09.2015
Junts pel Sí
Die katalanischen Separatisten haben mal wieder bewiesen, wie leicht man in einer Demokratie Mehrheiten zusammen bringen kann, notfalls auch nur mit einem einzigen Punkt im Wahlprogramm. In diesem Fall: wie wär's denn, wenn wir einfach den reicheren Teil Spaniens, also Katalonien, vom ärmeren Teil Spaniens, also Restspanien, einfach abspalten. Dann können wir mehr für uns behalten und die anderen sollen dann mal sehen, wie's ihnen ohne uns geht. Ein Gedanke, der in seiner Einfachheit kaum noch zum übertreffen ist.
Also quasi wie gemacht für eine Wahlkampagne und ihren erfolgreichen Ausgang: absolute Mehrheit für die Separatisten im katalanischen Parlament. Da stört auch nicht, dass das Ganze nach spanischem Recht sowieso illegal ist. Kann sich also nur noch um Monate handeln, bis die restspanische Armee nach Katalonien einrückt, um den Unfug zu beenden.
Claro que Sí!

28.09.2015
Bumerang
Vollmond, Supermond, Blutmond – was Heerscharen von Apokalyptikern zu wildesten Spekulationen über das wieder mal nahe Ende der Welt verleitet, ist nicht anderes als eine ganz normale MoFi: ein wiederkehrendes Ereignis, dass sich nun mal aus der Beleuchtungssituation im bewegten Sonnensystem regelmäßig ergibt. Also ungefähr so regelmäßig wie die Taliban in jede unbewachte afghanische Stadt einfallen um ihr Frühmittelalter auszurufen.
Oder so regelmäßig wie sich die Mächtigen der Welt dann doch wieder die Hand geben, auch wenn die Krim immer noch besetzt und Assad immer noch eine miese Ratte ist - man kommt ja auch nicht vorwärts, wenn einer immer nur dafür und der andere immer nur dagegen ist. Oder dass ein Papst Konsequenzen bei Missbrauchsfällen ankündigt; also so echte Konsequenzen, also sogar für Bischöfe, die

Spaß mit Minderjährigen vertuscht haben, frei nach dem Motto: Kinder gut leiden - Spuren vermeiden!
Oder dass die Westländer ankündigen, die Entwicklungshilfe aufzustocken.
Oder dass alle Bundesligatrainer der Meinung sind, dass der Kampf um die deutsche Meisterschaft schon wieder längst entschieden ist.
Also Alles mehr oder weniger akzeptable Weltuntergangsszenarien, die auch regelmäßig wiederkehren. Nur dass der Mond im roten Marshemd wenigstens noch etwas Schönes hat.

29.09.2015

Digital Naives

Wie sehr auch junge Menschen das Internet oft mit einer Kneipe am Ende der Straße verwechseln, beweisen mal wieder zwei Kandidaten für die leider doch nie vergebene Trophäe für die dümmsten Trottel des Monats. Stattdessen bekamen *Josh Mogan* und *Ashley Duboe* nagelneue Fotos im modischen Orange gemacht, völlig umsonst; und die waren jetzt auch nicht besser als die, die von den zweien auf Facebook selbst veröffentlicht wurden. Sie zeigen die beiden Nachwuchsbankräuber bei lustigen Selfies mit ihren grade erbeuteten Geldbündeln.
Und weil Herr Mogan noch ein weiteres extrem karrierefeindliches Hobby hat, nämlich sich die Fresse mit Sinnsprüchen tätowieren zu lassen, dauerte es auch drei Stunden, bis die Polizei, die in ihrem Verfolgerwahn sogar auf Facebook nach Gangstern sucht, das dumme Gaunerpärchen in Gewahrsam nehmen konnte.
Also liebe Kinder, immer vorher nochmal nachdenken, was man so von sich in den asozialen Medien so veröffentlicht.

30.09.2015

Angestellter des Monats

Gestern schrub ich's noch, heut fällt's mir wie ein Lokschuppen aus dem abgerissenen Güterbahnhof: warum nicht jeden Vollmond mit der Nominierung eines Volltrottels im Dienste der Achse des Blöden ehren? Die Jury habe ich doch schnell zusammen: das wären dann neben mir, dem Herrn GAX und meiner Wenigkeit gerne jeder, der sich auf Facebook zu Wort traut. Allerdings ist die Auswahl für den Tor des Monats sehr groß, ja fast unübersichtlich; heute z.B. könnte ich es auf die Kandidaten des heutigen Tages beschränken - und das würde schon ganz schön viel Zeit in Anspruch nehmen.

Allein heute auffällig geworden sind: *Mahmud Abbas*, Belästinenser-Chef, findet, dass sein Land, das aus einem Rechteck und einem Flickenteppich kleiner Exklaven zusammengewurstelt wurde, sich nicht mehr an den 20 Jahre alten Friedensvertrag mit Israel halten müsse, weil die Zionisten den Vertrag eh ständig brechen. Und wahrscheinlich machen das die Israelis nur, damit mal ab und zu jemand bemerkt, dass sie noch da sind.

Auch immer ein guter Kandidat: Vladizar, der Putinistische, dem einfach auf den Sack geht, dass immer nur der ISIS die Aufmerksamkeit und die Bomben auf sich zieht, aber keiner von den bösen Rebellen, die Assad aus dem Amt jagen wollen. Dass denen keiner von oben Bomben auf die Rübe wirft, das geht ja mal gar nicht – vor allem wenn dieser Erdogan seine inländischen Widersacher von der PKK nun als Feinde im Nordirak beschießen darf.

OKTOBER

01.10.2015
Morituri te salutant
So manches Historienspektakel hinkt ja schon ein bisschen. Also wenn zum Beispiel die Gladiatoren in Rom sagen *"Wir wollen weiterhin arbeiten und wir sind bereit, klare Regeln zu akzeptieren. Aber wir wollen dableiben!"*, dann handelt es sich nicht um einen von Cicero überlieferten Vortrag, sondern um das jämmerliche Gebettel der heutzutage vor dem Collosseo in selbstgebastelten Kämpferrüstungen herumlungernden Touristennepper, die als Foto-Spoiler in jedes Bild springen und dann Geld für ihre Persönlichkeitsrechte verlangen.
Zu ihren klaren Regeln gehört natürlich, dass die Touristen dafür zu blechen haben; und falls sie sich weigern, dann erinnern sich die Gladiatoren an ihre Vorbilder und versuchen den Obolus aus den Kameraleuten raus zu prügeln. Meist mit dem Erfolg, dass dann die offiziellen Gladiatoren der römischen Polizei auf der Bildfläche erscheinen, und die Spiele für beendet erklären. Demnächst wohl auch für endgültig, denn wie der Gemeindesprecher von Rom sagt, zahlen die Gladiatoren keine Steuern und arbeiten ohne Lizenz. Und beides – das muss man auch mal so klar sagen – führte auch schon im alten Rom zum sofortigen Platzverweis.

02.10.2015
Zehntausend
Ja, klar, mal wieder eine Amokschießerei an einer usamerikanischen Highschool, mal wieder dreizehn Tote, mal wieder alle geschockt, mal wieder schaut Obama auf sein Land und ist völlig verwirrt darüber, dass es in einem zivilisierten Staat nicht möglich ist, das irgendwie in den Griff zu kriegen. Und wir denken uns ja eh unseren Teil, und das nur wegen der 13 Opfer von gestern. Und weil wir es eh seltsam finden, dass die National Riffle Association soviel Einfluss hat.
Aber man muss sich mal das gesamte Ausmaß aller Amokläufe und die aktuellen Opferzahlen anschauen, damit man mal kapiert, dass es sich da nicht um ein paar durchgeknallte Wahnsinnige, sondern um eine humanitäre Katastrophe handelt. Die Bürgerbewegung "Everytown for Gun Safety" zählt Amokläufe und Opfer und bietet allein für dieses Jahr folgenden Zwischenstand an: 45 Schießereien an

Schulen mit mindestens einem Opfer. Etwas weiter zieht die Organisation shooting tracker den Kreis und zählt alle Amokläufe, bei den mehr als vier Personen angeschossen oder gleich ganz erschossen werden. In 294 blutigen Vorfällen seit Neujahr erreichen die Opferzahlen fünfstellige Bereiche: 20.000 Verletzte und knapp 10.000 Dahingegangene!

Das sind in neun Monaten dreimal so viele Opfer wie gefallene Soldaten der Afghanistan Allianz (3285 Tote aus USA, Kanada, England, Frankreich und Deutschland) seit 2005 - in zehn Jahren Krieg! Was sagt uns das? Vielleicht wäre es eine bessere Kriegsstrategie, statt alles ständig aus der Luft zu bombardieren, einfach überall in Afghanistan Highschools zu gründen? Oder einfach nur, dass das Weiße Haus endlich verstehen sollte, wo der viel bedrohlichere Konflikt stattfindet.

03.10.2015

Heididei

Grade mal ein paar Tage nachdem Papa Franz bei seinem Amerikabesuch ein schwules Pärchen umarmt hatte und einen Tag bevor sich 270 Bischöfe in ihrer Eigenschaft als ausgewiesene Spezialisten für die Fragen *Familie, Ehe und Liebe* in einem Raum zusammensetzen und das tun, was Spezialisten ohne Ahnung halt so tun, hat sich der erste ranghohe Vatikanpriester geoutet:

Der polnische Priester *Krzysztof Charamsa* steht zu seinen Gefühlen - den romantischen und den erotischen - und gibt der zum Scheitern verurteilten Synode noch den guten Rat "*es sei an der Zeit, dass die Kirche die Augen öffnet und begreift, dass es unmenschlich ist, homosexuellen Gläubigen völlige Abstinenz vom Liebesleben abzuverlangen!*" Also quasi das Gegenteil von dem, was der Schweizer Bischof *Vitus Huonder* erst kürzlich mit dem Zaunpfahl angedeutet hat, als er nochmal darauf hinwies, dass "*das Alte Testament ja vorsehe schwule Gräueltaten mit dem Tod zu bestrafen!*"

Das passt ins Bild, das Charamsa von seinem bald ehemaligen Arbeitgeber zeichnet: "*Der Klerus ist überwiegend homosexuell und traurigerweise auch homophob bis zur Paranoia, weil es an Akzeptanz der eigenen sexuellen Orientierung mangelt!*" Sätze, die Vatikansprecher Federico Lombardi kontern lassen, dass "*Charamsa gewiss nicht in der Lage sein werde, seine bisherige Arbeit im Vatikan oder an den päpstlichen Universitäten fortzusetzen!*"

Und wenn der Federico *Arbeit* sagt, dann meint er damit sicher nicht die Transformation der katholische Kirche ins 21. Jahrhundert.

04.10.2015
Der automatische Mönch

Was einst Douglas Adams als Randfigur für seinen *Anhalter durch die Galaxis* entworfen und später noch mal in *Dirk Gently's holistischer Detektei* zur Titelfigur erhoben hat – nämlich eine Maschine namens *Der elektrische Mönch*, die für seinen Besitzer das Glauben und Beten übernimmt, wenn man davon selbst noch belästigt werden möchte –, das steht jetzt unter dem Namen *Gebetomat* als Testversion in Berlin: "*Touch the screen and chose your religion!*" fragt das Gerät im Kleid einer tomatenrot angepinselten Fotobox den verwirrten Ungläubigen und tut damit eigentlich genau das, was ein Gott schon immer getan hätte, nämlich seinen geliebten Völkern die freie Wahl gelassen, welche der unterkomplexen Glaubensrichtungen ihnen am geeignetsten erscheint den Alltag erträglicher zu gestalten. Insofern: eine kundenfreundliche Gebetsmühle, die 300 Andachten und Gebete aus x-beliebigen Religionen abspielen kann.

Vergeblich sucht der interessierte Insasse aber nach Tonbeispielen aus den Ritualen vom *Fliegenden Spaghettimonster* ("Zähle die Löcher im Sieb!"), vom *heiligen Bokon* ("Gott machte Schlamm! Und Gott sagte zum Schlamm: Erhebe Dich! Und ich erhob mich. Vielen Dank, Gott!") oder vom *Lustigen Gott* ("Du sollst keine Götter haben neben mir, es sei denn sie kennen bessere Witze!"). Auch kein Wort vom Frisbeeterianismus ("Nach dem Tod fliegt die Seele aufs Dach, rutscht ab und bleibt in der Regenrinne hängen!"). Es gibt also noch viel zu tun ...

05.10.2015
Hochleistungsblitzschach

Wenn man ein Problem hat, gibt es ja oft verschiedene Lösungswege. Sprengung und Abriss gehören nach wie vor zu den beliebtesten Optionen. Auch Oberisraeli *Netanjahu* ist ein Befürworter der Totalverschuttung als Antwort auf Messerstiche. Dabei bevorzugt er Sippenhaft. So sollen ab jetzt die Häuser der Terroristen, also angesichts des Alters der Täter und des akuten Wohnraummangels in den Palästinensergebieten meist deren Elternhäuser, möglichst noch schneller platt gemacht werden. Und noch schneller heißt ja wohl nicht mehr mit dem Bagger, sondern mit einer explosiveren Lösung und genug Sicherheitsabstand.

Aber auch der blöde Wizard of IS ist ein ausgewiesener Freund der Nobelstoffgetriebenen Wohnraumzerstäubung. Was Amis und neuerdings auch Russen aus der Luft nicht treffen, wird einfach klassisch mit Dynamit umwickelt und dem Erdboden gleichgemacht. Vor allem wenn es irgendwie unislamisch ist, wie Triumphbogen und Wohnhaus von diesem Baal in Palmyra oder das Kloster Mar Elian, wo diese christlichen Weicheier ihre Wände gestrichelt haben, nur um als Weltkulturerbe anerkannt zu werden.

Und nein, das kann man natürlich nicht vergleichen: die Selbstverteidigung eines Staates und die Verteidigung eines fanatischen Glaubens. Da geht's ja um was völlig anderes. Richtig, aber eine Ähnlichkeit weist das dann doch auf: die psychische Einstellung, die man braucht, um ein zerfahrenes Schachspiel dadurch zu beenden, dass man das Spielbrett samt Figuren in den nächsten Schredder stopft. Ja, Schachmatt, aber vor allem: matt!

06.10.2015

Völkerwunderung

Afghanen gegen Albaner in Hamburg, Algerier gegen Syrer in Braunschweig. Irgendwie scheinen sich unsere Flüchtlinge nicht ganz so wohl zu fühlen, wie wir zu hoffen gewagt haben. Oder es ist einfach nicht so'ne tolle Idee mit der Multikulti-Integration direkt vom Fleck weg anzufangen. Vielleicht sollte man die Neuankömmlinge erst einmal nach Nationalitäten und religiösen Detailgefühlen getrennt an das Grundgesetz mit seinen ungewohnten Feinheiten gewöhnen, bevor man sie in surrealistischen Sport-Garagen und Exmöbellagern aufeinander parkt.

Gut, das ganze ist natürlich noch harmlos, bzw. glimpflich, vor allem wenn man bedenkt, dass ja schon nächste Woche der europäische Umverteilungsplan für die kleine Völkerwanderung beginnt. Zuerst kommen die Eritreer nach Schweden, dann frische Syrer aus Griechenland nach wo auch immer sie freiwillig aufgenommen werden. Darum kümmert sich Frau Merkel nun persönlich, weil: Ist jetzt Chefinsache! Also - es kann losgehen! Zuerst schicken wir mal eine Million Rentner nach Griechenland; da is' grad günstig. Da haben sie wenigstens was von ihrer Rente. Außerdem isses warm und gut gegen Rheuma.

Als nächstes dann ein paar Sondersachsen mit rechter Desorientierung nach Ungarn, um denen mal zu zeigen, wie das endet, wenn man in seinem eigenen Kopf nicht rechtzeitig dagegensteuert. Dann müssten wir etwas Platz für das bestellte medizinische und Pflegepersonal schaffen. Das wäre nochmals so'ne halbe Million Rentner; die könnten wir zur Sicherung der spanischen Südküste einsetzen. Wie, das kann man dann noch sehen. Und weiter geht's: Algerier kommen nach Frankreich, denn die haben da Erfahrung mit Algeriern, historisch bedingt. Albaner, tja

Pech gehabt, aber die kommen wieder nach Albanien zurück; und dürfen es nächstes Jahr noch mal probieren. Dann aber nach Hellas und sich als Afghanen ausgeben. Und Ausweis wegwerfen nicht vergessen. Die Syrer bleiben zur Strafe in Braunschweig. Und das ist erst der Anfang.

07.10.2015
Upps, hier komm ich!
"Ich bin überzeugt, dass das Böse ans Licht kommen und das Gute gewinnen wird!" Der das sagt, würde ja gerne seine Hände weiter in Unschuld waschen, das Problem ist nur, dass sich die paar Blütenweißen, von deren Hände er sich noch eine gründliche Wäsche versprechen könnte, seit Monaten den Blatterpalast in Zurück meiden wie der Teufel das Vaterunser. Jetzt ist der *Valcke* auch schon weg, also der, der eigentlich als Sündenbock vorgesehen war. Und die anderen werden so nach und nach in die USA ausgeliefert.
Was also tun? Ja, logen, im typischen Blatterstil mit einem Hoppla auf den Lippen mutig voran gestürmt, also immer frei Schnauze dem eigenen Maul hinterher. *"Mir geht es gut. Ich übersteh das. Die FIFA funktioniert immer noch gut und der gewählte Präsident bleibt im Amt!"* jauchzt der Sepp wie einer, der schon seit langem nicht mehr registriert, wie peinlich, ja wie geradezu erbärmlich er als beleidigte Schrumpfkugel so rüberkommt. So, dass heute die einst von ihm selbst zum Zwecke der Selbstverteidigung gegründete Ethikkommission ihren Vorgesetzten von seiner Position als wandelnden Rufschaden suspendiert hat; und das obwohl er betont: *"Was mit mir passiert, ist nicht korrekt. Die läge ist nicht erfreulich. Man verurteilt mich vor, ohne Beweise für irgendein Fehlverhalten meinerseits. Eigentlich ist das ungeheuerlich!"*
Oje, der arme Sepp! Eben noch Herr über den reichsten gemeinnützigen Verein der Welt (Kontostand 1,2 Milliarden+), und nun beladen mit aller Ungerechtigkeit der Welt. Schlimm. Aber immerhin sitzt er doch schon im Licht. Jetzt muss nur noch das Gute gewinnen. Also das andere Gute, denn Platini (ital: der kleine Blatter) wird gleich mitsuspendiert.

08.10.2015
Nichts ist unmöglich
Toyota Hilux und Toyota Land Cruiser! Was der Laie lediglich für zwei der schlechteren Karten im langweiligsten Autoquartett der Welt hält, sind in Wahrheit die be-

liebtesten Fahrzeuge in Firmenwagenkonvois und Propagandavideos des IS. Und das ist dem zweitgrößten Automobilhersteller der Welt fast so peinlich, als wenn sie auch an den Computerprogrammen für die Abgaswerte herumgeschraubt hätten. Wobei das in diesem Fall sogar völlig egal wäre, denn für Feinstaub ist in der Gegend schon ausreichend gesorgt, denn da wird eh grad alles fein verstäubt.

Geradezu unterhaltsam mutet da der Hinweis der Herstellers an, dass "*man ja strikte Richtlinien habe, dass Autos nicht an potentielle Käufer abgegeben werden, die diese zu paramilitärischen oder terroristischen Zwecken verwenden oder umbauen könnten!*" Und das ist ja eigentlich jeder, zumindest potentiell; weswegen Toyota eigentlich kein einziges Fahrzeug mehr verkaufen dürfte. Trotzdem ist der Absatz im Irak letztes Jahr von 6000 auf 18.000 gestiegen und dieses Jahr wieder auf 13.000 zurückgefallen, was immer noch doppelt soviel wie früher ist.

Gut, in Australien sind in den letzen zwei Jahren knapp 800 Toyotas der beiden Typen verschwunden, aber da muss kein Zusammenhang bestehen. Eher schon damit, dass die USA dieses Jahr schon 43 Land Cruiser an syrische Rebellen verschenkt hat; und wer weiß, wo die die Dinger nachts parken und morgens nicht wiederfinden.

Und das muss garnicht mal unabsichtlich passieren. Denn wenn ich der militärische Geheimdienst der Amis wäre, hätten diese Toyotas alle einen Lenkwaffen anlockenden GPS-Sender unsichtbar verbaut. Schlau. gell!

09.10.2015

Wilde Antworten

So eins der fiesesten Dilemmata, in denen man sich unverschuldet wieder finden kann, ist: wie verteidige ich Recht gegen diejenigen, die mit Gewalt demonstrieren, dass sie genau dieses Recht einen Scheißdreck interessiert?

Wie zur Demonstration gerufen kommt da heute die Meldung der Regierung in Simbabwe, dass die Wildhüter in diesem Jahr bisher 900 Wilderer verhaftet und 22 von den Elfenbeinschlächtern bei Feuergefechten getötet haben. Was ihnen jetzt von anderer Seite als Selbstjustiz ausgelegt wird.

Und da hamwa dat Problem! Wilderer legt an auf Elefant, Wildhüter legt an auf Wilderer, um den Elefant zu verteidigen, weil der ja nicht für sich selber schießen kann. Und irgendwie hat das ja mit dem Auftrag zu tun, den man so als Parkranger hat: *Guck Du ma, dat die da nich die Tiere schießen tun!*

Klar, nun könnte man natürlich sagen: *Schieß dem ersma innen Arm und dann red ma mit dem Wilderer!* Auf der anderen Seite will der in dem Moment ja garnicht mehr reden, sondern selber schießen: erst auf den Dickhäuter, dann auf den Dünnhäuter - oder umgekehrt, je nachdem, was eher verspricht zum Ziel zu führen. Schießt jetzt der Wildhüter zurück, weil sonst auf ihn geschossen würde. oder schießt er zuerst, damit das Tier keine Kugel fängt? Und ist es in der Situation wirklich hilfreich, wenn ein Richter nebenher läuft und die entsprechenden Schnellurteile ausstellt? Oder ist die Position als Parkranger eigentlich ein Freibrief gegen Wilderer?

Nun, wie wissen ja, dass der Jurist da eher prinzipisch denkt, aber in der Situation selbst irgendwie an der Situation selbst vorbei. Denn beide Parteien beschießen sich ja nicht mit Paragrafen, sondern mit Blei. Also wer ist schuld? Wer hat das Recht richtig interpretiert?

Und jetzt nehmen Sie das Beispiel und ersetzen Elefanten durch syrische Opposition und die Wilderer durch Assad und die Wildhüter durch die Amis. Oder die Jesiden sind die Dickhäuter, die IS Schlächter sind die Wilderer, behaupten aber die Wildhüter zu sein. Oder die Kurden sind die Elefanten, die Türken sind die Wilderer und die Parkranger haben grade frei. Oder, die einfachen, ehrlichen Menschen sind die Beute, alle anderen sind die Wildhüter und jeder hat seinen persönlichen Richter samt eigenem Gesetzbuch mit dabei!

Ich sachte et ja: dat is Dilemma!

10.10.2015

Chönge Mönögemönt

Wie man Dank seiner übergroßen Selbstverliebtheit das eigene Land von einem aufstrebenden Industriegebiet so langsam in eine Bürgerkriegszone verwandelt, kann man neugierigen Grundschülern ganz gut an Meister Erdogan von Osmanien erklären. Nach Amigogeschäften und kleineren Korruptionsaffären, sanften Eingriffen in Legislative und Judikative, die Neuinterpretation der Exekutive, Duldung von Extremisten in Nachbarländern und Unterstützung der nächstbesten Irren, von denen man sich Unterstützung im Kampf gegen die eigenen Feinde oder wenigstens etwas Ablenkung verspricht, bis hin zur Spaltung der Bevölkerung in ein eigenes Volk und die Anderen!. Der Prunz von Ankara gönnt uns ein zeitgenössisches Anschauungsbeispiel einer fatalen Bilderbuchkarriere, wobei man noch ganz sicher sein kann, welchen beliebigen afrikanischen Potentaten er imitiert.

Heute zumindest sind mal die ersten tausende auf die Straßen gegangen und haben offen die Mitschuld Erdogans an den über hundert Toten der morgendlichen Bombenanschläge in Ankara thematisiert. Ziel des Doppelanschlags waren die Delegierten der kurdischen Partei HDP, also jene kurdischen Volksvertreter, die ihm bei den letzten Wahlen die absolute Mehrheit gekostet haben (wovon er sich in seinen absolutistischen Weltvorstellungen aber nicht eintrüben lässt). Und wie sich das vor der freien Weltpresse so gehört, verurteilt der Kalif *"diesen abscheulichen Angriff zutiefst!"* und versprach die Aufklärung des Anschlags. HDP-Vize Demirtas hingeben bezweifelt das, denn die beiden vorherigen Anschläge gegen seine Partei wurden von Erdogans Polizei nun auch noch nicht so richtig aufgeklärt.

11.10.2015
Auf Adolfs Spuren
Schüsse, Giftanschläge, Bomben – das größte Arschloch aller Zeiten hat zwischen 1921 und 1944 insgesamt 39 versuchte Attentate überlebt, teilweise durch unglückliche Zufälle, teilweise durch Verrat, manche durch seinen angeblich siebten Sinn für unbekannte Bedrohungen (hat nicht geklappt bei: Russischer Winter, Mussolini, D-Day). Und bei jedem einzelnen fehlgeschlagenen Attentat kriegt man noch drei Generationen später Wutanfälle angesichts des großen Unglücks, das dadurch wahrscheinlich verhindert worden wäre. Ähnlich wird es wahrscheinlich vielen Bewohnern des Nahen Ostens eines Tages gehen, wenn sie auf das Leben des selbsternannten Großkalifen Abu Bakr al-Baghdadi zurückschauen, der nun auch schon wiederholten Mal den Bomben auf seine Konvois und Konferenzräume entkommen ist. Erst heute hat die irakische Armee erklärt, zuerst die Autokaravane und dann das Treffen der IS-Führer bombardiert zu haben. Nicht völlig erfolglos, weil eine Reihe von Vizes und nahen Mitarbeitern des aktuell Erstplatzierten in den Arschlochcharts entsorgt wurden, aber al-Baghdadi war wohl wieder nicht dabei. Und da fragt man sich doch: Hier, wo issen eigentlich dieser James Bond, wenn man ihn mal braucht? Hängt wahrscheinlich wieder im Kino rum!

12.10.2015
Dein Freund und Helfer
Das muss dann ja wohl die Polizei sein! Das dachte sich in Bonn auch ein Einbrecher, der zwar das Handwerk des Einbruchs recht ordentlich beherrschte, aber mit dem Ausbruch so seine Probleme hatte. Als er nach besorgter Zusammensuche

seiner Beute noch einen vielversprechenden Abstellraum inspizieren wollte, fiel dessen Tür ins Schloss und war von innen nicht mehr zu öffnen. Da der Pechvogel aber wegen vieler Eigentumsdelikte bei der Bonner Polizei ein- und ausgegangen wurde, griff er beherzt zum Telefon und ließ sich von den Beamten aus seiner misslichen Lage befreien. Auf der Wache unterschrieb er noch schnell das Protokoll seines missglückten Einbruchs und ließ sich dann wieder auf freien Fuß setzen.
Und jetzt denk ich schon seit Stunden darüber nach, wie sich diese kleine Bonner Anekdote wohl für einen kleinen Witz über andere Gewohnheitsverbrecher aus Brasilien, Guatemala, Türkei und etwa 150 anderen mehr oder weniger beliebten Staaten eignen könnte – aber ich befürchte, heute muss ich meinen treuen Achse des Blöden Lesern mal das Denken überlassen. Denn ich komm nicht drauf ...
Es muss wohl irgendwas mit Gewohnheit zu tun haben ...

13.10.2015
Ausblick auf Utopia
In einem Akt fast unitalienischen Wagemuts hat der römische Senat eine Verfassungsreform so halbwegs verabschiedet, die – leider – ihresgleichen sucht:
Die Kompetenzen des Senats werden so beschnitten, dass er nicht mehr jedes Gesetz und dessen Umsetzung jahrelang hinauszögern kann. *Bamm!*
Die Weisungskompetenz in Sachen Energie, Verkehr und Infrastruktur geht von den Regionen wieder auf die Zentralregierung über. *Bamm!*
Die Zahl der Senatoren wird von 315 auf 100 verringert! *Bamm!*
Das zusätzliche Senatsgehalt wird gestrichen, da die Senatoren eh schon gestopft Kohle von den Städten und Landkreisen bekommen, die sie vertreten.
Doppelbamm!
Natürlich muss das Gesetz jetzt in typisch italienischer Art und Weise noch zum dritten Mal gelesen werden, dann folgt wahrscheinlich ein Referendum wegen fehlender Zweidrittelmehrheit und schließlich – ohne das geht im Stiefelland gar nichts – kommt noch das übliche Klageverfahren-Pingpong der Justiz. Aber dann hätten die Spaghettifreunde tatsächlich etwas Einmaliges und Herausragendes geschafft, nämlich: dass eine Verwaltung ihre Ineffizienz eingesteht und sich freiwillig entmachtet und verkleinert!
Unfassbar. Das klingt fast zu schön um wahr zu sein. Das wäre, als ob Dieter Bohlen zugäbe, dass sein musikalisches Schaffen eh nur akustische Umweltvermül-

lung ist und er bis auf 100 CDs alles einstampfen ließe. Oder wenn die NRA zugäbe, dass schon auch die Möglichkeit, Menschen zu töten (Waffenbesitz) dabei hilft, Menschen zu töten, und sich deswegen selbst abschafft. Oder dass Herr Zuckerberg einsieht, dass man nicht jeden Datensatz 100 mal verkloppen muss, und sich abschafft. Und das sind nur ein paar ganz kleine Reformen, die unser Leben schlagartig verbessern könnten.

14.10.2015
Pánta chorei kaì oudèn ménei
Alles bewegt sich fort und nichts bleibt! In Zeiten, in denen jeder 12jährige im Internet mit zwei Klicks jede Art von Sexualpraktik einer genauen Überprüfung unterziehen kann, hat die klassische Wixvorlage halt ausgedient. Da ist es nur logisch, dass das schon früher nur wegen seiner guten Artikel von Jungs gelesene Nudistenmagazin "Playboy" nun durch seinen CEO Scott Flanders verkünden lässt, dass es ab Sommer nächsten Jahres keine der legendären Nacktbilderstrecken mehr geben wird, auch wenn er zugibt, dass "*mein zwölfjähriges Ich von meinem aktuellen Ich sehr enttäuscht ist!*"
Auch *Hugh Hefner* (89 - scheintot) und seine Frau *Crystal* (29 - scheinlebendig) ist mit dem neuen Kurs seines Heftchens einverstanden, solange es dem alten Lustmolch weiterhin ermöglicht, in seinem Pool das allseits beliebte Gesellschaftsschwimmen der Anwärterinnen (H. Hughes: *Tittensuppe*!) abzuhalten.
Na gut, bye bye Nackedei; aber wenn das Schule macht, und andere Zeitschriften nachziehen und sich ihres Hauptmerkmals entledigen ... gibt's dann demnächst Bild ohne Bild? Oder ohne Meinung?

15.10.2015
Bang Bang Cash
Einen Lichtblick in Sachen entwaffnender Logik hatte heute ein Gericht in Milwaukee, als es den Besitzer eines Waffenladens zur Zahlung von sechs Millionen Dollar Schadensersatz und Schmerzensgeld verknackte, weil dieser ohne glaubhaft das Gegenteil beweisen zu können, Waffen wissentlich an die Strohmänner jugendlicher Kriminelle verhökert hat, die damit im Jahre 2009 zwei Polizisten bleibend verletzt haben. Wie sich während der Verhandlung herausstellte, hatte der Ladenbesitzer mehr als 500 Schusswaffen in Umlauf gebracht, die später erwiesenermaßen bei Straftaten Verwendung fanden. Als was, kann man sich ja denken.

Grundsätzlich zeigt sich aber hier mal wieder die amerikanischste aller amerikanischen Gegenstrategien: statt den Waffenbesitz für jedermann einfach grundsätzlich einzuschränken und die Bevölkerung nach und nach zu entwaffnen – was ja wegen der starken Waffenlobby eh nicht gelingen wird – rückt man dem Problem jetzt mit Entschädigungsklagen zu Leibe. Und wie jeder weiß, ist das das Einzige, was den Revolverheld im Wilden Westen stoppen kann: Wenn er für Fehlschüsse nicht mit schlechtem Gewissen, sondern mit siebenstelligen Zahlungen haftet.

16.10.2015
Fleck auf der Weste?
Beckenbauer! Beckenbauer. Beckenbauer? Das war die beliebteste Erfolgsformel deutscher Fußballzauberer in den letzten 50 Jahren. Wer sich dreimal gen FIFA beugte und die magischen Worte sprach, dem war der Erfolg fast nicht mehr zu nehmen. WM 74 als Spieler, WM 90 als Trainer ohne Trainerschein, Sommermärchen 2006 als Generalzampano – und jetzt kommt das so ein Spiegel-Schmirfink daher und bewirft das nationale Symbol des Fußballstolzes mit Dreck:
Beckenbauer ein Blatter? Niersbach ein Platini? Sommermärchen gekauft? War es doch nicht die legendäre Bestechungsfax-Aktion der Titanic, sondern Zahlungen des ehemaligen Adidas-Chefs *Dreyfus* in Höhe von insgesamt 6,7 Millionen Euro, die Deutschland in der Abstimmung zum Austragungsort an die erste Stelle flutschen ließ? Oder lief es wirklich wie geschmiert?
Also überrascht wär man ja schon, wenn da die Saubermänner des DFB sich irgendeine kleine Schummelei erlaubt hätten. Auf der anderen Seite, so wie die FIFA sich unter Blatter die letzten 17 Jahren aufgeführt hat, wäre es ja fast ein Wunder, wenn sich der DFB da hat irgendwie sauber raushalten können.
Also noch größer als das Wunder von Bern!

17.10.2015
Geisteszustandgericht
Einen Tag vor der Bürgermeisterwahl in Köln hat ein Kölner Bürger versucht schon mal sein Kreuz zu machen, leider mit einem Messer und direkt in die beliebte Kandidatin *Henriette Reker* und ein paar andere rumstehende Hilfspolitiker und Helfer. Während die zukünftige Oberbürgermeisterin einer rettenden Notoperation unterzogen wurde, vermeldet die Polizei: *"Der 44 Jahre alte Täter sei geistig verwirrt und seine Tat aber sei politisch motiviert!"*

Und ganz ehrlich, knapper und schöner hätte man politische Motivation und den oft dazugehörenden Geisteszustand nicht zusammenfassen können.

18.10.2015
Wiederaufnahme der Aufnahmeverhandlungen
Direkter politischer Profiteur vom Schicksal der Millionen syrischen Flüchtlinge scheint: der kalte Mann vom Bosporus. Heimst erstmal jede Menge Lob dafür ein, den Großteil der Syrer bei sich zu lagern, und ja, es ist nur fair, wenn die EU dafür ein bissi mehr bezahlen soll, als sie in der ersten Runde angeboten hat. Viel interessanter ist aber die Ankündigung von unser aller Merkel bei ihrem heutigen Besuch vor Ort, dass man nur die Beitrittsverhandlungen mit den Türkei wieder aufnehmen könne, denn es habe sich ja in den letzen Jahren so einiges getan. Und da hat sie recht: so einiges!
Prunz Erdogan hat sich einen 1000-Zimmer-Palast direkt in ein Naturschutzgebiet bauen lassen, mehrere Polizisten und Juristen zwangsversetzen oder beurlauben lassen, weil die sich unverschämter Weise mit den Bakschischgeschäften seiner Parteifreunde beschäftigt haben, und zuletzt hat er auch noch gleich die Gelegenheit des Luftkriegs gegen den ISIS genutzt, um endlich mal wieder den Kurden einen auf den Deckel zu geben, damit sie mal nicht vergessen, welche Rolle ihnen im Nationalstaat Türkei vorgesehen ist. Und auch außerhalb.
Fassen wir mal kurz zusammen: Prachtgehabe, Willkür, Korruption, politische Säuberungen, Krieg gegen Minderheiten im eigenen Land und auch außerhalb der eigenen Grenzen - so qualifiziert man sich also für den EU-Beitritt.
Ach ja, Politik kann erschreckend einfach sein.

19.10.2015
Steinchen verstreuen
Schadet es dem Gehirn, wenn man zu viel kifft? Geht die Konzentration dahin, das Erinnerungsvermögen? Oder ist man an Antworten einfach nicht mehr so interessiert wie der Durchschnittsdenker?
Eine beeindruckende Antwort auf all diese Fragen versteckt sich vielleicht in dem rätselhaften Ereignis, das sein Ende am heutigen Tage in der schönen Stadt Paris fand. Beziehungsweise irgendwo in seiner Peripherie, denn wenn eines nicht passieren kann, dann dass jemand drei hintereinanderliegende Parkplätze findet und dann dort drei Lieferwagen zu einer kleinen hübschen Reihe arrangieren kann.

Das gab es in der Innenstadt das letzte Mal 1944. Deswegen sind sie einem gewissenhaften Anwohner auch aufgefallen, die Transporter. Die herbeigerufene Polizei machte so ohne eigenes Verschulden einen ansehnlichen Fund: sieben Tonnen Cannabis für etwa 15 Millionen Euro Verkaufswert.

Und jetzt können sie sich auf die Suche nach drei verwirrten Fahrern, die offensichtlich zu viel von ihrem eigenen Zeugs geraucht haben, – ach was sag ich geraucht! Haha, wahrscheinlich haben sie sich einen zünftigen Einlauf damit gemacht – und dann schlicht vergessen, wo sie ihre Ware geparkt haben. Anscheinend kennt der französische Cannabist noch nicht mal das Märchen von Hänsel und Gretel. Oder auch das Langzeitgedächtnis leidet. So geht's dahin.

Interessant die Frage allerdings, ob dem aufmerksamen Anwohner nun ein zehnprozentiger Finderlohn ins Haus steht: etwa 700kg feinstes Gras!

20.10.2015
Bayrische Denkweise
Mit einer Sonderform der Logik bayrischer Polizeiorgane wurde heute eine türkische Familie konfrontiert, als sie auf der Wache erschienen um einen Akt von Vandalismus an ihrem Eigentum anzuzeigen. Unbekannte hatten des Nachts ein schwarzes Hakenkreuz auf die Fahrertür ihres silbernen Mercedes gesprüht.

Dann zeigten die Beamten leicht schizophrene Züge, als sie erst die Fahrzeugbesitzer unter Androhung einer Anzeige aufforderten, das Symbol sofort vom Fahrzeug zu entfernen, denn *"Wer ein Hakenkreuz spazieren fährt, macht sich strafbar!"* Und dann ließen sie auf interessierte Nachfrage der Presse einen ihrer Sprecher erklären: *"Man habe keine Anhaltspunkte für einen politisch rechts motivierten Tathintergrund gefunden!"*

Öhh, ... Hakenkreuz?

Na gut, das kann ja mal passieren, dass man vergisst, was man kurz vorher den Opfern selbst noch erklärt hat, dass sie ja auch zum Täter werden könnten, weil das ja in Deutschland verboten ist mit dem Lieblingssymbol aller Nazis rumzufahren. Vielleicht hat der Polizeisprecher aber auch keinen rechten politischen Hintergrund erkannt, weil man in Bayern ja auch so das Spielfeld für Tic Tac Toe malt.

Apropos, gute Idee für die türkischen Fahrzeugbesitzer: mit ein paar zusätzlichen Linien könnt Ihr aus dem Sonnenrad ja ein prima Mühlefeld machen.

Problem gelöst.

21.10.2015
Toller Vergleich
Nicht alles, was so ein Schweizer Fußballfunktionär sagt ist interessant, aber im Fall von *Christian Constantin* (nicht verwandt mit Neue Constantin) lohnt sich ein zweiter Blick: *"Sepp Blatter lebt nur noch in einer Traumwelt. Er hält sich für den Papst."* Eine klare Analyse, der der Boss der Schweizer Erstligisten FC Sion noch einen weiteren Ausflug in seine profunden Kenntnisse der menschlichen Psyche folgen lässt: *"Sepp ist verrückt geworden. Auf diesem Niveau der Macht haben die Leute keinen Verstand mehr. Machtmenschen sind gleichzeitig Verrückte und Kinder!"*
Und ja, das tut gut, dass nicht nur die Achse des Blöden die Wahrheit bei Ross und Reiter nennt, sondern auch mal ein Fachmann, der wahrscheinlich – viele andere Beiträge in dieser Sammlung legen die Vermutung nahe – richtig liegt. Aber reden wir mal nicht über den hirnversperrten Blatter, sondern über den Führer der katholischen Kirche. Denn wenn man korrekt an eine Gleichung geht, dann können Constantins Aussagen ja nur bedeuten: *"Der Papst lebt in einer Traumwelt!"*
Und womöglich hält er sich für Blatter.

22.10.2015
In die Zukunft
Am Marty McFly Day, der Tag an dem für die Freunde der quatschigen Filmserie die Vergangenheit die Zukunft einholt, wird wahrscheinlich tatsächlich in die Geschichte eingehen, aber anders als sich die Fans von Flux-Kompensatoren und Hooverboards je hätten albträumen lassen. *Keise Izuma* und sein Team von der University of York haben heute vermelden lassen, dass es ihnen gelungen ist – wie sich die Boulevardpresse diesbezüglich auszudrücken bequemt – das menschliche Gehirn zu *hacken*. Aber nicht mit dem Beil, sondern mit dem Magneten.
In gezielten Versuchsreihen haben die Wissenschaftler im medialen, frontalen Kortex rumgepfuscht und mittels einer Magnetstimulation die Einstellung der Probanden zum Thema Tod befragt; was allerdings nur ein Ablenkungsmanöver ist, da frühere Untersuchungen schon gezeigt hatten, dass Menschen eingedenk des Todes besonders anfällig für Ideologien sind.
Dann der eigentliche Hack: diejenige Probanden, denen man vorher gewisse Hirnregionen ausgebremst hatte, "glaubten zu 32% weniger an Gott, Engel oder einen Himmel, reagierten gleichzeitig aber zu 28,5% positiver auf Zuwanderer."

Die Ergebnisse beweisen dass sich vermeintlich grundsätzliche Einstellungen mit dem Magneten erstaunlich leicht von außen manipulieren lassen. Und das lässt mich doch an ganz andere Zukunftsvisionen denken, die mittlerweile von der Zeit eingeholt wurden, zum Beispiel an den Klassiker 1984. Und ich frag mich, wie einfach es wohl eines Tages sein wird, so einen Stimulationsmagneten in diese eh verabscheuungswürdigen Nacktscanner einzubauen.
Da kippt die Stimmung im Volk, und zwar in eine gewünschte Richtung. Ich lege dafür mal das Datum 20.07.2060 fest, der Tag an dem mein verstorbener Bruder 100 geworden wäre. Möge man dann feststellen, ob das dann auch ein Marty McFly Day ist. Schöne neue Welt.

23.10.2015
Weise Voraussicht
Das kleine hochsympathische und bis in die letzte Faser durchdemokratisierte Land Katar, das auf FIFA-typische Art und Weise irgendwie zum Ausrichter einer Hochtemperaturfußballmeisterschaft kurz vor Weihnachten 2022 ernannt wurde, denkt schon mal darüber nach, wie Freiheit und Aufklärung auch während dieses brisanten Turniers gewährleistet werden können – angesichts der vielen zu erwartenden, schweinefleischfressenden und biertrinkenden Hooligans aus den Heidenländern. Aber Hilfe naht durch die zuverlässige deutsche Ausrüsterfirmen, die sich bestens mit der Sicherung von Großereignissen auskennen und vorab schon mal 62 Leopard 2 Panzer und 24 Panzerhaubitzen liefern, damit die Katari vorher noch ein bisschen im Jemen üben können, wie man die schweren Kisten richtig rückwärts einparkt. Nicht dass da später mal ein Unglück passiert.

24.10.2015
Fette Ernte
Kong Hee, selbsternannter Gesandter Gottes und Gründer der Megakirche "City Harvest Church" in Singapur hatte dann doch noch ein zweites Hobby, nämlich die Popkarriere seiner geliebten Frau *Sun Ho*. Um der 43jährigen Möchtegern-Popdiva ein standesgemäßes Leben auch ohne relevante Auftrittsgagen und Plattenverkäufe zu ermöglichen, hat Freund Kong mal eben schlappe 91 Millionen Euro vom Kirchenvermögen abgezweigt und in die Promotion für seine Gattin gesteckt.
Und weil sie trotz dieser gigantischen Investition noch immer keiner kennt oder ihre Platten kauft, bekommt man einen ganz guten Eindruck davon, wie talentbefreit die

Dame tatsächlich ist. Denn jetzt mal ganz ehrlich: normalerweise reichen bei durchschnittlichen begabten Singdrosseln etwa drei bis vier Millionen, um sich einen weltweiten Nummer Eins Hit zu kaufen. Letztlich kann Kong Hee also froh sein, dass man ihn jetzt erwischt und verurteilt hat. Da ist er doch für die nächsten Jahre die größere Plage schon mal los.

25.10.2015
Ein bisserl Schwund ist immer
Dieser Woche kann man eins nicht vorwerfen: sie hätte nicht alles versucht, um der Überbevölkerung mit kreativen Möglichkeiten entgegenzutreten: vor der Westküste Kanada haben sich 27 Whale Watcher bei der Ausübung ihres Hobbys mit ihrem Boot versenkt, fünf von ihnen sind nicht wieder aufgetaucht. Scheint also so, als hätte diesmal der Wal etwas zu beobachten gehabt. In Frankreich hat der "*doppelstöckige Reisebus der Unendlichkeit*" mal wieder zugeschlagen und über 40 Rentner in seinen Sitzen verbrannt. Da will sich aus der ISIS nicht lumpen und zu Krönung der Woche mal eben 70 Leuten erschießen lassen. Dummerweise kamen ihn die Alliierten in die Quere und befreiten die zukünftigen Opfer. Zur Strafe nahm ihnen das Wochenende einen GI.

Effektiver geht sie da in Saudi-Arabien zu Werke, wo die Richter des ultra-sunnitischen Herrscherhauses mal wieder Todesurteile aus ihren nicht sehr variantenreichen juristischen Köcher für ihre schiitischen Landsleute gezogen haben: und zwar die Nummern ab 134 aufsteigend! In Schweden läuft mal wieder ein Möchtegern-Nazi Amok gegen Flüchtlingskinder, diesmal nur mit einem Messer; also nichts ganz so effektiv wie einst sein Vorbild Breivik.

Apropos Messer – die scheinen ja die Tage schwer in Mode zu kommen, vor allem in der persönlichen Kommunikation zwischen jungen Palästinensern und besser bewaffneten Israelis. Also, wenn ich's jetzt so recht bedenke: eine eigentlich ganz durchschnittliche Woche.

26.10.2015
Clowns for President
Dann hat es doch endlich einmal geklappt: was einst Coluche in Frankreich und Grillo in Italien versucht haben, ist nun endlich dem ersten TV- und Filmkomiker gelungen: in Guatemala haben die Bürger aus Frust und Trotz gegen das politische Establishment ihren Lieblingswitzbold zum Präsidenten gewählt. Nicht aber

etwa, weil sie der Überzeugung wären, dass *Jimmy Morales* als Politiker geeignet sei, sondern einfach nur weil die Hälfte der Wahlberechtigten, die auch zur Wahl gingen, auf die bisherige Besetzung, die alle eher als unfreiwillige Komiker denn als ernstzunehmende Politiker auftraten, keinen Bock mehr hatten. Die andere Hälfte ist gleich daheim geblieben, weil ihnen das gesamte Panoptikum der Kandidaten zu gar nichts geeignet schien.

Und das ist doch mal ne gute Gelegenheit, einen Satz aus meinem eigenen Kabarettprogramm zu zitieren: "Wie man die Nichtwähler wieder an die Urne bringen kann? Ein paar von den Politikern könnten sich einäschern lassen!"

27.10.2015
Unterversorgung
Streng nach dem Prinzip von Angebot und Nachfrage sieht der chinesische Professor *Xie Zuoshi* das sexuelle Schicksal seiner Landsleute beschieden. Da es in wenigen Jahren bereits 30 Millionen Männer mehr als Frauen geben wird, mögen sich bitte die Kerle der einkommensschwachen Schichten jeweils zu dritt oder viert eine Lady teilen. Polyandrie sei nun mal die wirtschaftlich vernünftige Antwort auf die verknappte Ware Frau.

Was Herr Professor Xie aber so gar nicht auf dem Schirm hat: Frauen sind außerhalb des IS kein verteilbares Gut; keine Ware, die je nach statistischen Erkenntnissen auf einen Verbrauchswert hochgerechnet werden sollte. Und wenn die Chinesische Regierung tatsächlich mit Unruhen unter den zwangsledigen Männern rechnet und Frauen so als verknapptes Gut betrachten, dann kann man ihnen zur Abwehr der nationalen Katastrophe nur empfehlen: im Tigerring gibt es genügend billige Mädchen zu kaufen. Phillippinas, Thai, Vietnamesinnen – wer könnte nicht glücklicher sein, als sich gegen gut Bargeld in China ins Regal stellen zu lassen, damit die 30 Millionen Junker nicht komplett durchdrehen und zum Beispiel einen dritten Weltkrieg anfangen.

Denn eins ist mal klar: Männer, aus denen man nie den Druck raus lässt, sind zu Dingen instande, die sich aller Vernunft entziehen. Oder wir zweigen einfach alle Mädchen und Frauen aus den Flüchtlingsströmen ab und leiten sie nach Peking um. Oder wir erklären dem ZK, dass 15 Millionen schwule Pärchen auch ein guter Weg zur Bevölkerungskontrolle darstellen könnten. Dazu muss nicht jeder seinen Standpunkt verändern; manchmal reicht die Einstellung.

28.10.2015

Parzellierung

Was mal ein Europa ohne Grenzen werden sollte, nimmt grad Anlauf für einen mächtigen Sprung zurück in alte Zeiten. Ein Land nach dem anderen liebäugelt mit seiner vollständigen Einzäunung: weil ja die meisten Probleme sich einfach in Luft auflösen, wenn man sie aussperrt und dann ganz fest zwei Augen zudrückt. Oder man lädt die Flüchtlinge auf der einen Seite in Busse und Züge ein, um sie möglichst schnell durchs eigene Fleckchen durchzuschleusen, wo man sie dann wie Felix Austria einfach in Nacht und Nebel aber auch irgendwo im Wald an der grünen Grenze zu Deutschland aussetzt. Ein Verhalten, dass weder mit bestehenden EU-Gesetz noch mit den alle paar Tage neu verhandelten Vorgehensweisen der EU-Länder auch nur ansatzweise kompatibel ist.

Aber auch ein Verhalten, dass sich in Sachen Hinterfotzigkeit nochmal locker toppen lässt: wie Amnesty International verlauten lässt, hat die australische Regierung in den letzten 18 Monaten mehrere Flüchtlingsboote vor ihrer Nordküste aufgebracht und dann die Schlepper mit sanften Druck und durch Zahlung von nicht versteuerbaren Einkommen überredet, die Flüchtlinge einfach wieder Richtung Indonesien zu schippern. So geht's doch auch.

Unterdessen gehen den Schleppern in der Türkei die seetüchtigen Schiffchen aus, was auch heute wieder zu einer Havarie einer hoffnungslos überbesetzten Schaluppe geführt hat. Und da schaut man schon mit einer gewissen Wehmut hin, wenn man sich überlegt, dass unsere Regierung sich erst kürzlich in einem Akt unvorstellbarer Peinlichkeit in einem solchen Boot auf der Spree hat show-schippern lassen – da fragt man sich schon, warum es nie die richtigen trifft.

29.10.2015

Menschenplanung

Auch wenn sich durch die wirtschaftliche Öffnung Chinas in den letzten 15 Jahren eine Art Mittelschicht von etwa 300 Millionen Chinesen gebildet hat – und Mittelschicht bezieht sich hier auf die mittelfristige Vorausschau auf künftiges Einkommen, nicht etwa auf Mittel des Geistes – etwa eine Milliarde der sympathischen Gelblinge arbeiten immer noch als Bauern oder auf morgendlichen Zuruf als Wanderarbeiter, sprich: sie sind keinesfalls in der Lage eine mittelfristige Voraussage über ihr Einkommen zu treffen. Trotzdem schlägt auch in China die demographische Keule zu, und zwar doppelt: denn China überaltert nicht nur, sondern – wie berichtet – es fehlen auch 30 Millionen Frauen, weil der weibliche Fötus bei der nun 30 Jahre lang herrschenden Ein-Kind-Politik einer seltsam erhöhten Sterblichkeit unterlag. Um hier mal ein bisschen Druck vom Kessel zu nehmen hat das Zentralkomitee heute die Ein-Kind-Quote pro Frau für beendet erklärt und will nun in Zukunft auch wieder ein Geschwister zulassen. Zumindest in Familien, in denen mindestens ein Elternteil schon ein Einzelkind war.

Vielleicht wäre da aber auch ein Kooperation mit dem freundlichen Nachbarn *Kim Jong Un* denkbar, der schon seit einiger Zeit zur Devisenbeschaffung 50.000 Zwangsarbeiter als Mietsklaven nach China und Russland verhuurt – wie UNO Sonderermittler *Darusman* heute in New York zum besten gab. Da könnten doch nordkoranische Uteri zum Austragen von chinesischem Mädchennachwuchs vermietet werden. So im Rahmen der kleinen Nachbarschaftshilfe.

30.10.2015
Gutes schlechtes Beispiel
Der vom Schweizer Blick als deutscher IS-Rapper bezeichnete *Denis Cuspert* aka Abu Talha al-Almani (Kampfname bei der IS-Miliz) scheint nun endgültig seinem Schöpfer Allah (Kampfname unter den Buchreligionen) gegenüber getreten worden sein; allerdings weiß man noch nicht mit welcher seiner gespaltenen Persönlichkeiten er dort antritt.

Früher in Berlin nannte sich der Kleinkriminelle und Sprechrhythmiker ja Deso Dogg (Krampfname als Gangsta-Rapper), was wohl von Desorientierung und Hund (Kampfname für bissigen Vierbeiner) abgeleitet sein sollte. Hat aber auch nichts genützt, denn während jeder Trottel in Berlin der Nuller Jahre mit Gangsta-Rap sein Geld gemacht hat, bekam Deso noch nicht mal einen Plattenvertrag.

Auch als professioneller Kampfsportler bekam er hauptsächlich auf die Kurz vor Zwölf, weswegen er sich dann pflichtgemäß desorientiert und gedemütigt dem ISIS anschloss, für seinen Glauben in den Krieg zog und eben dort vor Kurzem von einer amerikanischen Luft-Boden-Rakete mächtig den Arsch aufgerissen bekam.

Nun, sagt sich der geneigte Leser der Achse des Blöden völlig zurecht: das ist doch weder eine Nachricht, noch besonders blöd oder gar unfreiwillig komisch – und da hat er Recht, der geneigte Leser!

Aber da sich der Hund angeblich in höhere Kreise des IS emporgefoltert hat, kann er ja zumindest mal mahnendes Beispiel dienen – wenn er sonst schon nicht Vernünftiges in seinem kurzen Leben zustande gebracht hat.

Und es gibt auch einen kleinen Hinweis darauf, wie verzweifelt die IS-Spinner sein müssen, wenn sie so jemanden nicht nur rekrutieren, sondern auch noch befördern.

31.10.2015
Abgaswandel
Fast zu schön um wahr zu sein liest sich eine Meldung aus Kanada, wo das Startup *Carbon Engineering* eine Maschine vorgestellt hat, die das böse Kohlendioxid aus Industrie- und Autoabgasen wieder in Energie zurückverwandelt. Ob sie dabei am Ende aber mehr Energie verbraucht, als sie selber produziert, haben die Erfinder leider noch nicht verraten. Aber immerhin: sie nennen es Kraftwerk. Und wollen bis 2017 mal eine Versuchsanlage aufbauen, die dann pro Tag eine Tonne CO2 aus der Luft saugt und in was viel Besseres verwandelt. Schon bald. Bestimmt!
Das erinnert mich daran, dass man schon vor zehn Jahren an einer norddeutschen Universität Algen darauf dressiert hat, das in Biofermentern reingepumpte CO2 mittels Photosynthese wieder in Ölen zu binden; also quasi so einen Schnelldurchlauf des natürlichen Verrottungsprozesses von Pflanzen und Tieren zu Erdöl, nur halt anders. Aber auch davon hat man dann nicht mehr viel gehört - also garnix! Da muss dann die Rettung der Welt wahrscheinlich doch noch mal ein bissi auf sich warten lassen.

NOVEMBER

01.11.2015
Und Tschüss, Türkei
Schade. Völlig überraschend – *haha!* – geht die AKP mit absoluter Mehrheit aus der heutigen Parlamentswahl in der Türkei hervor. Eine Wahl, die notwendig geworden war, weil sich die AKP nach der letzten Wahl vor fünf Monaten mit sich selbst auf keinen Koalitionspartner einigen konnte. Was ja auch schwer fällt, wenn man vorher 13 Jahre lang alleine und nach Gutdünken regiert hat. Und ohne absolute Mehrheit kann man ja auch die demokratische Struktur nicht, wie schon länger von Prunz Erdogan geplant, sukzessive in ein Präsidialsystem überführen, oder wie man es da in der Gegend auch mal nennt: Kalifat!
Wahrscheinlich wird sich der kalte Mann am Bosporus nun wunschgemäß für einige Zeit vom säkularisierten, *europäischen* Osmanenstaat eines Atatürk verabschieden. Aber so ist das halt, wenn man sich selbst als die best mögliche Regierungsform hält. Bin schon gespannt, wann der Prunz seinem Parlament die Vererbbarkeit des Präsidentenamts vorschlägt.

02.11.2015
Ausschlussverfahren
Weil die seit einem Jahr tätige schwedische Regierung ihrem hundertprozentigen Staatskonzern Vattenfall eine neue Ausrichtung auf erneuerbare Energien verordnet hat, wollen die Nordmänner nun ihre Braunkohlesparte in Deutschland verkaufen und haben die US-Bank Citigroup damit beauftragt einen geeigneten Käufer zu finden. Tolle Sache, haben sich da auch die Jungs von Greenpeace gesagt, sich als Käufer ins Spiel gebracht und direkt mal ein Angebot abgegeben: den Wert des Kohleverheizers schätzen sie auf Minus Zwei Milliarden – wenn man schon mal die Folgekosten zur Beseitigung aller ökologischen Schäden mit einberechnet.
Greenpeace wäre aber bereit, das aus ihrer Sicht ziemlich defizitäre Unternehmen zu übernehmen und nach und nach in einen Laden für erneuerbare Energien zu verwandeln – also eigentlich ganz im Sinne der neuen schwedischen Regierung – allerdings nur, wenn Vattenfall noch ein paar hundert Millionen oben drauflegt.
Eine Auslegung der Sachlage, die alle verfügbaren Vattenfallsprecher schnellstmöglich als PR-Gag der Umweltschützer abstempeln und Greenpeace aus dem

Bieterverfahren ausschließen lässt. Na gut, dann übernehmen sie halt die Dieselsparte von Volkswagen.

03.11.2015
Gesetze machen – trotzdem lachen!
Um mal volkswirksam zumindest gegen ein Symptom des ungezügelten Kapitalismus anzugehen, hat die Regierung vor einiger Zeit eine Mietpreisbremse erfunden; und wie oft liegen zwischen gut gemeint und gut gemacht kleine Welten. Denn um das Gesetz effektiv umzusetzen, benötigen die 239 betroffenen Kommunen einen greifbaren Vergleich, vulgo Mietpreisspiegel. Den gibt es aber nur in 62 Städten, und auch die sind größtenteils fragwürdig, weil die Daten im Schnitt vier Jahre alt sind. Um aktuelle Preisvergleiche zu erheben, müssten die zuständigen Ämter für teuer Geld überhaupt ersteinmal aktuelle Listen erstellen lassen. Kosten von zigzehntausend in kleinen Städten bis in dem mittleren sechsstelligen Bereich für die Großstädte werden dumm im Raum stehen gelassen, denn die Kämmerer haben die Kohle grad nicht parat. Aber ohne Spiegel läuft auch die beste Bremse ins Leere. Aber gut, warum sollte dieses eine Gesetz gegen blinden Mietwucher besser sein als die anderen gut gemeinten Sachen. Obwohl: wenn die doch vorher drüber nachgedacht haben, was sie da machen, dann war es vielleicht doch nicht so gut gemeint – sondern nur der übliche populistische Quatsch, mit dem man sich als Volksparteigänger gerne mal auf dem Titelbild der Bild ablichten lässt.

04.11.2015
Was Vati kann
Der von Gott persönlich eingesetzte Stellvertreter und päpstliche Alleinunterhalter Franziskus hat ja bekanntlich viele gute Einfälle. Aber nicht alle finden auch begeisterte Freunde in den eigenen Reihen. Zum Beispiel Glasnost und Perestroika für die vatikanische Finanzverwaltung sind so Ideen, die sich nur sehr schwer in die Köpfe der kirchlichen Verwaltungsbeamten ausbreiten können. Denn da hat man doch seit Jahrhunderten seine Regeln und Riten, zum Beispiel mit dem jährlich erhobenen Petersphennig nicht unbedingt nur karitative Anliegen (etwa 20%) zu unterstützen, sondern auch den Schwund in anderen Konten (60%) und weitere, nicht genau zu klärende Finanzangelegenheiten (der Rest) zu regeln. Und wie immer hab ich die Zahlen nicht erfunden, sondern im heute veröffentlichten Buch des Enthüllungsjournalisten *Nuzzi*.

Wie der an die Zahlen gekommen ist, will er nicht verraten, aber die vatikanische Justiz hat da schon eigene Verdächtige und lässt die mal auf Vorrat verhaften: prominentes Opfer ist der spanische Prälat *Lucio Angel Vallejo Bald*, der lustigerweise von Franzens Vorgänger Benedict 2011 nach Rom geholt wurde, um genau das neu zu ordnen, was Nuzzi jetzt anprangert, also das vatikanische Finanzwesen. Nuzzi immerhin verschweigt weiter die Namen seiner Informanten, nennt die Festnahmen aber "*eine abnorme Reaktion*".
Haha, da sollte der gute Nuzzi sich nochmal ein wenig in die Geschichte des Vatikans vertiefen. Von abnorm kann dann da nicht mehr die Rede sein.

05.11.2015
Poetry Slam
Während in Augsburg die Deutschen Meisterschaften der Bühnenpoeten sich mit über 200 Teilnehmern durch ihre Vorrunden wursteln, zeigen in Berlin die wahren Meister der Selbstwortattentate ihr ganzes Können zum Thema Willkommenskultur: da werden innert weniger Tage aus so lustigen Fachbegriffen wie Transitzonen, Sammellager, Asyl-Wartezimmer so Formulierungen wie besondere Aufnahmestellen; also irgendwie nicht mehr normale, sondern besondere, die sich nicht nur am Vorbild des sogenannten Flughafenverfahrens (mit Willkommenshaft) orientieren sollen, sondern auch noch schneller abgewickelte werden sollen – damit der Flüchtling möglichst schnell Wienerin seine Heimat zurückkehren darf. Drei bis fünf solcher besonderen Aufnahmestellen sollen eingerichtet werden, und da hätte ich doch ein paar Ideen beizusteuern: ein sone Aufnahmestelle mitten im IS Gebiet, alle Dshihadisten rein, und dann beschleunigtes Abschiebeverfahren auf eine einsame Insel in der Arktis. Noch sone Aufnahmestelle für Assad und sein Gefolge, am besten irgendwo in Russland - das ist er wenigstens bei Freunden. Aber wahrscheinlich haben die das doch wieder ganz anders gemeint.

06.11.2015
Ohne Fraktionszwang
Bundestag hat entschieden, schlagzeilt Bild: "*Geschäftsmäßige Sterbehilfe künftig verboten!*" Und das kann ja nur heißen, dass so lebenslustige Unternehmen wie Krauss-Maffei, Heckler&Koch oder SIG Sauer in Zukunft zumindest in Deutschland keine Waffen mehr herstellen und in Umlauf bringen dürfen, oder? Zumindest nicht legal. Ach so ja, Quatsch, die besten Geschäfte sind denen ja eh bereits verboten;

das kennen die da ja schon. Stört also kaum. Ach, nein, doch nicht, hier geht's um die Beihilfe zum Selbstmord, wie die eine Seite behauptet, oder das Recht des Einzelnen auch seinen Todeszeitpunkt auch unter medizinischer Mithilfe zu bestimmen, wie die andere Seite behauptet. Offensichtlich vergeblich.

Aber nochmal präzisier: *"nach zweijähriger Debatte entschied der Bundestag jetzt mit breiter Mehrheit (Alkohol?) ein Gesetz, das die geschäftsmäßige Förderung der Selbsttötung unter Strafe stellt!"* Und das hört sich gleich wieder sehr viel weiter gefasst an. Also wenn zum Beispiel eine Bank Ihre Kunden durch dubiose Finanzderivate in den Ruin treibt, ist das dann nicht auch so eine geschäftsmäßige Förderung der Selbsttötung? Tschuldigung, bin verwirrt.

07.11.2015
Meinungszombie
Nur um schon mal so einen leichten Eindruck davon zu vermitteln, in was sich die Türkei verwandeln soll, hat das Handelsministerium heute mal die - lustigerweise - staatliche Teefirma Caykur mit einer saftigen Strafe wegen Beleidigung belegt, weil die Teefritzen es gewagt haben, in ihrem neuesten Werbespot für ihren Erfrischungstee "Didi" das omnipräsente Yoghurtgetränk Ayran zu dissen, und zwar mit den Songzeilen *"Ich habe Ayran getrunken, das hat mich einschlafen lassen!"*

Und davon abgesehen, dass das ein wirklich lahmer Diss ist und man schlechte Texter ruhig auch mal bestrafen sollte, als staatliches Unternehmen sollte man schon wissen, dass der sehr auf sich bedachte Präsident von eigenen Gnaden das Yoghurt-Wasser-Salz-Gemisch schon vor zwei Jahren in den Rang eines *"türkischen Nationalgetränkes"* erhoben hat. Ein Nationalgetränk. Aus Yoghurt und Wasser. Und Salz!

Ein Akt politischer Willkür, wie er nur jemanden einfallen kann, der selbst wahnsinnig gerne Ayran trinkt und generell der Meinung ist, dass seine Meinung generell sein sollte, quasi nationalgenerell! Richtigerweise hätte Erdogan selbst in dem Tee-Werbespot auftreten müssen und singen:

"Ich habe Ayran getrunken, das hat mich zu einem Zombie gemacht!"

08.11.2015
Holla, die Waldschweiz
Überraschend neutral haben sich Schweizer Politiker bisher gegenüber der Frage verhalten, dass es in der Schweiz für einen sechzehnjährigen Knaben zwar illegal

ist, zu rauchen, zu saufen oder etwas anderes als einen Trecker zu fahren, er aber sehr wohl in einen Puff gehen darf, weil da das Jugendschutzgesetz irgendwie entspannter ist als gedacht.

"Es war mir gar nicht bewusst, dass Sechzehnjährige ins Bordell gehen und das auch noch legal ist!" sagt zum Beispiel *Marianne Streiff-Feller*, ihres Zeichens Präsidentin der Evangelischen Volkspartei – was sie ein wenig entschuldigt, so gar nichts über Schweizer Puffs zu wissen. Man solle also die Altersgrenze für die Buben auf etwa 18 anheben.

So wie man es vor nicht ganz anderthalb Jahren mit dem Alter derjenigen gemacht hat, die sexuelle Dienste anbieten dürfen. Die müssen nämlich schon seit letzten Sommer volljährig sein (aha, Ihr Schweizer).

Was aber eigentlich ein kleines Zwielicht auf die jetzt so überraschten Politiker wirft, denn irgendwer muss doch letzten Sommer und Jahrhunderte zu spät die Altersgrenze für die Anbieter im horizontalen Gewerbe (Nutten, Fliesenleger) angehoben haben, nicht wahr?

09.11.2015
Anlauf nehmen
Wir, die wir alle wissen, dass die ultimative Beeinflussung der WM-Vergabe durch den mittlerweile zum Europa-Abgeordneten degradierten Ex-Titanic-Kapitän *Martin Sonneborn* zu verdanken ist, sind heute etwas peinlich berührt davon, dass der ehrenvolle Präsident des Deutschen Fußballbunds Wolfgang Niersbach ehrenhalber zurückgetreten ist; und zwar um politische Verantwortung für etwas zu übernehmen, das zwölf Jahre vor seiner Ernennung zum Präsident und fern ab seines Wissens geschehen sein könnte. Denn zur fraglichen Zeit war er ja nur DFB-Pressechef, was letztlich nur so ne Art Grüßonkel für seine ehemaligen Berufskollegen ist. Und eins ist ja mal klar: wie soll denn ein gelernter Journalist vom Sportinformationsdienst (Niersbach von 1973 - 1987) wissen, wie Bestechung richtig geht? Oder falsch.

Trotzdem, Respekt, Herr Expräsi, das ist wirklich schlau: das Schiff verlassen, bevor es anfängt zu sinken. Dann wird man nicht mit den Ratten verwechselt, die erst später in Panik von Bord hüpfen, wenn es mit dem Sinken so richtig los geht; außerdem behält man so eine Art weiße Weste, einen Nimbus von selten erlebter, voreiliger ethischer Korrektheit – also etwas, das einen bei der nächsten FIFA-Präsidentenwahl echt gut zu Gesichte steht: Wolfgang for Präsident!

10.11.2015

Trauerweide

Als der heute verstorbene Helmut Schmidt im Jahre 1977 von einer Dienstreise aus Ägypten zurückkam, beschloss er die Erschaffung einer neuen Tradition: seinen Vorgängern im Amt des Bundeskanzlers wollte er durch die Pflanzung und Widmung von Kanzlerbäumen im Garten des Palais Schaumburg ein botanisches Denkmal setzen. Für die zu der Zeit nicht mehr unter uns wandelnden Adenauer (Blauglockenbaum) und Erhard (Urwelt-Mammutbaum) legte er es fest, seine noch lebenden Kollegen Kiesinger (Rotblatt-Ahorn) und Brandt (Gingko) ließ er selbst wählen. Ganz der gute Helmut, als den wir ihn zu schätzen gelernt haben, sah er für sich selbst im Baum die melancholische Geste als angemessen und entschied sich damals schon für die Trauerweide. Was unter dem Eindruck des deutschen Herbsts doppelt logisch erscheint.

Und nun, während ich diesem Politiker, der Terroristen die Stirn bot und Loriot inspirierte, eine letzte schöne Reise mit Mentholgeschmack wünsche, frage ich mich, wie diese Tradition weitergeführt wird? Klar, der andere Helmut kriegt einen Birnbaum. Schröders Gerd vielleicht eine russische Birke. Aber unsere Volksmutti? Welche bemitleidenswerte Pflanze dafür wohl herhalten muss. Oder wird es am Ende ein einfacher Wunderbaum?

11.11.2015

Zeitreisedilemma

Auf die in den USA gerne gestellte Frage *"Wenn Sie in die Vergangenheit zurückreisen könnten, würden Sie dann das Baby Adolf Hitler töten?"* antwortete einer der vielen geistig verwirrten republikanischen Präsidentschaftskandidaturanwärter mit folgendem Gestammel: *"Aber natürlich würde ich das tun. Wissen Sie, man muss für was einstehen. Es könnte natürlich gefährliche Auswirkungen haben. Aber ich würde es trotzdem tun. Ich meine: Es ist Hitler!"*

Gut, so interessant ist das jetzt als Aussage nicht, dass man es in der Achse des Blöden erwähnen müsste, wäre da nicht das kleine Detail, wer solches von sich gibt: denn ist ist kein geringerer als *Jeb Bush*. Also einer der verblödeten Nachfahren eben jenes *Prescott Sheldon Bush*, der mit seinen Bank- und Geschäftstätigkeiten schon in den späten Zwanzigern den Aufstieg der Nazis mitfinanziert hat und der den Großteil seines Vermögens wiederum seinen bis in den Krieg reichenden, blühenden Geschäften mit den deutschen Stahlbaronen Thyssen und

Flick zu verdanken hat (Näheres dazu bitte selber googeln).
Und da stellt sich doch die Frage: *"Wenn Sie in die Vergangenheit zurückreisen könnten, würden Sie dann Baby Prescott Bush töten?"* Aber ja doch, schon alleine deswegen, was da an Nachgeburtsrattenschwanz noch hinten mit dran hing: George Doubleyou Bush, George Doubleshot Bush jr. und nicht zuletzt jetzt auch noch Jeb Doubledumb Bush. Es könnte natürlich gefährliche Auswirkungen haben, wenn ich auch nicht weiß welche. Aber ich meine: Es ist Bush!

12.11.2015
Krankski Scheisski
Kleine Panne beim russischen Staatsfernsehen: Zwei Sender haben aus Versehen Dokumente über ein in Entwicklung befindliches System atomar bestückter Torpedos ausgestrahlt, bevor sie es noch grade rechtzeitig löschen konnten.
Die auf U-Booten stationierten Atombölller der Marke "Status 6" sollen ihre Zielgebiete *"dermaßen stark radioaktiv verseuchen, dass sie für lange Zeit für jede militärische, landwirtschaftliche oder wirtschaftliche Aktivität unbrauchbar sind!"* Und wie sowas enden kann, haben sie ja in Tschernobyl schon mal großzügig getestet.
Sowas kommt dabei raus, wenn Menschenfreund und Lupendemokrat Putizar, wie diese Woche geschehen, erst den USA in schönster Kaltekriegsmanier vorwirft, Moskaus atomare Kapazitäten ausschalten zu wollen, um dann von seinen eigenen Gewohnheits-Apokalyptikern tolle neue Waffen zu verlangen, *"die in der Lage sein müssten, jede Form von Raketenschutzschild zu überwinden!"*
Und das erinnert nicht nur an die längst vergangen gewähnten kalten Zeiten, sondern auf blöde Art und Weise auch an zwei sonderschlaue Schweden, die sich vorgestern in einem Einkaufswagen eine steile Straße in Sydney runtergestürzt haben, bis sie auf ein Auto trafen. Die zwei sind jetzt auch für jede militärische, landwirtschaftliche oder wirtschaftliche Aktivität unbrauchbar. Der eine für immer, beim anderen muss man noch sehen, ob's für nen Darwin Award reicht. Immerhin taugen sie noch als Metapher.

13.11.2015
Süßer Tod, Saures Leben
Anlässlich der Hochzeit ihrer Tochter flogen die zierliche *Dorothy Mackenzie* (63) und ihr schwergewichtiger Mann *Charles* (67) nach Mexiko und fielen im Whirlpool des Hotel Playa del Carmen übereinander her; wahrscheinlich weil es in Canada

so Brauch ist, die Kinder bei deren Hochzeit zu blamieren. Was dann geschah, lässt mich als Autoren mich tief vor dem Leben verneigen: es erzählt dann doch die sehr viel albernen Geschichten.

Koloss Charles also erlebt den Morte Dulce: mittendrin erleidet er den klassischen Herzinfarkt und sinkt zu Boden – zu Boden des Whirlpools. Blöderweise in der idealen Stellung um seine gerade noch heftig geliebte Frau unter Wasser zu drücken. Der Plot: Die zierliche Frau kommt nicht mehr unter ihrem Moby Dick hervor und ertrinkt. Toll ausgedacht, Leben, echt lustig!

Zum Glück taugt jede Geschichte auch irgendwie zur Metapher. Heut hat sich der venezolanische Präsident Maduro – ein politisches Schwergewicht von eigenen Gnaden – vor dem UNO-Menschenrechtsrat in Genf gegen die Vorwürfe verschiedener Menschenrechtsorganisationen gewehrt, er verfahre nach Schlechtdünken mit der ihm anvertrauten, recht zierlichen Opposition. Und er tat das mit einem Satz, wie man ihn kaum wässriger formulieren könnte: *"Wir bauen ein neues Menschenrechtssystem auf!"* Halt eines, an dem sich Opposition auch mal leicht verschluckt, wenn Maduro seinen nächsten Hirninfarkt bekommt.

14.11.2015
Je suis Paris
Putin gedopt – Krim-Annexion ungültig! Eigentlich wollte ich mich ja über den russischen Leichtathletikverband lustig machen. Bei dem ist jetzt erst mal Schluss mit lustig, nachdem Putins Sportler sich dank zentral organisiertem Dopings jahrelang über die ungespritzten Läufer, Werfer und Springer lustig gemacht haben – vor allem bei den letzten Weltmeisterschaften im eigenen Land. Gestern hat der internationale Leichtathletenverband IAAF zum ersten Mal in seiner Geschichte ein komplettes Mitgliedsland gesperrt. Und da fällt einem ja jede Menge Blödes zu ein.

Aber dann haben sich gestern in Paris wieder so ein paar von Euch topmutigen Vollgestörten zum heiligen Krieg gegen möglichst viele Unbewaffnete aufgemacht und zum soundsovielten Mal bewiesen, dass Ihr so überhaupt keinen Durchblick habt, wie unser System so funktioniert.

Denn eins ist mal klar: in Bars und Nachtklubs rumballern entsetzt uns zwar, aber nur kurz, bestärkt uns dann in der Annahme, dass Ihr eben nicht geeignet seid über eigenes Öl und Sand zu bestimmen und gibt zusätzliche Argumente, euer lustiges Wegelagererkalifat weiterhin zum Flugwaffentestgelände zu erklären. Also merkt Euch das endlich: jedesmal, wenn Ihr mit den Waffen, die wir Euch vorher auf Umwegen verkauft haben, auf uns zielt, schaut Ihr Eurem Schicksal schon direkt in den Lauf. Oder so ähnlich.

15.11.2015
Train à Grand Tristesse
Auf der noch nicht eröffneten Hochgeschwindigkeitsstrecke zwischen Metz und Straßburg hat sich ein Testzug des TGV auf der Höhe von Eckwersheim mal vom Gleis geworfen. Und schon streiten sich die verschiedenen Verantwortungsträger darum, wer jetzt eigentlich die Verantwortung trägt.
Die Behörden zum Beispiel gehen von zu großer Hochgeschwindigkeit aus. Die Gewerkschaft Süd-Rail wiederum sagt, der Test-TGV sei *"für Tests bei zu hohem Tempo"* eingesetzt worden. Weil unter den Opfer der Testfahrt aber auch Kinder sind, wettert schon mal ein Sprecher der SNCF *"eine interne Untersuchung werde zeigen, welchen Begleitpersonen unter welchen Umständen gestattet wurde einzusteigen!"* Und das hört sich ja fast so an, als hätte eines der Kinder den Zug einem unerlaubten Test unterzogen.
Aber was war das nun für ein Test? Ein Elchtest? Ein Test für den Tacho? Ein Test für die bei Testfahrten abgeschalteten Sicherheitssysteme, die genau einen solchen Unfall im Normalbetrieb verhindern? – wie einer der nicht am Test beteiligten Testexperten verriet. Also wenn's darum ging, ist die Sache ja ein Erfolg.

16.11.2015
Ein Fall von Bündnis
Was die NATO kann, kann die EU schon lange. Dachte sich auch *Francois Hollande*, den seine Eltern zur Sicherheit mit Vornamen „Franzos" getauft haben, damit man ihn nicht für einen überzeugten Niederländer hält. Und kaum hatte Monsieur Le President die befreundeten EU-Staaten durch Anrufung der Beistandsklausel genötigt, sich in Zukunft in irgendeiner hilfreichen Form an Frankreichs Rachefeldzug gegen den *Satanischen Staat* (vormals IS oder ISIS) zu beteiligen, da kamen auch schon erste Nachkriegsbedenken der Vorzeigedeutschen aus der Abteilung: *"Deutschland sollte keine Soldaten in den Nahen Osten schicken. Das hat uns schon zweimal kein Glück gebracht!"* oder *"Unsere Armee is' eher für Catenacchio. Pressing is' nich' so unsers!"* Oder einfach nur. *"Armee? Was für eine Armee?"*
Und wie immer, wenn unsere Politiker noch am Abwiegeln sind, taucht plötzlich Putizar aus seinem russischen Erdmännchenloch und haut mal einen raus. Dies-

mal per Order de Mufti an seine im Ostmittelmeer herumcruisenden Fregatten: *"Die Franzosen seien in ihrem Kampf gegen den IS zu unterstützen und dabei wie Verbündete zubehandeln!"* Und das kann angesichts der jüngsten Schicksale russischer Verbündeter kein gutes Omen sein: Dagestan, Tschtschenien, Ukraine – alles mal Verbündete!

17.11.2015
Symbol versenkt
Wie man seinen Lieblingsgegner und Dritten der letzten Fußballgeldmeisterschaft nach dessen verpasster Qualifikation für die kontinentalen Titelkämpfe des nächsten Jahres in Frankreich noch mehr demütigen kann? Man lädt die Holländer einfach zu einem Freundschaftsspiel nach Hannover ein und sagt das dann anderthalb Stunden vor Anpfiff einfach wieder ab: „Seht ihr Käseroller, noch nicht mal dafür reicht's jetzt noch!"
Nein Quatsch, vergessen Sie diesen fußballkindischen Unfug sofort wieder. Die Holländer sind wie die meisten Völker pauschal mit Vorurteilen belegt, aber man selbst kennt eigentlich nur sehr nette Niederländer. Ich zumindest. Aber darum geht's ja auch garnicht.
Eigentlich geht's ja darum, dass man sich drauf geeinigt hatte, das Spiel grade wegen der Pariser Anschläge als Signal durchzuführen, um eben zu zeigen, dass man sich nicht einschüchtern lasse. Und damit man auch vorm Fernseher merkt, wie ernst das gemeint, hatte sich Mutti Merkel mitsamt all ihrer Kabinettsspielkameraden angesagt – wegen der Symbolkräftigkeit gegen den Terror, wenn sie da so alle nebeneinander sitzen. Hat aber dann leider doch nicht so geklappt, denn das Kabinett hat sich geweigert, sich als einzige ins leere Stadion zu setzen und dem abgesagten Spiel zuzuschauen. Was ja als Symbol auch was gehabt hätte, aber nee! Jetzt muss halt dem Terrorismus ein andermal mit Mut und Zurschaustellung von Lebensfreude getrotzt werden.

18.11.2015
Jeder darf mal
Fünf Tage seit den Anschlägen in Paris, alle wichtigen Politiker haben sich zu den traurigen Ereignissen geäußert. Jetzt kommt dann die Stunde der Dummschwätzer und Zufallsdenker. Zum Beispiel der russische Uno-Botschafter *Vitali Tschurkin* bringt mal eine neue Resolution ein, mit der er "*zu einer engeren Zusammenarbeit*

unter all denen aufruft, die in Syrien und Irak kämpfen!" Super-Idee. Sollen sich mal besser absprechen, die Isiker und die Assadisten mit den Rebellikern, die Turks und die Kurds mit allen, die ihren Beitrag aus der Luft fallen lassen. Müssen sie sich nur noch auf ein Ergebnis einigen, gell, Herr Schurkin. Mit solchen Bemerkungen provoziert man natürlich die Fantasie des US-Orakelministers *John Kerry*: "*Es ist vorstellbar, dass wir nur noch Wochen von der Möglichkeit eines großen Umbruchs in Syrien entfernt sind!*"

Damit da aber nicht zu schnell Hoffnung aufkeimt, erklärt Freund Assad persönlich, dass man zuerst mal dieses Rebellenpack entsorgen müsste, bevor man da mit ihm über Umbrüche und so Sachen reden darf. Außerdem habe der IS sowieso "*keinen natürlichen oder sozialen Inkubator in Syrien*" und so Anschläge wie die Paris seien eh nur durch "*die Unterstützung der Türken, Saudis, Katari und natürlich durch die Politik des Westens*" möglich geworden. Woher die plötzliche Bescheidenheit, Herr Assad? Nicht mehr überzeugt, sowas von ganz alleine hinzubekommen? Ach, nein, man ist ja Opfer. Schon immer gewesen.

Unterdessen sorgt sich US-Präsidentschaftskandidaturvorwahlkandidat *Rand Paul*, dass "*Franzosen mit großer Feindschaft gegenüber der Zivilisation, ihrer Regierung und dem Frieden*" die gleiche große Feindschaft gegenüber den Vereinigten Staaten haben und dann "*einfach ins Flugzeug steigen und herkommen!*"

Deswegen legt Rand Paul mal schnell eine selbstgezimmerten Gesetzesentwurf vor, der vorsieht, dass Reisende aus dem Land ihrer "*längsten und treuesten Verbündeten*" (Obama) erst nach einer dreißigtägigen Wartefrist in die USA einreisen dürfen. Denn einen Monat, da sind sich die heimischen Geheimdienste sicher, braucht man mindestens um einen Anschlag zu planen.

19.11.2015
Verschleierung des Rechts

Das Vermummungsverbot scheint auf der Straße, aber nicht mehr vor Münchner Amtsgerichten zu gelten. Zumindest eine Tunesierin, die als Zeugin einvernommen werden sollte, erschien in Komplettverschleierung und weigerte sich trotz ermutigenden Zuspruchs des Richters ihr Gesicht zu zeigen – aus religiösen Gründen. Und da fragt man sich dann doch, wie man jemand als Augenzeugen anhören kann, wenn man sich noch nicht mal überzeugen kann, ob sie überhaupt Augen hat. Oder man kann nicht vergleichen, ob sie der Person in ihrem Ausweis ähnlich sieht. Oder ist im Perso eh nur ein Bild von einem schwarzen Sack?

Wie auch immer; auch als Ungläubiger gestehe ich jedem Menschen seinen Glauben zu, halte das aber laut Verfassung für Privatsache. Ein Gerichtsverfahren hingegen ist der öffentliche Ort, an dem sich die Verfassung unserer Gesellschaft zeigen soll: Leben nach Regeln, die für alle gleich gelten. Zu jeder Zeit. Und natürlich erst recht vor Gericht. Da kann man sich nicht mit irgendwelchen Aberglauben rausreden dürfen. Ich meine, wo führt das hin?
>*Nehmen Sie das Nudelsieb ab!*
<Geht nicht, ich glaube an das Spaghettimonster.
>*Sie sind hier wegen Exhibitionismus.*
<Nein, ich bin gläubiger Nudist.
>*Warum haben Sie dem Kläger auf die Fresse gehauen?*
<Ich bin reformierter Klitschkoist und habe nur den Geboten meiner Religion gehorcht!
Könnte sein, dass es in deutschen Amtsgerichten demnächst sehr lustig wird.

20.11.2015
Wegbewerb
Dieser Weg wird kein leichter sein, liebe ARD, auch wenn Ihr es euch schön leicht machen wolltet. Noch vor Beginn des vor allen bei der Regenbogengemeinde beliebten Schlagerwettbewerbs kürt Ihr unsere vollintegrierte Heulboje Xavier Naidoo zum alleinigen Sieger! Und noch schlimmer: beim über 50 Jahre liebgewonnenen nationalen Vorentscheid darf das Publikum nur noch darüber entscheiden, mit welchen seiner musikalischen Weichspüler Naidoo seine Schirmmütze zum ESC tragen soll.

Das heißt so rein vom Sendekonzept her: Er wird einen Abend lang ein Lied nach dem anderen in die Kameras trällern und wir fühlen uns dann wie in der Wahlkabine bei der Bundestagswahl: vor uns sechs bis acht Schüsseln mit Kuhdung, in der Hand einen großen Löffel und – *Hurra!* – die freie Wahl.

Gut, insofern, liebe ARD, befolgt Ihr euren Bildungsauftrag und versinnbildlicht uns mal, wie das mit der Wahlfreiheit tatsächlich so ist. Aber zurück zum Nörgelschlagerfuzzi, der aufgrund eigener Texte leider als homophob eingestuft wird, und zwar von einer der Hauptzielgruppen eurer musikalischen Sonderschau. Aber vielleicht, wenn er sich nen richtigen Bart wachsen lässt und sich in ein rotes Abendkleid zwängt, dann soll mir das Wurst sein.

21.11.2015
48 Crash
Dann doch noch die ESCape-Taste gefunden hat der NDR, nachdem seine Entscheidung den freien Reichsbürgerfreund *Xavier Naidoo* kampflos zum Deutschen Meister der Schlagerfuzzen zu einem "*völlig überraschenden*" Shitstorm in den asozialen Medien geführt hat. Alle zu Ende verhandelten und von beiden Seiten unterschriebenen Verträge sind jetzt nur noch das wert, was die ganze Idee 48 Stunden nach ihrer Verkündigung von Anfang an war, nämlich nix.
Obwohl, ganz so wird es natürlich nicht verlaufen; da werden die Anwälte noch mal eine Runde miteinander diskutieren müssen, ob die 180°-Kehrtwende des NDR in der Frage der Naidoo-Nominierung nicht doch zumindest zu einer kleinen Schadensersatzsumme führen müsste. Aber immerhin, das wären jetzt mal ein paar verschleuderte GEZ-Gebühren, die uns mal ein schlechtes Programm erspart haben.

22.11.2015
Kein Anschluss unter dieser Nummer
Was macht eigentlich der Zankapfel des letzten Jahres, die zukünftig als töftes Spielkasino vor sich brillierende Halbinsel Krim? Sie solidarisiert sich mit Paris und ruft auch mal den nationalen Notstand aus. Denn durch hinterlistige und gemeine Attentate auf zwei Strommasten haben ukrainische Nationalisten die Stromzufuhr auf Putins neuen Südzipfel gekappt und so sitzen jetzt die 1,9 Millionen Neurussen im Dunkeln.
Das Problem dabei. Auch die Ukraine hängt an der russischen Energiezufuhr. Kann sich also nur noch um Tage handeln, dass die Russen damit vorsprechen. Denn die zwei neuen Gaskraftwerke, die das Halbeiland in Zukunft unabhängig von der Stromversorgung aus der Ukraine machen sollen, sind bisher nur ein Plan; wie auch die Pipeline, die dann das Gas aus Russland einleiten soll. Wie auch der Umbau in ein glücksspielfinanziertes Naherholungsgebiet von Weltrang.
Was aber immerhin geklappt hat: dank der Dauerablenkung durch die Trottel des Satanischen Staats ist ein wenig Gras über die Annexion der Insel gewachsen und unser Minister des Äußersten stellt Freund Putin bei glücklicher Allianz im Krieg gegen das Wahngeschwür in Syrien eine Wiederaufnahme in die G8 in Aussicht. Welche Aussagekraft deutsche Außenpolitik Marke Knuffel *Steinmeier* hat, offenbart sich in derselben Rede, Zitat FAZ: "*Außerdem fordert er einen Zusammen-*

schluss verfeindeter Kräfte!" Mein Frank Walter, wenn Dir das gelingt, dann wird dein Ruf den von Wüstenfuchs Rommel noch überstrahlen und dir winkt der Friedens-Nobel-Preis, bestimmt! Viel Glück mit den Telefonnummern ...

23.11.2015
Vielleicht mal anders machen
Während in Halbeuropa intensiv über Begrenzungen der Flüchtlingszahlen, die Einführung flexibler Flüchtlingskontingente (häh?) oder Aufnahmequoten für alleinfliehende junge Männer diskutiert wird – weil nach guter alter Tradition Probleme sich in nichts auflösen, wenn man sie erst einmal richtig benennen und beziffern kann – meldet sich mal *Josef Schuster* zu Wort. Und das ist nicht etwa einer von vielen, der bei seinen Leisten bleiben sollte, sondern seines Zeichens Vorsitzender des Zentralrats der Juden. Und in dieser Eigenschaft kennt er sich nicht nur zu gut mit Vertreibung und Flucht aus, sondern er besteht auch auf der Einsicht, dass es für die Juden in Deutschland jetzt nicht so eine tolle Vorstellung ist, dass da ungebremst Millionen Flüchtlinge über den Balkan strömen.

Denn sehr viele, die da kommen, sind ja von klein auf anti-israelisch, d.h. dank des natürlich geringen Differenzierungsvermögens auch antisemitisch aufgewachsen. Auf gut deutsch: Sie hassen die Juden! Und das ist natürlich jedem sofort klar: Hass fördert die Integration jetzt nicht unbedingt. Also außer man verzichtet mal kurz darauf, sich wie das auserwählte Volk zu benehmen und geht mit offenen Armen auf die Flüchtlinge zu. Vielleicht verändern die dann ja auch ihre negative Einstellung.

24.11.2015
Selbstanzeige auf Umwegen
Wie so eine Bestechung in der Bananenrepublik Deutschland tatsächlich abläuft, haben die Angeklagten im Schmiergeldprozess um die Vergabe von lukrativen Grundstücken in der sogenannten Cargo City Süd am Frankfurter Flughafen mal stilreich vorgeführt. Mittendrin der Popstar unter Frankfurts Immobilienentwicklern, *Ardi G.* (2 Jahre und 8 Monate ohne Bewährung), und sein ehemaliger Geschäftsfreund *Uwe S.* (3 Jahre ohne Bewährung), schon von Berufs wegen mit Makeln behaftet. Hauptangeklagter *Volker A.*, früherer Angestellter der Fraport AG und zuständig für die fragwürdige Vergabe von Erbbaurechten, hingegen wurde bereits Mitte September von höherer Instanz freigesprochen (5 Sek. tödlicher Verkehrsun-

fall). Um jetzt nicht die ganzen Einzelheiten des Falls und der geschlossenen Unrechtsvereinbarungen hier auszubreiten, kommen wir doch gleich zum köstlichen Höhepunkt: aufgeflogen ist die ganze geldgierige Baggasch nur aus einem einzigen Grund. Makler Uwe S. wähnte sich bei einem weiteren Amigo-Geschäft ausgebootet und wollte den ihm zustehenden Anteil an der als Provision getarnten Bestechungssumme doch tatsächlich vor Gericht einklagen.

25.11.2015
Der goldene Schuss
Weil das Chaos der beteiligten Armeen, Milizen, Luftwaffen, Terrorgruppen und anderen nicht näher irgendeiner Intelligenz zuzuordnenden Mordgesellen noch nicht groß genug ist, hat die Türkei heute mal bewiesen, dass sie nicht nur auf leichtbewaffnete Kurden am Boden schießen, sondern auch russische Kampfflugzeuge vom Himmel holen können. Und, das muss man den Herren Luftraumverteidiger von Prunz Erdogan jetzt auch mal zugestehen: wenn man die Situation nochmal schnell und drastisch verschlimmern konnte, dann mit dem Abschuss eines russischen Bombers des Kollegen Putin, der eh nicht so vom Humor her kommt.
Tja, da sind jetzt mal Geheimdiplomatie, Deeskalationsstrategien und jede Menge kühler Köpfe gefragt, also ganz viel von dem, was da unten in der Gegend schon seit Jahrzehnten in Massen vorhanden ist und prächtig funktioniert. Wird also alles gut werden. Und bis dahin: kein türkisches Gemüse mehr für Russland. Denn Rache ist vitaminarm! Sagt auch Landwirtschaftsminister *Alexander Tkaschjow* und begründet das Einfuhrverbot mit "*wiederholten Verletzungen russischer Normen durch türkischer Hersteller*" (Gurke krumm, Banane grade, Rakete trifft?) und "*stark erhöhten Pestizid- und Nitratwerten*". Nicht zu vergessen die Terrorgefahr durch türkisches Gemüse, denn "*dies ist nur normal angesichts der unberechenbaren Handlungen der Türkei!*" Ah, daher weht der Ostwind.

26.11.2015
Sag Nein zu Nein
Nachdem die Franzosen den Bündnisfall ausgerufen haben, bleibt uns nun gar nichts anderes übrig, als irgendwie auch zu den Waffen zu greifen. Da kann man einfach nicht nein sagen. So unter Freunden. So unter guten Freunden. Also führen wir mal wieder Krieg, auch wenn wir noch nicht mit Sicherheit ganz genau sa-

gen können mit wem und gegen wen. Oder wo denn nun eigentlich? Vielleicht in Mali, vielleicht aber auch in Syrien. Nur eins wissen wir mit Gewissheit: welche oberste Heeresleitung unser glorreiches Heer in diese Schlacht führen wird, nämlich Generalsfeldmarschalksadmiralin *von der Leyen*. Und das gibt einem Krieg ist deutscher Beteiligung endlich mal eine gewisse weibliche Note.

So beteiligt sich unser Heer zum Beispiel zur Zeit mit zehn (!) Soldaten an der UN-Mission "Minusma" in Mali. Und das ist dann doch ein klein bissi zu wenig vom Deutschen Wesen, damit die Welt daran genesen könnte; selbst in so wüsten Randlagen.

27.11.2015
Gar nicht so komplizierte Metapher
Nur um mal zu illustrieren, wie hirnrissig verblödet man tatsächlich sein kann: in einer Frauenklinik in Colorado läuft so ein Prachtexemplar von Vollchecker Amok, der fest davon überzeugt ist, dass Schwangerschaftsabbruch Mord ist; und er deswegen jetzt durch seine glaubensgestärkte Überzeugung voll im Auftrag einer höheren Macht tätig sein muss, um bei der Organisation Planned Parenthood mal mit dem Kleinkaliber aufzuräumen. Dumm nur, dass die höhere Macht auch mal so Steintafeln mit anscheinend missverständlichen Geboten ("Du sollst nicht töten!) versendet.

Und da beißt sich so eine Amokkatze in den Schwanz. Selbstverständlich erst nach der zünftigen Schießerei mit drei Toten und neun Verletzten. Auf der anderen Seite: warum sollte so ein Amokläufer irgendwie logischer handeln wollen als ... naja, auf wen könnte das wohl zutreffen?

28.11..2015
Der süße Fluss
Was vor drei Wochen mit dem Bruch mehrerer Dämme von Klärbecken, der Überschwemmung eines nahegelegenen Dorfes und dreizehn im Schlamm erstickten Menschen begann, hat nun den früher klaren Fluss Rio Doce auf 800 Kilometer bis zu seiner Mündung ins Meer in eine rote Schlammader verwandelt. Dafür schon mal ein dreifaches *Och, Schade!*

Doch die Farbe allein ist es nicht, da die 50 Millionen Tonnen Giftschlamm aus dem Abraum von einem Bergwerk stammt, werden hohe Konzentrationen von Schwermetallen und Nitraten im Wasser vermutet. "*Alles laut ihren eigenen Labo-*

ren nicht giftig" beteuern die Sprecher des Bergbaukonzerns Samarco, die sich ziemlich sicher sind, dass die an einem Tag gestrandeten neun Tonnen toter Fisch kein Beweis für gar nichts sind. Wahrscheinlich konnten sie im jetzt trüben Fluss das Ufer nicht mehr sehen und sind deswegen angelandet. Auch das eine viertel Million Menschen seit Tagen ohne Trinkwasser sind, liege nur daran, dass Menschen im Allgemeinen lieber klares Wasser trinken und sich deswegen weigerten, von der roten Schlickbrühe zu kosten. Die ja aber harmlos ist. Sagt auch ihr eigenes Labor.

Ernster wäre da schon die Frage nach dem süßen Geldfluss, denn Samarco sieht sich nun als zehngrößter Exporteur Brasiliens mit einer Forderung von fünf Milliarden Euro Strafe zur Säuberung des Flusses und zur Entschädigung seiner Anwohner konfrontiert. Sagt die Bundesregierung. Und das wäre ja nun doch ein wenig voreilig. Statt der völlig überzogenen Strafe wolle man lieber selber und freiwillig in eine kleine Hilfskasse einzahlen, einfach nur so aus Solidarität mit den Flussanwohnern – und ohne dass man daraus irgendein Schuldeingeständnis ableiten könne.

29.11.2015
Wer hat die Wahl?
Demokratie kann zu seltsamen Ergebnissen führen. Gut, dass es sich unter demokratischen Umständen nicht mehr schickt, über Olympiabewerbungen nachzudenken, weil ja doch immer mehr als die Hälfte der abstimmungsberechtigten Bewohner mehr Angst vor Terror, Kosten, Mietsteigerungen und Gentrifizierung haben als vielleicht die Hoffnung der weltweite Promotionseffekt könnte der eigenen Heimatstadt irgendwie guttun. Da überlässt der überzeugte Demokrat die Spiele doch lieber den Despoten und Ölscheichereien auf diesem Planeten.

Auf der anderen Seite: wenn die vom überzeugten Demokraten gewählten Volksvertreter Schaden von der Heimat abwenden können, in dem sie mit einem tendenziell durchgeknallten Süperprösüdöntün am Bosporus darüber verhandeln, für wieviel Bakschisch er weitere Flüchtlingsströme von Europa fern hält, dann fragt keiner nach Terror, Kosten oder einer drohenden Gentrifizierung. Denn die findet ja dann woanders statt.

Also ganz ähnlich wie in der anderen Stadt, die dann jetzt eine fette Portion Olympia verpasst bekommt.

30.11.2015

Made in China

In New York gab es heute eine richtungsweisende Entscheidung des IWF, nämlich die den chinesischen Yuan alias Renminbi in den Korb mit den vier anderen sogenannten Reservewährungen Dollar, Pfund, Yen und Euro zu werfen. Was soviel heißt, dass die chinesischen Notenbanker jetzt bei der *Sonderziehungsrechte* genannten Kunstwährung mitspielen dürfen. Und das wird schon was tolles sein. Also ein Riesenschritt in Richtung Leitwährung. Sagen die Spezialisten.

Unterdessen schließt der Monat mit dem Treffen von ganz vielen Staatsoberhäuptern in Paris, deren "*Ringen um einen Konsens*" weltweit mit lustigen Alien- und Schuh-Demonstrationen für ein besseres Klima begleitet wird.

Außer in Peking, weil: Da darf grad keiner wegen eines rekordverdächtigen Smogs von 560 mg Feinstaub pro Kubikmeter vor die Tür. Mal schauen ob ihnen die neue Leitwährung dabei hilft, 200 Millionen Gasmasken an die eigene Bevölkerung zu verteilen. Die werden nämlich trotz Abschaltung von Fabriken und Autoverkehr schnell gebraucht. Auf der anderen Seite weiß das Zentralkomitee ja auch:

Chinesen hat's eh genug.

DEZEMBER

01.12.2015
Tiptoptipp
Ganz die Abteilung Schnellmerker ist mal wieder unser BND. Denn der warnt heute vor einer "*destabilisierenden Rolle Saudi-Arabiens in der arabischen Welt*", denn deren "*bisher vorsichtige diplomatische Haltung*" werde zuletzt durch eine "*impulsive Interventionspolitik*" ersetzt. Was angeblich zu großen Teilen an Mohammed bin Salman, dem neuen Verteidigungsminister sowie einer der Söhne und möglichen Nachfolger von König bin Salman liegt, der bereit sei "*beispiellose militärische, wirtschaftliche und politische Risiken einzugehen, um regionalpolitisch nicht ins Hintertreffen zu geraten.*"
Bämm, das hat gesessen, mein lieber BND. Tiptop ausspioniert. Aber ausgerechnet Saudi-Arabien? Hort der Menschenrechte (Sharia-Version) und der Demokratie? Obwohl, wenn Euch da mal ein paar Beispiele für militärische, wirtschaftliche oder politische Risiken ausgehen sollten, dann empfehle ich in der "Achse des Blöden - Jahrbuch 2015" (erscheint im Januar 2016) zu recherchieren. Da gibt es hunderte von Beispielen. Bitte danke. Da nicht für. Euer Freizeitspion.

02.12.2015
Heads-up
Zu den immer wieder gern gesehen Ereignissen des Hochleistungssports und der Hochleistungspolitik gehört das Aufeinandertreffen zweier (im zweiten Fall oft selbsternannten) Schwergewichte. *Tyson Fury* hat ja vor ein paar Tagen dem ollen *Klitschko* erst gezeigt, wo der Dr. Hammer hängt. Schon aus dramaturgischen und pekuniären Gründen wichtig, denn der Rückkampf gilt als ausgemachte Sache. Ähnlich alternativlos steuern jetzt auch Schwergewicht Putin und schwer-der-Wicht Erdogan aufeinander zu, nachdem der eine sich nicht für den Abschuss eines russischen Flugzeugs entschuldigen will und der andere nun kein türkisches Gemüse mehr mag.
Das nette am aktuellen Schlagabtausch: Putin spricht mal aus, was sich der Rest der Welt eh schon lange denkt: die Türkei ist Hauptabnehmer des billigen IS-Rauböls und die Familie von Minipräsident Erdogan sei direkt in diesen Handel verstrickt. Prunz Erdogan reagiert auf die "Verleumdung seine Familie" mit einer

geschmollten Rücktrittsdrohung, falls man ihm eine Beteiligung am illegalen Ölhandel beweisen könne. Also so richtig beweisen; nicht mit ein paar läppischen Satellitenfotos von IS-Tanklastwagen, die an der türkischen Grenze höflich durchgewinkt werden.

Und so kommt es, dass ich hier in meinem Schreibzimmerchen sitze und zum ersten Mal den russischen Geheimdiensten aus ganzen Herzen die Daumen drücke: Findet die Beweise. Oder wie sonst auch: Erfindet die Beweise! Egal wie, aber sorgt dafür, dass Gevattatürk seine menschenfreundliche Androhung wahrmachen muss. Das gab mal ein paar Pluspunkte, liebe Russenmafia, und die hättet Ihr auch dringend nötig.

03.12.2015
Zuckerbaby
Man sagt ja immer, dass viele Männer den Begriff Verantwortung erst Verstehen, wenn sie ihren eigenen Nachwuchs auf dem Arm halten. Plötzlich wird selbst aus dem hochgezüchtetsten Egozentriker ein Spontanphilantrop, weil er dank seines Kinds jetzt mal 30 bis 40 Jahre in die Zukunft denkt. Da erscheint der Planet doch in einem anderen Licht, wenn man will, dass auch der eigene Nachwuchs noch eine lebenswerte Welt vorfindet. Und so gleichermaßen erschreckt und ergriffen will Facebook-Alleinunterhatler Zuckerberg 99% seines 45 Milliarden Vermögens sukzessive in seine eigene Stiftung überführen - und zwar ungefähr eine Milliarde pro Jahr und in den nächsten 45 Jahren. Seine Stiftung soll sich um Bildung und Gesundheit kümmern, vor allem dort wo Bildung und Gesundheit fehlen. Und eins ist ja mal klar: Bildung fehlt ja allerorten. Es gibt also viel zu tun - zum Beispiel auf Facebook!

04.12.2015
Sein oder nicht Sein, ... und zwar dabei
Es ist was faul im Staate Dänemark. Meinen jetzt auch die anderen Europäer, denn die Dänen haben sich in einer Volksbefragung gegen eine weitergehende Zusammenarbeit mit Europa in Sachen Innenpolitik und Sicherheit ausgesprochen. Sie wollen nicht mehr dabei sein. oder sagen wir mal: nicht noch mehr mit dabei sein. Und nun fragt man sich in Brüssel, was das denn noch gleich zu bedeuten habe. Die Dänen wiederum scheinen zu meinen, es wäre was faul im Staate Europa, denn sogar ihr Regierungschef *Lars Loekke Rasmussen* vermutet "*eine allge-*

meine EU-Skepsis hinter dem Ergebnis". Oha, Skepsis, Skepsis! Da kommen Zweifel auf. An mehr Schengen, an mehr Europol. Auch beim europäischen Anti-Terror-Beauftragten *Gilles de Kerchove*: "*Das ist in gewisser Weise traurig für mich!*" und "*Das ist nun mal Demokratie!*" Aber kein Grund zu resignieren, denn Demokratie, das ist ja am Ende auch das, was Europol verteidigen soll.

05.12.2015
So ne Art Performance
Da guck ich mal zu. Da staun ich mal. Da klatsch ich doch mal. Das dachten sich zumindest die Besucher der Art Basel in Miami, als *Siyuan Zhao* mit einem Teppichmesser auf eine andere Ausstellungsbesucherin einstach. Kleines Missverständnis: die Messerattacke war kein kunstvoll aufgeführtes Happening, sondern ein veritabler Mordversuch – wenn auch schlampig ausgeführt. Und das kann man dann schon mal mit ner Performance verwechseln: zwei hübsche junge Frauen, eine kleine Eskalation, und das alles schlampig ausgeführt. Hört sich ganz nach dem an, was jugendliche Kunstschulabgänger sich so ausdenken, um über Nacht bekannt zu werden.
Auf der anderen Seite: zwei hübsche junge Frauen, eine kleine Eskalation, und das alles schlampig ausgeführt – das hört sich irgendwie auch ein bißchen nach etwas an, dass Donald Trump im Wahlkampf aufführen würde.

06.12.2015
Das musste mal gesagt sein
Rechtzeitig zum Nikolaustag lässt Erzvizekanzler *Gabriel* mal den Knecht Ruprecht raushängen und klopft mal vorsichtig bei der Schutzmacht aller neugebauten Moscheen an, in denen die wahhabitische Schule abgeht: "*Aus Saudi-Arabien werden überall in der Welt Wahhabitische Moscheen finanziert. Aus diesen Gemeinden kommen in Deutschland viele islamistische Gefährder.*" Sagt er, um sich dann schnell noch etwas zu relativieren: "*Es hilft nicht, das Land jeden Tag irgendwie an den Pranger zu stellen!*", nur um dann noch ein: "*Wir müssen den Saudis aber zugleich klar machen, dass die Zeit des Wegschauens vorbei ist!*" folgen zu lassen, bevor er doch noch die in Deutschland altbewährte Fascho-Keule rausholt: "*Dieser radikale Fundamentalismus, der sich in salafistischen Moscheen abspielt, ist nicht minder gefährlich als der Rechtsradikalismus!*" Und weil das dann doch wieder ein bißchen wie Pranger klingt, springt ihm noch SPD-Fraktionschaf Oppermann zur

Seite und mahnt mit Blick auf "*eine mögliche Finanzierung von Moscheen durch Saudi-Arabien eine genaue Beobachtung dieser Bestrebungen durch den Verfassungsschutz*" an. Also mindestens so gut wie bei zum Beispiel bei den 222 Angriffen auf Flüchtlingsheime dieses Jahr, bei denen es immerhin schon zu vier Verurteilungen gereicht hat.

Oder wie bei der NSU? Oder lieber besser, denn der Wahhabismus liefert "*die komplette Ideologie für die Terrormiliz Islamischer Staat*" und, das ist wohl das Wesentlichste an diesem Rededuett: "*So etwas brauchen und wollen wir in Deutschland nicht!*" Na gut, okay.

07.12.2015

Affront National

Gallien unter Schock? Nein, nicht ganz Gallien. Denn knapp 30% den Franzosen haben ja die rechtspopulistische Partei des mittlerweile durch seine Nachfahren *Marine* und *Marechal* ausgeschiedenen *Marie le Pen* sehenden Auges gewählt und damit bewiesen, dass sie frei nach dem Vorbild so einiger arabischer Gemütsmörder auch gerne in eine längst vergangenes Jahrhundert zurückkehren möchten; dorthin, wo alles noch einfacher, klarer und irgendwie französischer war.

Da aber in vielen Bezirken der Regionalwahlen eine endgültige Entscheidung erst in Stichwahlen am nächsten Sonntag fällt, ziehen sich einige sozialistische Kandidaten (im Schnitt 24%) zurück, damit dann die Sozis in den Wahlkabinen lieber die konservativen Kandidaten (im Schnitt 27%) wählen und so noch an den Frontnationalisten (im Schnitt 30%) noch vorbeiziehen können. Und das nenne ich doch mal eine äußerst heroische Interpretation des Sprichworts: das kleinere Übel wählen. Fortsetzung folgt. Nächsten Sonntag!

08.12.2015

Überraschung

Die Eltern der drei kleinen Jumbos möchten ihre Flugzeuge doch bitte auf dem Nebenfeld abholen. In einer der wohl skurrilsten Zeitungsanzeigen der letzten Jahre sucht der Flughafen von Kuala Lumpur den aus welchen Gründen auch immer tatsächlich unbekannten Besitzer von drei (!) ausgewachsenen Jumbojets, die herrenlos verwaist abseits der Piste darauf warten, wieder um die Welt zu fliegen. Keiner weiß, woher die drei Boing 747 kommen. Keiner weiß, wie lange die da stehen. Jeder hat sich gedacht, das wird schon seine Richtigkeit haben, weil: wer lässt schon Flugzeuge für mehrere hundert Millionen einfach so irgendwo rumstehen. Ich mein, man kann mal im Suff sein Auto irgendwo parken und sich dann nicht mehr so genau dran erinnern, wo es steht. Aber drei Jumbo Jets?

Das ist ja fast so skurril, als wenn die First Lady der USA vor dem Weißen Haus für die Kinder bildungsarmer Schichten darüber räppt, wie toll es schon rein bildungstechnisch ist, aufs College ($10.000 aufwärts) zu gehen und das dann auf YouTube stellt. Ach so ja, hüstel hüstel, äh, das macht sie ja tatsächlich. Na dann. Wer geht mit mir meine Flieger abholen?

09.12.2015
Stellerator und Quantum Computer
Für die Freunde futuristischer Technik war das heute ein außergewöhnlicher Tag. Ausgerechnet im hintersten Meckpomm wurde heute zum ersten Mal das Licht der Sonne auf der Erde gezündet. In einem 725 Tonnen schweren Testreaktor namens *Wendelstein 7-X* haben die Forscher in Greifswald mal ein 1 Million Grad heißes Feuer entfacht und aus dem Wasserstoffisotop Deuterium ein bißchen Milligramm Plasma geschmolzen. Gut, später müssen es etwa 100 Millionen Grad sein, um aus der Verschmelzung von Wasserstoff zu Helium dauerhaft Unmengen von Energie zu gewinnen; aber wenn das erst mal läuft, dann lässt sich der Energiehunger der Menschheit großflächig stillen. Also: tolle Sache das, so'n Fusionsreaktor.

Apropos 100 Millionen. Ungefähr soviel schneller rechnet ein sogenannter Quantencomputer als der heutzutage schnellste Rechner. Und er tut das, weil er nicht nur Null und Eins kennt, sondern auch alle anderen möglichen Zustände, in denen sich Null und Eins überlagern können. Und das sind verdammt viele. Sagen die Forschungsleiter von NASA und Google, die in ihrem auf den beinahe absoluten Nullpunkt herunter gekühlten Laborrechner schonmal ein A eingeben und sich freuen, wenn der Rechner ein B anzeigt.

"Wir sind halt noch in den Kinderschuhen dieser Technik" sagt Forschungsleiter Neven *"Aber im Prinzip funktioniert es!"* Und wenn es dann eines Tages nicht mehr nur im Prinzip funktioniert, dann kann man mit einem solchen Rechner nicht nur das Thema Künstliche Intelligenz ernsthaft angehen, sondern damit lässt sich dann auch das gesamte Internet und alle Sicherheitsvorkehrungen wie Firewalls und jede Art von Verschlüsselungen in weniger als einer Sekunde knacken.

Eine Technik, von der die NSA schon mal träumt. Wenn sie sie noch nicht hat.

10.12.2015

Fin de Chavezme

Deutlicher kann eine Abwahl kaum ausfallen. Mit einer Zweidrittelmehrheit hat das venezolanische Volk dem *bolivianischen Sozialismus* a la Chavez und seines Nachfolgers Maduro die Rote Karte gezeigt. Nach 17 Jahren des letztlich mißlungenen Geländeversuchs mit der Verstaatlichung quasi aller Industrien bis hin zur planwirtschaftlichen Festlegung von Butter- und Brotpreisen ist es wohl an der Zeit, mal wieder ein paar andere Politiker das Land umräumen zu lassen.

Vielleicht können sich aber auch nur noch zu wenige daran erinnern, wie es vor 17 Jahren war: auch typisch südamerikanisch mit Großgrundbesitz, Steuerfreiheiten für Reiche und genügend Bakschisch, um das alles im Sinne des Geldes am Laufen zu halten. Ja, die Gedächtnislücken. Vermutet ja auch der nun zahnlose Präsident, der wohl seine volle Amtszeit bis 2019 nicht mehr auskosten können wird: *"Speichel tropft aus ihren Münden, mit blutigen Eckzähnen sagen sie: unsere Stunde ist gekommen. Jetzt gehen sie wieder gegen das Volk vor - die Unternehmerverbände, die rechten, die uns den Neoliberalismus wieder aufzwingen wollen!"* Und da hat er vielleicht Recht. Sein Volk will aber zu zwei Dritteln lieber wieder die Freiheit. Mit allen damit verbundenen Risiken. Und mit Amnestie. Und notfalls auch mit Amnesie. Oder einfach nur mit Essen ohne Lebensmittelkarten. Wird interessant werden.

11.12.2015

Ole Ole Ole Oleh

Was macht eigentlich die Regierung in der Ukraine? Während Ministerpräsident *Jazenjuk* versucht seinen Parlamentariern in der obersten Rada genau das zu erklären, tritt der Abgeordnete *Oleh Barna* aus dem Block *Poroschenko* nach vorn, überreicht Jazenjuk einen ironisch gemeinten Strauß Rosen, packt ihn entschlossen um die Hüfte und hebt ihm vom Rednerpodest.

Eine Provokation, die von den schnell herbeigeeilten Wrestlern der Volksfrontpartei und den ebenso zügig nach vorn gesprungenen Schlägern des Poroschenko Blocks nur mit einer zünftigen Wirtshausrauferei beantwortet werden kann. Immerhin, danach kehrte auch wieder so etwas wie Vernunft ein. Rosenhooligan Barna wird aus seiner Fraktion ausgeschlossen und Jazenjuk kommentiert die Situation treffend: *"Das ist kein Zirkus und keine Show!"*

Und da hat er recht: es fehlten die Kostüme, die Choreografie und eine angemessene Live-Übertragung von ESPN.
Aber daran kann man ja noch arbeiten.

12.12.2015
Ein bißchen schwanger?
Ob das jetzt an der zuletzt doch gesteigerten Kritik an den greisen Herrschern des Öltums Saudi-Arabien lag? Obwohl einige konservative Geistliche vor *"moralischem Übel"* und anderen durch Frauen verursachten Gefahren warnen, finden heute die ersten Wahlen statt, bei denen Frauen sowohl wählen als auch gewählt werden können. Und das ist für das wüste Königreich, in dem es sonst auch keine Wahlen zu einem Parlament oder einer anders vom Volk bestimmten Regierung gibt, ein echter Schritt Richtung 19stes Jahrhundert – was super ok ist, wenn man nicht aus der Richtung des 21sten kommt.
Was heißt das aber jetzt konkret? In einem Land, in dem keine Frau einen Führerschein machen darf, aber dafür einen männlichen Vormund hat? Wie kommen sie zum Wahllokal, wenn der Pascha grad kein Bock hat sie zu fahren? Dürfen sie die Wahlkabine überhaupt alleine betreten?
Und wenn sie dann in ein Gemeindeamt gewählt werden, müssen sie dann nach ihrem Gewissen oder nach den Wünschen ihres Vormunds entscheiden? Na gut, das sind Fragen, die man ja später noch beantworten kann. Direkt dann, wenn man rausgefunden hat, wie sich das *moralische Übel* auf den öffentlichen Frieden so ausgewirkt hat.

13.12.2015
Bravo et d'accord!
In einem historischen Abkommen haben sich nach zweiwöchigem Emissionswerteschach knapp 200 Staaten darauf geeinigt, den Klimawandel anzupacken und die einzige Erde zu retten, die wir haben. Also zumindest schon mal theoretisch. Denn wie immer, wenn Politiker etwas mit glücklichen Gesichtern und erhobenen Armen wie einen Sieg feiern, müssen jetzt nur noch die zu den Jubelposen passenden Taten folgen. Mal sehen, was von all den freiwillig geplanten Maßnahmen der verschiedenen Staaten dann tatsächlich auch so umgesetzt wird.
Apropos Sieg. Die Franzosen haben sich mit den Vorwahlergebnissen der letzten Woche wohl selbst so erschrocken, dass sie bei den entscheidenden Stichwahlen

heute den Rechtspopulisten um Marie Le Pen dann doch keines ihrer dreizehn Departements überlassen wollten. Immerhin. Damit ist die rechte Gefahr zwar nicht gebannt, aber doch irgendwie in die Schranken gewiesen. Und irgendwie beschränkt sein, das kennen ja die Damen Le Pen recht gut.

14.12.2015
Hattrick
Und auch im Dezember kommt der große Hit der Automatischen Lustspielgruppe *Komet* zum Zuge, bzw. zu Bus. *Der doppelstöckige Reisebus der Unendlichkeit* fuhr heute in seiner tödlichen Eigenschaft durch Argentinien und warf sich dann seiner Bestimmung gemäß mit einem mit 65 Grenzpolizisten besetzten Truppentransporter von der einzigen Brücke weit und breit; natürlich aufs Dach und pikanterweise in der Provinz Salta (hic Schlagloch, hic salta!). Nach ersten Ermittlungen sei ein Vorderrad geplatzt. Beim genaueren Hinschauen sieht man aber auch, dass der ganze Bus geplatzt ist.

Grund genug für den gerade vereidigten Ministerpräsidenten Maurizion Macri direkt mal eine Funktion seines Amtes aufzuführen und den Hinterbliebenen sein Beileid auszusprechen. Und mal die Überlegung anzustellen, ob man nicht mal das marode Straßennetz aus grauen Vorzeiten mal renovieren sollte. Ja, kann man mal überlegen. Ist eigentlich so eine klassische Regierungsaufgabe. Also: weiter drüber nachdenken, bitte!

15.12.2015
Ohne Iran
Das Himmelreich auf Erden (für in etwa 0,1% seiner männlichen Bevölkerung), also das lustige Königreich Saudi-Arabien hat – und zwar durch eigene Angaben bestätigt – eine internationale islamische Anti-Terror-Koalition ins Leben gerufen. Das ist schon eine kleine Überraschung, dass sich die Länder zwischen Magreb und Golf in dieser Form politisch emanzipieren. Keine Überraschung ist hingegen, dass man das erstmal ohne die bösen Shiiten aus dem alten Perserreich macht.
Aber momentemal? Eine islamische Antiterror-Koalition mit Sitz in Riad? Und einer von den soundsovielten Kronprinzen namens *Mohammed bin Salman* sagt:
"Wir werden gegen jede terroristische Organisation kämpfen, nicht nur gegen den Islamischen Staat!"

Oh oh, da kann es aber eng werden, mein lieber Salman; was macht Ihr denn, wenn Euch eines Tages auffällt, dass euer lustiges Ölkönigreich selbst von vielen Leuten auch schon längst als eine sunnitische Terrororganisation angesehen wird? Wird das dann nicht so'ne Art Harakiri? Wir drücken die Daumen ...

16.12.2015
Dummfall
Irgendjemand im Londoner Gericht wird wohl in den nächsten Tagen mal seinen Kaffee über den Zentralrechner kippen und dann in den Keller gehen, um auch die Handakten eines Gerichtsurteils zu schreddern, das die Perückenträger sonst noch auf Jahre hinaus der Lächerlichkeit preisgeben wird.
Im Prozess gegen einen 46jährigen Millionär der Marke saudiarabischer Immobilienmakler erließ das Gericht einen Freispruch, nachdem der Schwerenöter folgendes zu seiner Entlastung bezüglich der Vergewaltigung einer 18jährigen zu Protokoll gab: "*Ich fiel hin und penetrierte sie aus Versehen!*" Oder in einer zweiten Version auch: "*Ich fiel auf sie drauf. Vielleicht hat dann mein Penis ihre Vagina penetriert.*" Zufälle gibt's!
Und bei solch tragischen Verkettungen unglücklicher Umstände und Erdanziehungskräfte kann dem Mann vor einem englischen Gericht ja geholfen werden, denn dafür gibt es anscheinend so tolle Freispruchparagrafen wie "fahrlässiger Fick im Affekt" oder "eventualvorsätzliches Stolpern mit erigiertem Glied".
Und das ist schon ein Glück, also im doppelten Sinne. Erstmal wegen des Freispruchs nach nur einer halben Stunde Anhörung. Und dann noch mal wegen des grandiosen Treffers. Also ich bin in meinem Leben schon tausende Male gestolpert, und nicht ein einziges Mal bin ich dabei mit aufgerichteter Lanze direkt in einer Vagina gelandet.

17.12.2015
Reisefreiheit
Eine ganz neue Idee zur Begrenzung der Flüchtlingsströme bringt jetzt die Türkei aufs Tapet: Einführung einer Visumpflicht für Syrer, die in die Türkei einreisen wollen. Die Achse des Blöden hat sich schon mal das Formular besorgt, das ab 08.01.2016 wahrheitsgemäß ausgefüllt werden will. Grund für Ihre Einreise: a) geschäftlich: Haben Sie Öl zu verkaufen? Möchten Sie Waffen oder Munition kaufen? b) privat: Machen Sie Urlaub in der Türkei? Wenn ja, warum? c) Sind sie auf der Flucht? Wenn ja, vor wem genau? Bitte Name, Anschrift und Gesinnung des Ver-

folgers eintragen. Benutzen Sie dazu das Formular 435B/212, das Sie an der jordanischen Grenze erhalten. Viel Glück für Ihre weitere Reise!

18.12.2015
Jetzt aber schnell weg!
Eine klassische Ausweisung aus dem Paradies. Gott sagt zu Adam: Deine Drehgenehmigung ist unzureichend. Seit jetzt! Und wenn du es nicht schaffst, den letzten Flug heute Abend zu bekommen, dann kommst Du ins Gefängnis. Ach nein, Quatsch. Das war gar nicht Gott. Das sagte die Paradies-Polizei der Malediven zu Markus Spieker und seinem ARD-Reportageteam. Dabei wollen die eigentlich nicht über alttestamentarischen Extremismus berichten, sondern über islamistischen. Nämlich den der Bevölkerung des Urlaubsparadieses Malediven, die sich abseits der Nobeltouristen so langsam in Richtung Sharia auf den Weg macht. Und ich will ja jetzt nicht schon wieder den Klimawandel zur Hilfe bitten – denn die Malediven liegen ja nur einen Meter über dem Meeresspiegel –, aber ganz ehrlich gesagt: wer in seinem Herzen eine Kopie der Menschenrechtscharta mit sich rum trägt, sollte dort erst mal keinen mehr Urlaub machen.

19.12.2015
Nochmal nachgedacht
Das Parlament stimmte der Verfassungsänderung bereits zu, auch das Verfassungsgericht hat keine Einwände. Und auch das Volk (98% Wahlbeteiligung und wahrscheinlich 100% Zustimmung) konnte dem mit einer Woche Vorlauf extrem kurzfristig anberaumten Referendum nur beipflichten.
Worum es da nun genau ging, haben die Wähler ja immerhin 24 Stunden vorher erfahren; also der Text des neuen Gesetzes wurde dann mal eben noch öffentlich gemacht. Worum geht es nun. Überraschung, Überraschung. Mister Kagame, ein Präsident mit typisch afrikanischer Karriere - Rebellenführer seit 1994, Militärpräsident ab 2000, dann gewählter Präsident seit 2003 und mit seiner zweiten siebenjährigen Amtszeit dann eigentlich ab 2017 im Zwangsruhestand – hat sich nochmal überlegt, ob das Land nicht viel besser dran ist, wenn man die Verfassung so ändert, dass er theoretisch noch bis 2034 größter, schönster und überhaupt wunderbarster Präsident von Ruanda sein kann, bzw. sein muss, denn sein Volk will ihn einfach nicht gehen lassen. Niemals. Nie.
Auf keinen Fall.

20.12.2015
Was kostet eigentlich ein Kilometer Autobahn?
Das sind so Fragen, die einem am Sonntag mal durch den Kopf schießen. 26,3 Millionen Euro rechnet das Politmagazin Report vor, davon 11,8 Mio Baukosten, 9,5 Mios für Bürokratie plus etwa 5 Mios für Gutachten. Äh, ja, gut, so ein paar Gutachten, das kann ich ja verstehen, schließlich müssen Professoren für Laubfroscherei, Erdarbeiten und Schallverbreitung ja auch von irgendwas leben. Aber 9,5 Mios für Bürokratie? Neunkommafünf? Bekommt da jeder Bauarbeiter seinen Stundenlohn einzeln in Kleingeld-Lohnsäckchen ausgetragen, oder was machen die Verwaltungsritter da?

Interessanter Vergleich mal an der Stelle: die italienische A3, deren 450 km nach 53 Jahren Bauzeit immer noch nicht fertiggestellt sind, hat bis dato knappe schlappe 25 Milliarden Euro gekostet! Und das ist mal locker das Zwanzigfache von 450 Kilometern Autobahn in Deutschland, inklusive Kosten für Gutachten und Bürokratiegeschwür. Das wirft einen feinen Blick darauf, wo und wie gut die Mafia ihr Mutterland um Steuergeld erleichtert. Und lässt nur einen Schluss zu: Lieber eine funktionierende Bürokratie (90% Aufschlag auf die reinen Baukosten) als eine funktionierende Mafia (knapp 400%).

21.12.2015
Ja, is denn schon Weihnachten?
Dass sich der über alle Maßen edle und stets selbstlose Herr Blatter mal selbst blöd vorkommt, ist ja eigentlich durch seinen Geisteszustand so gut wie unmöglich; ist doch für ihn schon seit langem klar bewiesen, dass immer die anderen Schuld sind, an egal was. Aber heute schlägt er wahrscheinlich doch zwei-, dreimal den Kopf gegen die Wand, dass er vor Jahren so blöd gewesen ist, eine Ethikkommission bei der *Finanziellen Interessengemeinschaft Freizeitgestaltung und Auslandsaufenthalt* einzurichten. Denn genau diese, wie Blatter sie liebevoll nennt *"seine eigene"* Kommission, hat dem Urschweizer und seinem französischen Fettableger Platini (Blattini) nun für jeweils acht Jahre von allem fußballbezogenen Aktivitäten weltweit gesperrt. Und irgendwie fühlt sich das für einen fußballverrückten Bestechungsgegner fast wie Weihnachten an. Jetzt noch das ölarabische Finanzgeschwür aus der Organisation tilgen und den Amis zusehen, wie sie den Bestechungssumpf der amerikanischen und karibischen Verbände trockenlegen: dann es gibt bald freie Bahn für die Rückkehr von einem Minimum an Sportsgeist und

Vernunft in die FIFA. Am besten man wandelt Uli Hoenessens Freiheitsstrafe in zwei Jahre FIFA-Konkursverwaltung um.

22.12.2015
Gesetzeslücke per Plan
Wie man ja schon in Erdkunde gelernt hat, drehen sich die Pole von Zeit zu Zeit mal um. So wie grad in unserem lustigen Nachbarland. Da wird grad die radikale Rechtswende geübt. Und weil sich die Nationalkonservative Regierung damit nicht lange Zeit lassen will, wird mal aus dem Weg geräumt, was das eigene Durchregieren irgendwie behindern könnte. Zum Beispiel das polnische Verfassungsgericht. Da muss man einfach mal ein Gesetz machen, das die Richter davon abhält, sich weiter in die Gesetzgebung durch juristische Kontrolle einzumischen. Zum Beispiel in dem man dem Gericht per Gesetz eine chronologische Reihenfolge aufzwingt, statt der bisher in Europa üblichen Abfolge nach Dringlichkeit. Was quasi einer Beendigung der Kontrolltätigkeit des Verfassungsgerichts nahekommt, wenn Gesetze – wie zum Beispiel dieses jetzt – erst vom Verfassungsgericht bearbeitet werden dürfen, wenn alle anderen anhängigen Verfahren beendet sind. De facto würde es locker bis in die nächste Legislaturperiode dauern, bis sich dann die Verfassungsrichter mit einem solch verfassungswidrigen Gesetz beschäftigen dürfen, wie jenem, das ihnen seit heute in die Suppe spuckt. Und damit sie sich daran auch nicht lange gewöhnen müssen, gilt das Gesetz ab jetzt. Ohne Vorlauf. Ohne Einspruchsmöglichkeit. Aber mit klarer Absicht.

23.12.2015
Null Toleranz
Nicht nur im seltsamen Sultanat Brunei, nein, auch im auch nicht ganz störungsfrei laufendem Gesinnungstestland Somalia gilt "*Wir sind ein islamisches Land. Und es gibt Null Toleranz für solche umislamische Feiern!*". Also sowas wie solches Weihnachten zum Beispiel. Sagt der Minister für religiöse Angelegenheiten, Sheikh Mohamed Kheyroow. Und damit meint er vor allem die einheimische Bevölkerung, denn den "*Ausländern sei es unbenommen, zu Hause Weihnachten zu begehen!*" Also in Europa oder wo sie halt zuhause sind.
Gleichzeitig kämpft in Somalia die Al-Shabaab-Miliz um solche Null-Toleranz-Köpfe wie Meister Kheyroow durch eine möglichst noch extremistischere Regierungsform zu ersetzen, aus der Abteilung Sharma-Bepinselter Gottesstaat (Oder muss man

da Allahstaat schreiben?). Grad heute erst überfiel die Miliz einen Bus im benachbarten Kenia und verlangten von den Passagieren eine Trennung nach Christen und Muslimen. Dann geschah aber Dank der muslimischen Mitfahrer ein kleines Weihnachtswunder: sie weigerten sich auch angesichts grimmiger Waffen und noch grimmiger Terroristengesichter ihre andersgläubigen Landsleute zu verraten, stattdessen sagen sie den Angreifern, "*sie sollen alle Passagiere töten oder gehen!*" Und diese zogen dann tatsächlich unverrichteter Dinge ab. Denn in keiner Sure ist geklärt, wie man sich in solch einem Fall als Terrorist verhalten soll. Und auch die Sharia schweigt.

24.12.2015
Vergiftetes Klima
Während die Christenheit und alle anderen Shoppingbegeisterten weltweit das Fest der Liebe, der Familienzusammenkünfte und der Vorbereitung auf die Umtauschwoche begehen, sammeln sich die Smog-Alarme zu einer bitteren Landkarte der verpesteten Luft. Mailand und Rom erlassen aus Verzweiflung Fahrverbote, New Delhi meldet Rekordluftverschmutzungen und in China ermahnen die KP-Oberen gleich knapp 100 Millionen Leute doch bitte zuhause zu bleiben und die Luftqualität nicht weiter durch so CO_2-intensive Tätigkeiten wie zum Beispiel Ausatmen zu belasten.
Da käme ein neuer Jesus ehrlich gesagt mal grade recht, nicht nur um mal für ein paar Tage Frieden oder zumindest Affenstillstand zu bringen, sondern um den Damen und Herren Menschen nochmal klar zu machen, dass sie nicht nur diese eine Erde, sondern auch nur diese eine Gesundheit haben. Das wäre mal eine Weihnachtsbotschaft, die mit zwei, drei passenden Wundern unterlegt, dem ganzen Zirkus der unkontrollierten Luftverpestung vielleicht Einhalt gebieten könnte. Also zumindest in Rom, wo man ja eh ein Ding mit Jesus am Laufen hat. Ob das die KP in China oder die Taxifahrer in Indien beeindruckt? Da bleiben Zweifel. Aber schön wär's halt ...

25.12.2015
Geist der Weihnacht
Im gut bevölkerten Inselstaat Indonesien, der wie viele hauptsächlich islamische Gegenden der Welt tagtäglich mit geistigen Ausfällen irgendwelcher Terroristen rechnet, die der Meinung sind, dass es noch etwas islamischer zugehen sollte,

haben zwei islamische Jugendorganisationen namens Nahdlatul Ulama und Muhammadiyah ihre Freizeit genutzt, sich zu Weihnachten vor christlichen Kirchen und Einrichtungen zusammenzurotten um diese – man höre und staune – vor Anschlägen durch oben bereits genannte Terroristen zu schützen. Klar, verstärkt durch 150.000 Soldaten - und durch den wahren Geist der Menschlichkeit. Und wer sagt denn auch, das man aus der Geschichte nichts lernen kann: Wer die Schwachen nicht schützt, wird unweigerlich das nächste Opfer der Wahnsinnigen werden!

Und wenn ich mir als Atheist trotzdem was zu Weihnachten wünschen darf, dann, dass möglichst viele Gläubige darüber nachdenken, dass ihr Glaube für einer höheren Instanz nicht viel taugt, wenn er nicht auch den Glauben des Anderen schützt.

26.12.2015
Lustige Präsidenten
Ja, die ersten Männer des Staates und ihre merkwürdigen Hobbies. Gut, Verfassungsänderung zu Gunsten einer möglichen Amtsverlängerung gehört ja zum üblichen Arsenal, bringt aber trotzdem immer wieder unfreiwillig komische Einlagen hervor. Wie zum Beispiel beim bolivischen Oberhaupt *Evo Morales*, der in seinem aktuellen Werbespot zum anstehenden Referendum zum üblichen Thema "*Ich würd ja noch was länger für Euch sorgen, wenn Ihr mich lasst!*" in guter Famesurfing Manier und sicher ohne Erlaubnis durch die Lizenzabteilung von Disney in einer Star Wars Uniform vor sein Volk tritt, um den Kampf gegen die dunkle Seite der Macht zu beschwören. Und wer die dunkle Seite der Macht präsentiert, ist für den Volkssozialisten Morales eine ganz klare Sache: Darth Wall Street und seine schwarze Kapitalistenklonarmee.

Auch mal wieder was gegen sein Image tun müssen! Nicht nur ein guter Zuspruch von seinem PR-Berater, nein, auch so ein Gefühl, dem Meister Erdogan auf der Bosporusbrücke dringend nachgeben musste, als er der heute begründeten Legende zufolge einen lebensmüden Landsmann rettete, der sich aus familiären Gründen auf der Wasseroberfläche zerplatzen lassen wollte. Sicherheitsleute pflückten den verhinderten Selbstmörder von der Reling und führten ihn zu seinem präsidialen Lebensretter – umzingelt von jeder Menge sich auch grad durch Zufall auf der Brücke befindlicher Foto- und Videojournalisten. Zufälle gibt's.

27.12.2015
Noch mehr lustige Präsidenten
Etwas weiter südöstlich meldet sich nun noch mal der Iranerchef Ruhani zu Wort: Die muslimischen Länder sollten sich jetzt mal zusammenreißen und mit dem ständigen Bombadieren, Massakrieren und Terrorisieren aufhören, "*das diene doch nur Israel und den Gegnern der Muslime*". Auch die "*Ausgaben für all die Waffen, die man aus den USA bezöge*", wären "*besser zur Beseitigung der materiellen und kulturellen Armut*" in den eigenen Ländern investiert! Denn: "*Wir sollten wissen, dass Terror und Terrorismus nicht durch Bomben zerstört werden!*" Und da hat er recht: wer, wenn nicht wir!

Wieder ein Stück weiter links auf der Landkarte hat auch mal der selbsternannte Kalif des selbsternannten Staates IS was zu sagen, und das hört sich schon wieder ganz nach dem Gegenteil der iranischen Grußworte an, kurz zusammengefasst: "*Terror gegen Israel, Terror gegen alle 34 Staaten der saudiarabisch gesteuerten Islam-Koalition, Terror den USA und Russland und überhaupt allen anderen, die sich am Krieg der Ungläubigen gegen den Islam beteiligen.*" Also eigentlich gegen alle, denn nur *Al-Bagdhadi* allein weiß ja, wie so ein Islam richtig geht. Also die Version mit Handabhacken, Kopfabschneiden und minderjährige Sklavinnen durch Vergewaltigung zum wahren Glauben zu bekehren.

28.12.2015
Safer Semtex
Zum allmählichen Ausklang des Jahres noch etwas aus der Kategorie "*Bewerbungen um den Darwin Award*". Wie heute bekannt wurde, wollten drei offensichtlich speziellen Schutz suchende Kollegen in Schöppingen einen Kondom-Automaten knacken, um Gummis zu erbeuten. Und wie es für solche hell strahlenden Kleingeldkriminellen gar nicht mal so unüblich ist, kam das Trio auf die geniale Idee, den Lümmeltütenspender großflächig in die Luft zu jagen. Erdacht, gemacht – und dann zurecht ausgelacht: irgendwie lief die Sprengung besser als erwartet und einer der Drei bekam ein schrappnell-artiges Metallteil gegen den Detz. Was sein Leben spontan beendete. Und weil er vergessen hat, vorher zum rechten Glauben überzutreten, wird's wohl auch nix mit irgendwelchen Jungfrauen im Paradies; es geht dann wohl zwecks Sündenbegradigung eher Richtung himmlisches Wartezimmer, bis Petrus sich darüber klargeworden ist, ob es nur als Dummheit (Selig sind die geistig Armen) oder doch als Selbstmord (schwere Sünde) einzustufen ist.

29.12.2015
Unbekannte Glücksgefühle
Auf einer Welle der Euphorie reitet der irakische Ministerpräsident *Haider al-Abadi* durch seine eigene Volksansprache, nachdem seine Tiptop-Armee tatsächlich die Provinzstadt Ramadi von den Gewaltkaspern des IS befreit hat: "*Wenn 2015 das Jahr der Befreiung war, dann ist 2016 das Jahr des großen Sieges!*"

Die Begeisterung für solch gut ausformulierte Konditionalsätze ist nur zu verstehen, war doch die irakische Armee zuletzt (Iran, Kuwait, Irak) ähnlich erfolgreich wie einst die Wehrmacht (WK I, WK II). Aber gut, hoffen wir mal, dass der freudig erregte al-Abadi mal wenigstens in seinem Teil des vorderen Waffentestgeländes die Fronten etwas lichten kann. Denn es wird langsam echt unübersichtlich mit all diesen Splittergruppen und Pseudostaatsgrenzen entlang irgendwelcher Wüstenstraßen. Da kommt man sich ja als Schutzmacht in spe jetzt schon mal vor wie die genervte Mutter einiger schwer erziehbarer Kinder, die einfach nicht aufräumen wollen.

30.12.2015
Life is a cabaret - aber ohne Tänzer!
Eine Ausreisewelle der ganz anderen Art hat die kleine lustige Schweiz vor sich, denn das sogenannte *Tänzerinnenstatut* wird nach über vierzig Jahren abgeschafft; und wie sich das für einen ordentlichen Schildbürgerstreich gehört mit derselben Begründung, mit der das Pseudogesetz damals eingeführt wurde – zum Schutz der Tänzerinnen vor Ausbeutung. Diese sind natürlich keine Schweizerinnen oder gar EU-Bürgerinnen, denn beim anhängigen Statut geht's ja um exotischen Tanz, auch bekannt als erotischer Tanz, bei dem sich die fernländischen Tänzerinnen meist an einer Stange festhalten müssen, damit sie nicht von der eigenen Lust übermannt von der Bühne fallen. Also gefährliche Gefahren, die man einer viel zu gut bezahlten Schweizer Fachkraft gar nicht erst zumuten möchte. Von fehlender Exotik gar nicht zu sprechen.

Wen das neue Gesetz nicht schützt: die Besitzer der Cabarets, die mit dem Jahreswechsel auf bis zu 100% ihres biegsamen Personals verzichten müssen. Mit dem neuen Gesetz eine Stangentanzbar zu führen sei schlicht unmöglich. "*Es ist nicht realistisch, EU-Bürgerinnen für diese Jobs zu finden. Erstens sind sie zu teuer und zweitens dürfen die ja legal anschaffen gehen!*" gibt uns ein von baldiger Armut betroffener Barbesitzer Einblick in seinen leicht verwirrten Schädel.

Aber auch Frauenorganisationen kritisieren die Ausweisung der Exotinnen, weil damit wieder mal der Illegalität Tür und Tor geöffnet wird, denn "*Die Frauen kommen sowieso, wenn nötig auch ohne Vertrag!*"

Tänzerin Julia wiederum sieht nur einen Ausweg: "*Vielleicht kann ich ja in ein anderes Land!*" Ja, liebe Julia, das ist der versteckte Sinn einer Ausweisung. Und ich weiß auch schon, welches Land das sein könnte. Dann müssen all die Schweizer, die seit Jahren alle Supermärkte in Süddeutschland leer kaufen, nicht mehr so früh heim fahren, sondern können noch ein paar Stunden guter deutscher Freizeitgestaltung hintenan hängen. Und ehrlich: so ein bißchen Exotik kann ja Städten wie Konstanz, Lörrach und Radolfszell nur gut tun. Gönn dir!

31.12.2015

Liebe, nicht wahr?

Schon kurz nach den Anschlägen in Paris geriet ein Brüsseler Stadtviertel in den Fokus der belgischen Ermittlungsbehörden. Männliche Einsatzkräfte wurden zusammengezogen und in kurzfristig improvisierten Schlafsälen einquartiert, zum Beispiel im Revier Ganshoren, wo sie von zwei örtlichen Polizistinnen wohl schon sehnsüchtig erwartet wurden. Und das hat jetzt auch die belgischen Behörden veranlasst, eine Untersuchung einzuleiten. Denn es geht die Mär, dass die zwei eine einstweilige Vergnügung gegen acht Kollegen von Polizei und Militär veranlasst haben; oder wie es die belgische Fachpresse nennt: sie feierten eine Sex-Orgie! Und das, während ein Großteil der Einsatzkräfte den durchislamisierten Problembezirk Molenbek nach Hintermännern und Zeugen durchpflügte.

„*Ein Skandal!*" Findet der Belgier im Allgemeinen - angeblich! Und da muss ich mal mit einem fröhlichen Gruß ins Neue Jahr widersprechen: Wann, wenn nicht mitten im Terrortrubel sollten wir unserer Art zu leben, zu lieben und guten, alten belgischen Spaß zu haben Ausdruck verleihen? Ist es nicht ein Zeichen von entspannter Selbstsicherheit, dem Hass der Djihadisten mit einem solch Bonomo-Mäßigen Symbol der Lebensfreude entgegenzutreten?

Ich wünsche alle Menschen im nächsten Jahr sehr viel mehr Momente der Liebe und des einvernehmlichen Vergnügens: Make Love Not War!

GAX AXEL GUNDLACH
Autor, Poetry Slammer und Kabarettist

DER AXEL DES BLÖDEN

Die tägliche Fingerübung Satire gegen Dunnheit ist nur ein kleines Versatzteil meiner jungen Karriere als spoken word artist, als Poetry Slammer, als Kabarettist. Es hat sich ja schon rumgesprochen, dass es mich zur Kleinkunst zieht und ich nun – nach vielen turbulenten Jahren als Künstler in verschiedenen Bereichen – endlich Muse und Muße gefunden habe, um das Projekt Slambarett auf die Bretter zu bringen.

Alles, was es über diese spätberufene Karriere zu wissen gibt, finden Sie unter www.gaxkabarett.de

Wer sich für die Jahre davor und daneben interessiert, kann sich gerne auch mal auf www.gaxaxelgundlach.de die Zeit vertreiben. Dort finden Sie auch alles über meine sonstigen künstlerischen Aktivitäten als Autor, Musiker, Maler, Fotokünstler und Regisseur von Multimedia-Events. Viel Spaß beim Surfen.
Und mit dem Werbeblock auf den nächsten Seiten.

232 Seiten
Paperback

BoD
ISBN
978-3-738-643565

SACKKREISEL AUF AUTOPILOT

Das Buch zum Bühnenprogramm. Mit locker 32 Texten zwischen Satire, Poetry Slam und Kabarett. Manchmal auch mehr. Dafür alle bühnenerprobt zwischen Krokodilstränentrocknen und Lachen-im-Halse-stecken-bleiben. Mal in Prosa, mal in Vers und Reim. Mit berühmten Despoten und einsamen Rittern, aber hauptsächlich mit den Lebensgeschichten und Schicksalsschlägen von Leuten wie Du und ich. Immer im Sackkreisel. Ohne Ausweg. Kein Entkommen. Vor allem wenn man nochmal drüber nachdenkt. Aber auch mit Witz und Leichtigkeit, mit grandiosen Wortspielereien, albernen Zwischenbemerkungen und der einen oder anderen noch nie dagewesenen Pointe (Super-Ultra-Kurzzeit-Erkenntnis). Denn auch und gerade im Sackkreisel gilt: Wer zuletzt lacht ...

26 Slamtexte
180 Seiten
Paperback

BoD
ISBN
978-3-738-631074

LEICHEN IM GRÖSSENWAHN

Ein Sammelband mit Texten von fünf hessischen, ja fast möchte man sagen Frankfodder Slam-Poeten; bühnenerprobte Sieger- und Verlierertexte mit völlig verschiedenen Stilen, Inhalten und überraschenden Wendungen. Sehr abwechslungsreich und noch viel unterhaltsamer. Oder wie Ko-Autor Glünderling zu sagen pflegt: „Ein satirischer Biss in den Alltag, der die Geschmacksnerven durchpüriert!" Serviert von den Finalisten der hessischen Poetry Slam Meisterschaften 2014 und 2015: Robin Baumeister (8./15), Jan Cönig (4./15), Jey Jey Glünderling (Vize 15), Raban Lebemann und natürlich GAX (Vize 14). Also Qualitätsbühnenliteratur!

Auch als eBook über BoD.de erhältlich

Von A – Z
128 Seiten
Hardcover

Langenscheidt
ISBN
978-3-468-73901-9

BUSINESS BULLSHIT
FÜR EIN- UND AUFSTEIGER

Dieser Sprachführer mit dem berühmten blauen L rettet Karrieren. Geht es Ihnen auch so? Die Karriere klemmt und in Sitzungen verstehen Sie kein Wort von dem Kauderwelsch? Sie wollen nicht länger raten, was Ihnen der Chef, der Kollege oder Ihr Kunde sagen will? Mit dem in diesem Buch versammelten Geheimwissen werden auch Sie schon bald zur Kaste der erfolgreichen Aufsteiger gehören. Die Welt wird an Ihren Lippen kleben, weil Sie endlich die Sprache des Erfolgs beherrschen: Business Bullshit!
Mit einem Gastauftritt von Wirtsschaftskabarettist Hans Gerzlich und tollen Schaubildern von Lothar Krebs
www.krebsillustration.de

Von A – Z
128 Seiten
Hardcover

Langenscheidt
ISBN
978-3-468-73905-7

LANGENSCHEIDT WÖRTERBUCH DER NOCH NICHT ERFUNDENEN WÖRTER

Dieses Wörterbuch belegt eindrucksvoll, dass Sprache ständig neu erfunden werden muss. Denn die Welt um uns herum verändert sich ständig und all die neuen Dinge, Vorgänge und Situationen müssen ja auch irgendwie heißen.
Zugegeben, bei Ihrer nächsten offiziellen Scrabble-Meisterschaft wird Ihnen dieses experimentelle Wörterbuch für Wortwitzbolde und Sprachschatzräuber wahrscheinlich nicht sehr nützlich sein, aber für Ihre zukünftige Karriere als Vokabularistiker ist es unverzichtbar. Bestimmt!
Mit illustren Schaubildern von Lothar Krebs
www.krebsillustration.de

365 Einträge,
216 Seiten
Paperback

BoD
ISBN
978-3-734-749766

DIE ACHSE DES BLÖDEN
– Jahrbuch 2014 –

Wer das vorliegende Jahrbuch 2015 der Weltgeschichte jetzt in den Händen hält, sollte vielleicht wissen, dass seine soeben entstehende Sammlung nicht vollständig ist, wenn er sich nicht auch noch das Jahrbuch 2014 noch nachträglich beschafft – und sich die Erscheinung des Nachfolgers „DADB Jahrbuch 2016" im Januar 2017 nicht jetzt schon mal rot im Kalender anstreicht. Denn eins ist ja mal leider klar und da sind sich auch alle internationalen Spitzenauguren einig: Auch im Jahr 2016 wird ein ordentlicher Sack Blödheiten über uns ausgekübelt werden. Die üblichen Verdächtigen und viele Debutanten werden dafür sorgen. Tag für Tag.

Auch als eBook über BoD.de erhältlich

196 Seiten
Paperback

BoD
ISBN
978-3-734-75080-9

DAS BRAXEL
rumabhängig – überparteiisch – bildend

Die zweite Ausgabe des legendären BRAXEL, das Lexikon Lapsi Linguae schlechthin, vulgo Trinkerlexikon, mittlerweile mit dreimal so viel Versprechern, Verdenkern und andere Sprachunfällen, sowie jede Menge neuer Wörter, die einem so oder so ähnlich genauso gut auch selbst unter dem Einfluss von Alkohol, Übermüdung oder Überstürzung aus dem Mund gefallen sein könnten.
Lustig von A – Z plus Tip-Top-Zitatenteil im Anhang.
Zum Lachen, Grübeln und Selberdenken.

Auch als eBook über BoD.de erhältlich

300 Seiten
Hardcover

SpringerGabler
ISBN
978-3-658-02548-9

LIEBE DEINE HELDEN

das mit offiziellen Titel „Wirkungsvolle Live-Kommunikation" heißt, ist mein Fachbuch über Dramaturgie, Story-Telling und Inszenierung von Kommunikationsveranstaltungen. Neben den theoretischen und psychologischen Grundlagen geht es vor allem um das praktische Verständnis der zur Verfügung stehenden menschlichen und technischen Mittel der Inszenierung sowie um die Besonderheiten der Interaktionsdramaturgie.
Ein Muss für alle zukünftigen Eventmanager!

GAX Axel Gundlach,
lebt und arbeitet als freier Autor, Künstler und
Live-Kommunikationsberater in Rhein-Main

www.gaxaxelgundlach.de
www.gaxkabarett.de
www.kraxworx.de
www.bizztheater.de

Büro: Löwengasse 27 M
D-60385 Frankfurt am Main
+49 69 46996111